新编 世界经济贸易地理

（第5版）

Xinbian Shijie Jingji Maoyi Dili

俞坤一　马翠媛 ◎ 编著

首都经济贸易大学出版社
Capital University of Economics and Business Press
·北京·

图书在版编目(CIP)数据

新编世界经济贸易地理/俞坤一,马翠媛编著. —5 版. —北京:首都经济贸易大学出版社,2015.7
ISBN 978 -7 -5638 -2367 -3

Ⅰ.①新… Ⅱ.①俞… ②马… Ⅲ.①经济地理—世界—高等学校—教材 Ⅳ.①F119.9

中国版本图书馆 CIP 数据核字(2015)第 130282 号

新编世界经济贸易地理(第 5 版)
俞坤一 马翠媛 编著

出版发行 首都经济贸易大学出版社
地　　址 北京市朝阳区红庙(邮编 100026)
电　　话 (010)65976483 65065761 65071505(传真)
网　　址 http://www.sjmcb.com
E - mail publish@cueb.edu.cn
经　　销 全国新华书店
照　　排 北京砚祥志远激光照排技术有限公司
印　　刷 人民日报印刷厂
开　　本 880 毫米×1230 毫米 1/32
字　　数 288 千字
印　　张 11.25
版　　次 2004 年 1 月第 1 版 **2015 年 7 月第 5 版**
2020 年 7 月总第 16 次印刷
书　　号 ISBN 978 -7 -5638 -2367 -3/F·1340
定　　价 33.00 元

第 5 版说明

本书自 2004 年 1 月出版以来，深受广大读者喜爱，被评为**全国优秀畅销书**，迄今印数已超过 10 万册。2006 年至 2012 年，我们对本书进行了 3 次修订，现在第 4 版的基础上进行再修订，以保持教材内容的新颖性，更好地适应教学的需要。

在修订过程中，重点是对数据进行更新，并增加与经济贸易密切关联的数据，如在附录中，增加人口、城市、淡水资源、能源、耕地等数据，以便读者从中看出世界及各国经济贸易等领域的现状及相互关系。

在修订过程中，我们参考了国内最新出版的有关书刊、报纸、网站的资料，主要有《世界发展指标》《中国统计年鉴》《世界经济年鉴》《国际统计年鉴》《世界知识年鉴》等。在此，对作者、出版社、网站等表示衷心的感谢。

由于我们水平有限，收集资料存在局限性，资料来源于多处，统计口径不一致，书中难免有不足、不妥之处，真诚希望读者批评指正，以便今后对本书做进一步完善。

2015 年 4 月

编者说明

世界经济贸易地理是研究世界各国(地区)的工业、农业、交通运输业、对外贸易等产业的分布、发展条件和特点以及各产业的部门结构和地区结构的专门学科。

世界各国(地区)的自然、经济、技术、社会、人口等条件千差万别,具有各自的优势和劣势,因此,必然需要相互依赖和联系。在经济全球化的今天,这种需要更加迫切。因为,整个世界经济正成为一个有机的整体,各国(地区)都是这个整体的一部分,它们的经济建设都离不开世界经济。

为加快我国的经济发展,必须实行对外开放,积极参与国际分工与交换。在加入世界贸易组织后,我国与世界各国(地区)的经济贸易往来越来越密切,这就更需要深入了解世界各国(地区)的经济贸易情况。为此,我们编写了本书,阐述当今世界生产分布和贸易的发展水平、特点,以及各国(地区)特别是经济贸易发达国家(地区)的生产分布和贸易情况。

本书可作为高等院校财经专业教学用书。

全书分上下两篇,共十二章。第一章至第三章、第十二章由俞坤一编写,第四章至第十一章由马翠媛编写。

在编写过程中,我们参考了国内外最新书刊的有关资料,在此向原作者致谢!

由于我们水平有限,书中难免有不妥和疏漏之处,恳请广大读者指正。

2003 年 8 月

目　录

Contents

上　篇

下　　篇

附 录

上篇

第一章　世界生产分布和贸易

第一节　生产、地理环境与对外贸易

一、生产及其结构对外贸的作用

在社会再生产中，生产起决定性作用，生产决定流通（外贸属于流通领域）。

一般来说，一个国家（地区）的生产发展水平决定该国（地区）的外贸发展水平。生产发展水平高，外贸规模就大；反之，生产发展水平低，外贸规模就小。例如，2010 年，高收入国家（地区）人均国民生产总值为 38 745 美元，人均商品出口额为 9 121 美元，而中等收入和低收入国家人均国民生产总值分别为 3 723 美元和 528 美元，人均商品出口额分别只有 975 美元和 100 美元。

一个国家（地区）的生产结构优化状况与它的生产发展水平密切相关。一般来说，生产发展水平高，它的生产结构优化水平也高；反之，生产发展水平低，它的生产结构优化水平也低。生产结构优化水平又决定了外贸结构优化水平。

但是，在社会再生产中，流通又对生产产生反作用。例如，20 世纪 50 年代的日本和 60 年代的亚洲“四小龙”（韩国、新加坡、中国台湾、中国香港）采取出口导向型政策，以出口带动、促进了生产的迅速发展和生产结构的优化。因此，一个国家（地区）的外贸发展水平和外贸结构优化水平在很大程度上反映了该国(地区)的生产发展水平和生产结构优化水平。

由此可见,生产和贸易是互相联系、互相制约和互相促进的。

二、地理环境对外贸的作用

一个国家(地区)的外贸发展水平除决定于该国(地区)的生产发展水平外,也极大地受地理环境的影响,我们可以从国家(地区)的地域规模、资源状况、地理位置等方面来进行分析。

(一)国家的地域规模

一般来说,在生产发展水平接近的情况下,国家地域规模大,国内资源和生产部门多样化,自给程度比较高,进出口依存度就小;反之,国家地域规模小,国内资源和生产部门不可能多样化,对外的依赖程度高,进出口依存度就大。例如,美国、德国、荷兰和新加坡的国土面积分别为963万平方公里、35.7万平方公里、4.15万平方公里和0.07万平方公里,2010年4国的进出口依存度分别为22.6%、71.2%、139.9%和317.4%。

(二)国家的资源状况

国家的资源状况与其外贸的发展紧密相连。例如,石油出口国石油资源极为丰富,每年大量出口石油,石油出口在本国出口中所占比重较大,在2008年,委内瑞拉、苏丹均占94%,沙特阿拉伯占90%。

(三)国家的地理位置

地理位置对外贸的发展有重要影响。例如,新加坡和中国香港由于地理位置优越,转口贸易很发达,进出口依存度很高。又如,加拿大与澳大利亚的生产力发展水平和生产结构比较相近,但加拿大在地理位置上紧靠世界上最大的商品市场——美国,有利于彼此进行广泛的产业分工和商品交换;而澳大利亚远离欧美市场,使其外贸发展受到一定的影响。2010 年的进出口依存度，加拿大达到 50.1%，而澳大利亚只有 36.6%。

第二节 世界生产分布

一、世界经济的发展历史和生产分布的变化

17 世纪中叶，英国资产阶级革命的胜利，标志着人类社会开始进入资本主义时代。资本主义生产关系的确立，为生产力的大发展和生产分布的大变化提供了可能，科学技术的巨大进步，又使这种可能变成了现实。

资本主义制度建立后，产生过 3 次重大的科学技术革命，每次科技革命对世界经济的发展和生产分布的变化都起到了巨大的推动作用，并且其作用一次比一次大。

第一次科技革命开始于 18 世纪 60 年代，结束于 19 世纪 60 年代。它以蒸汽机的发明和广泛应用为主要标志。蒸汽机的应用是人类生产技术上的一大飞跃，以手工劳动为基础的手工工场开始转向大机器生产。蒸汽机的广泛应用，促进了工业部门机械化的发展。例如，1785 年蒸汽机应用于纺织工业，出现蒸汽动力纺纱机，推动了纺织工业的发展；1807 年美国制成以蒸汽机为动力的轮船；1814 年英国制成第一台蒸汽机车，使交通运输业发生了根本性变化。蒸汽机的应用推动了机械制造业的发展，19 世纪 30 年代前后出现了可供精密加工的蒸汽动力车床、铣床和刨床等。

第一次科技革命促进世界生产分布发生了明显变化，主要表现在：

第一，生产部门结构发生明显变化。由于科技进步，迅速形成了现代的纺织、煤炭、钢铁、机械制造、铁路、海运等部门。同时，各部门生产联系日益密切，许多工业部门往往设立在燃料动力中心周围或交通运输方便的地方，形成了现代工业中心，导致新的工业城市不断涌现。

第二,生产地域分工初步形成和迅速发展。第一次科技革命后,地域分工不断发展,无论在一个国家或在世界范围内都开始形成生产专门化的地域分工,不仅形成一批批工业城市,而且逐步形成工业区和农业区。例如,英国形成以曼彻斯特为中心的纺织工业区和以伯明翰为中心的炼铁工业区;在农村,形成以羊毛生产为主的商品性农业区。在世界范围内,形成以英国、其他欧洲国家和美国等资本主义国家为工业中心和以广大殖民地为粮食、原料供应基地的基本生产格局。

第一次科技革命大大促进了生产的发展和生产分布的变化,同时,也促进了世界市场的形成和发展。在资本主义生产关系建立以前,虽然已经有了世界贸易,但它的范围和规模都较小。由于第一次科技革命产生了机器大工业生产,为世界市场的形成提供了强大的物质基础,所以使世界贸易得到迅速发展。但是,当时世界市场的内容是以商品贸易为主,资本输出少,各国经济联系没有深入到生产领域和金融领域。从地域看,欧洲大西洋沿岸已经成为世界经济贸易中心,它的贸易范围远及亚洲、非洲和美洲,并开始形成区域性国际商品市场。但还有不少国家和地区的经济仍处于闭关自守的状态,没有纳入资本主义经济体系之中。可见,第一次科技革命促成了世界市场的形成,但没有促成世界经济的建立,因为世界经济的内容要比世界市场的内容广泛。世界经济作为一个由完整的国际分工体系、世界市场、国际货币体系和世界资本结合而成的统一客观实体,只是到了 19 世纪 70 年代以后,西方开始第二次科技革命时才逐步建立。

第二次科技革命以电力的发明和广泛应用为主要标志。从此,世界由蒸汽时代跨入电气时代。电力的广泛应用,促使一系列新兴工业崛起和发展。发电机和电动机的发明,直接导致电力工业产生,使以电为动力的工业产品,如电解铝、电炉炼钢、电动车床、电力机车等陆续出现;电灯、电话的发明,促进了日用电器工业的发展;内燃机的发明和电力的综合运用,促进了工业和交通运输业的进一步发展,如内燃机车、汽车、飞机的问世,使运输业面貌大大改观。科技的进步促进了生产力的巨大发展，使整个世界工业生产增长迅速，世界许多工业品产量在1850～1870年的20年中增长了1倍，1870～1890年的20年中增长了2.2倍。工业的发展推动了农业和交通运输业的发展。例如，1860～1920年，世界铁路长度从11万公里增加到110多万公里。

生产力的巨大发展，提高了生产的社会化程度，促进了国际地域分工向广度和深度发展，从而加强和扩大了各国（地区）的经济联系，使世界贸易得以迅速发展。例如，1870～1913年，世界贸易总额增长了3倍以上。

生产力的巨大发展，推动了资本主义生产关系的变化，自由资本主义开始发展到帝国主义阶段，垄断代替了自由竞争，出现了工业垄断资本和银行垄断资本，并且两者融合起来形成金融资本，使得资本输出成为金融资本向世界扩张的有力工具，从而促成了统一的资本主义世界经济的最终建立。世界经济在20世纪初最终形成以后，经历了近半个世纪的发展。

第二次科技革命进一步促进了世界生产分布的变化，主要表现在：

第一，生产部门结构发生了新的变化。19世纪70年代以前，除英国外，在各主要资本主义国家的生产结构中农业仍占优势，工业中以纺织、食品等轻工业为主。第二次科技革命开始后，电动机、发电机、内燃机的发明和应用，炼钢技术的改进，化学在工业中的广泛应用，不仅使原有煤炭、钢铁等工业迅速发展，而且又形成了电力、石油、化学、汽车和飞机制造等新兴工业部门。到19世纪末，各主要资本主义国家都实现了工业化，陆续成为以重工业为主的工业国。殖民地地区自给自足的农村自然经济被破坏，资本主义商品性农业得到发展，殖民地地区的传统农业结构发生了很大变化。

第二，地域分工进一步深化。一些主要资本主义国家工业生产专业化与协作以及交通运输业的发展，促使经济区形成。在这些国家，一方面广泛形成了高度发达的各种工业区，如美国的东北工业区，英国的中南部工业区，德国的鲁尔工业区，法国的阿尔萨斯、洛林工业区等;另一方面形成了商品性较高的农业区,如美国的南方区,法国的西部地区。从世界范围看,少数帝国主义国家经济更加发展,拥有相当发达的现代工业和先进的农业,世界上形成了西欧和北美两大工业地带;而广大的殖民地、半殖民地国家和地区经济十分落后,进一步成了专为宗主国提供工业原料和粮食的基地。宗主国强迫这些国家和地区重点发展一种或几种对它们有利的农产品和矿产品,从而在这些国家和地区形成了畸形发展的单一经济,如印度、埃及的棉花,东南亚的橡胶和锡,西非的咖啡和可可,南部非洲的黄金和铜等。这是一种不平等的国际经济地域分工。

由于资本主义经济、政治发展不平衡,帝国主义国家之间的发展出现了不平衡,后起的帝国主义国家超过了老牌的帝国主义国家。19 世纪 70 年代,英国居世界工业生产的首位;到 80 年代,美国后来居上,并遥遥领先;20 世纪初,德国又超过了英国,跃居世界第二位。

经济发展的不平衡,使各帝国主义国家争夺原料产地、商品市场和投资场所的矛盾日益激化,终于引发了第一次世界大战。

第三,改变了世界经济体系的基本格局。第一次世界大战促成了俄国十月社会主义革命的胜利。苏联在占地球陆地面积(不计南极洲)1/6的土地上建立了社会主义经济,世界经济进入资本主义和社会主义两种经济体系并存的新时期。苏联沿着社会主义道路前进,显示出社会主义经济的优越性,1940 年,其工业在世界工业中所占比重达 10%,居世界第二位。资本主义国家的经济在危机和不平衡中发展,为了摆脱经济危机,主要资本主义国家进行了大量的设备更新,生产中采用新技术,使工业得到较快发展。但是,经济发展的不平衡使帝国主义国家之间在经济上的争夺和扩张加剧,矛盾更加激化,加上帝国主义国家在政治上争霸以及与社会主义国家的矛盾日益尖锐等,导致距第一次世界大战结束才 21 年,又爆发了第二次世界大战。

二、第二次世界大战后世界经济发展和生产分布的变化

(一)战后世界经济的发展

第二次世界大战使世界经济遭受严重破坏,但经过几年的恢复,各主要国家又都走上了快速发展的道路。

主要资本主义国家从 20 世纪 50 年代初开始的以原子能、电子计算机和空间技术为中心的第三次科技革命,极大地推动了生产力的发展。在新科技革命的推动下,一系列新兴工业部门(如原子能工业、半导体工业、电子计算机工业、家用电器工业、高分子合成工业、宇航工业等)得以建立,传统工业部门进行了技术改造,大大提高了生产的自动化程度,从而提高了劳动生产率。工业现代化促进了农业现代化,加速了农业的进一步发展。在工农业生产现代化的基础上,第三产业迅速发展起来。

战后,东欧各国、中国和其他一些国家走上社会主义道路,使社会主义经济由一个国家扩大成为一种世界范围内的经济体系,社会主义经济得到不断发展。

战后,大批殖民地和附属国摆脱了帝国主义的殖民统治,获得了政治独立。这些国家努力发展民族经济,有些国家的经济增长速度较快或很快。

因此,战后整个世界经济规模迅速扩大,国内生产总值由 1965 年的 20 399 亿美元增加到 2010 年的 632 421 亿美元,增长近 31 倍。

从世界主要工农业产品的产量来看,其战后比战前有大幅度增长。主要工业产品产量,1934 ~ 1938 年年平均产量与 2011 年相比,如粗钢由 1.1 亿吨增加到 15.18 亿吨;主要农产品产量,1934 ~ 1938 年年平均产量与 2011 年相比,谷物由 6.5 亿吨增加到 23 亿吨,棉花由 665 万吨增加到 2 679.5 万吨。

当然,不同类型国家的经济发展情况是不同的。

经济发达国家在世界经济中所占比重日益增加,但它们经济发展的状况也不相同。美国是唯一未受战争破坏并发了战争横财的帝

国主义国家,经济发展突出,因而在战后确立了它在世界经济中的霸主地位。但是,随着20世纪50年代以后日本、西欧等国经济的快速发展,美国经济在世界经济中所占比重在减少。例如,1965~2010年,在世界国民生产总值中,美国所占比重由34.88%降到23.42%。(见表1-1和附录的表1)

表1-1　部分国家国民生产总值占世界的比重变化(%)

国　家	1965年	1980年	2010年	国　家	1965年	1980年	2010年
全世界	100	100	100				
美　国	34.88	25.17	23.42	俄罗斯	—	—	2.25
加拿大	2.32	2.45	2.36	中　国	3.35	1.88	9.15
墨西哥	1.08	1.81	1.61	日　本	4.56	9.84	8.53
巴　西	0.97	2.20	2.93	印　度	2.52	1.60	2.49
阿根廷	0.82	0.72	0.56	韩　国	0.15	0.59	1.56
德　国	5.95①	7.01①	5.63	印度尼西亚	0.19	0.73	0.96
法　国	4.78	6.18	4.39	沙特阿拉伯	0.11	1.45	0.69
英　国	3.59	4.99	3.80	土耳其	0.38	0.53	1.15
意大利	4.33	4.21	3.45	澳大利亚	1.18	1.48	1.65
西班牙	1.19	1.97	2.34	南　非	0.53	0.73	0.49
荷　兰	0.99	1.60	1.30				

注:①1965年和1980年的数据为原联邦德国的数据。

资料来源:世界银行《1991年世界发展报告》《1996年世界发展报告》《2012年世界发展指标》,中国财政经济出版社出版。

战后,发展中国家民族经济得到了发展,但各国经济发展有很大差别。大多数发展中国家的经济发展速度并不慢,但由于原有的经济极其落后、人口增长速度过快等原因,与发达国家相比,发展中国家在世界经济中所占比重仍然很小,并且日益减少。例如,1980~2010年,在世界国民生产总值中,低收入国家所占比重由7.33%降到0.01%。一些发展中国家(地区)由于采取了正确的经济政策和其他政策,经济飞速发展,其中亚洲“四小龙”尤为突出,都已跨入高收入国家(地区)的行列。

(二)战后世界生产分布的变化

战后,第三次科技革命大大促进了世界经济的空前发展,但也使各国(地区)的发展日益不平衡,在空间上表现为生产分布发生了重大变化。无论在产业结构、区域开发还是地域结构上,变化都是很大的。

1. 产业结构的重大变化。科技进步是产业结构发生重大变化的根本动力。科技进步促进了工农业劳动生产率的提高和生产专业化与协作的发展,使产业部门不断增加,各部门发展不平衡,并使产业结构发生重大变化。尽管世界各国(地区)经济发展的进程和水平不同,部门结构千差万别,但产业结构变化的趋势是基本一致的。其主要表现在:

(1)在三大产业中,第一产业(农业)在国民经济中所占比重逐步下降;第二产业(工业、建筑业)所占比重逐步上升,上升到一定高度后缓慢下降,发展中国家大多在上升,发达国家(地区)一般在下降;第三产业(服务业等)所占比重都在逐步上升。(见表1-2和附录的表2)

表1-2　　世界不同收入国家国内生产总值结构变化(%)

类别	农业		工业		制造业		服务业	
	1965年	2010年	1965年	2010年	1965年	2010年	1965年	2010年
低收入国家	41	25	26	25	19	14	32	50
中等收入国家	19	10	34	36	20	20	46	55
高收入国家	5	1	43	24	32	15	54	75
全世界	10	3	41	25	30	16	51	72

资料来源:世界银行《1992年世界发展报告》《2012年世界发展指标》,中国财政经济出版社出版。

(2)在第一产业内部,总体来看,世界畜牧业在农业中所占比重在上升。不过,也出现了一些新的情况:有些过去偏重种植业的国家,现在畜牧业比重在上升,如日本等;与此相反,有些过去偏重畜牧业的国家,现在种植业比重有所上升,如澳大利亚、阿根廷等。

(3)在第二产业内部,劳动和资源密集型工业比重下降,资金和知识技术密集型工业比重上升。发达国家的工业发展一般已由以劳动和资源密集型工业为主转移到以资金和知识、技术密集型工业为主;发展中国家中的一些新兴工业化国家(地区),如亚洲"四小龙",其工业发展也已逐步转向资金和知识技术密集型工业,而绝大多数发展中国家的工业发展仍以劳动和资源密集型工业为主。

20 世纪 70 年代以来,世界科技发展进入高新技术时代,发达国家开始发展高新技术和建立高新技术工业。所谓高新技术工业,一般是指生产过程和最终产品中体现当代先进科技成果的制造部门,它以电子信息技术、新材料、生物工程为主要内容。主要发达国家高新技术工业发展迅速,大大超过其他工业部门的发展速度。高新技术工业正在促成以知识和先进技术为基础的新的世界经济的发展。

高新技术工业在地域分布上相对集中,出现了一批新兴的科学、技术、生产、生活中心,它们彼此之间结合紧密。例如,美国的硅谷,日本的硅岛,英国的爱丁堡地区,意大利的皮埃蒙特地区,以及新加坡和中国香港、中国台湾等国家和地区的科学工业园区等。

(4)在第三产业内部,在发达国家,商业、交通运输业、邮电通信业等传统服务业的比重逐步下降,而金融保险业、房地产业、公用事业、居民服务业、旅游业、信息咨询服务业及科学研究、教育、文化、广播电视业等的比重逐步上升,特别是信息业发展迅速。在发展中国家,第三产业的发展仍以传统服务业为主。

2. 区域开发的重大变化。无论从世界范围还是从一个国家看,区域开发总的趋势是由集中趋向分散。从世界范围看,区域开发由主要集中在美国、西欧和苏联,逐渐分散到世界其他地区,这主要是因为:其一,日本和一些后起的资本主义国家(如加拿大、澳大利亚等)奋起直追;其二,一些新兴工业化国家和地区(如亚洲“四小龙”、东南亚联盟各国等)迅速发展;其三,发达国家为了追求高额利润,利用广大发展中国家的丰富资源和廉价劳动力,通过跨国公司的对外直接投资等方式,把主要为劳动密集型的工业转移到一些发展中国家,从而使这些国家的工业得到发展。

在战后区域开发的重大变化中,突出的是东亚地区的崛起,主要表现在:

(1)日本经济的迅速发展。日本经济在20世纪50年代开始起飞,60年代后快速增长,增长速度高于其他主要发达资本主义国家;进入90年代后,日本经济增长速度大为减慢(见表1－3),即使如此,日本经济在世界经济中的地位仍急剧上升。在2009年以前,日本经济在世界经济中仍排在第二位。

(2)亚洲“四小龙”和东南亚联盟国家的经济迅速增长。其中,“四小龙”的经济发展更为迅速,1965~2008年国内生产总值年平均增长率均高于日本。(见表1－3)

表1－3　东亚各国(地区)国内生产总值年平均增长率(%)

国家(地区)	1965~1980年	1980~1990年	1990~2000年	2000~2010年	国家(地区)	1965~1980年	1980~1990年	1990~2000年	2000~2010年
中　国①	6.8	9.5	10.6	10.8	马来西亚	7.4	5.2	7.0	5.0
中国香港	8.6	7.1	4.1	4.6	泰　国	7.3	7.6	4.2	4.5
日　本	6.4	4.1	1.1	0.9	菲律宾	5.7	0.9	3.3	4.9
韩　国	9.9	9.7	5.8	4.1	印度尼西亚	7.0	5.5	4.2	5.3
新加坡	10.0	6.4	7.6	6.0	全世界	4.0	3.2	2.9	2.7

注:①表中中国数据均未包括中国台湾地区、香港特别行政区和澳门特别行政区。书中其他表格中数据均同此处,不再另行说明。

资料来源:世界银行《1992年世界发展报告》《2012年世界发展指标》,中国财政经济出版社出版。

(3)中国的经济振兴。自1978年年末实行改革开放政策以来,中国经济高速发展,增长速度居世界前列。(见表1－3)

从国家的角度来看,许多国家的区域开发以经济发达地区为基地，不断向不发达地区扩展。例如：在发达国家中，苏联在加强西部原有工业基地的基础上，积极开发东部地区；美国在加强东北部经济开发的同时，大力加快发展西部和南部地区，即由“寒冷地带”向“阳光地带”转移；日本在发展太平洋沿岸经济的同时，注意发展日本海沿岸和北海道地区的经济。在发展中国家中，中国进行西部大开发；巴西在建设东南沿海地区的基础上，已着手开发北部亚马孙河流域和中部草原地区。

3. 地域结构日益不平衡。这种不平衡主要表现在：

（1）发达国家之间的不平衡。发达国家之间原有的不平衡缩小了，但又出现了新的不平衡。以 1965 年与 2010 年的国民生产总值相比，美国与日本、西欧的差距缩小了。例如，美国与日本比，由 7.6∶1缩小到2.75∶1。但日本、原联邦德国与老牌资本主义国家的差距扩大了。例如，日本与英国比，由 1.41∶1 扩大到 1.72∶1。

（2）发达国家与发展中国家，特别是与低收入国家的贫富差距日益扩大。这可从不同收入国家的人均国内生产总值来看，见表 1－4。

表 1－4　　不同收入国家的人均国内生产总值变化表　　单位：美元

类　　别	1965 年	2010 年
全世界	602	9 172
低收入国家	94	523
中等收入国家（地区）	317	3 949
高收入国家（地区）	2 078	38 367

资料来源：世界银行《1991 年世界发展报告》《2012 年世界发展指标》，中国财政经济出版社出版。

由表 1－4 可见，1965 年高收入国家（地区）的人均国内生产总值是低收入国家的 22.1 倍，到 2010 年扩大到 73.4 倍。这种变化主要是由不合理的国际经济秩序和国际分工造成的。过去这两类国家的国际分工和交换基本上是初级产品与工业制成品的分工和交换，随着科技的突飞猛进，进一步发展成为劳动、资源密集型制成品与资金、知识技术密集型制成品的分工和交换。现在，在世界贸易中，知识技术密集型制成品的附加值越来越高。发达国家（地区）的知识技术密集型工业发展迅速，而大多数发展中国家资金、知识技术密集型工业薄弱。这种状况对发达国家（地区）越来越有利，对发展中国家越来越不利。在发达国家拥有科技优势并日益发展的形势下，两类国家科技差距的继续扩大，必然导致贸易利益和贫富差距日益扩大。

（3）发展中国家之间出现新的不平衡。这主要反映在石油出口国和新兴工业化国家（地区）与不发达国家之间的差距日益扩大上。波斯湾地区等一些石油出口国，由于大量出口石油而拥有大量石油美元，成为发展中国家中最富有或富有的国家。例如，阿拉伯联合酋长国（简称“阿联酋”）、科威特、卡塔尔等，早已进入高收入国家的行列。亚洲“四小龙”由于实行了正确的经济政策和其他政策，经济迅速发展，越来越富有，都已进入高收入国家（地区）行列。

第三节　世界贸易

一、战后世界贸易的迅速发展

进入20世纪50年代后，世界贸易开始迅速发展。1950年世界进出口总额仅1 217亿美元，2010年达到304 755亿美元，增长249.4倍，年平均增长9.64%。其中，出口152 113亿美元，进口152 642亿美元。

战后，促进世界贸易迅速发展的主要原因有：

第一，世界经济特别是工业的迅速增长，是促进世界贸易迅速增长的最主要原因。这是因为：发达国家为了发展生产，需要进口大量的原料、燃料和一定数量的机器设备等，为满足人民生活需要，也要进口轻纺工业品，同时出口自己的工业制成品特别是技术含量高的制成品；发展中国家为了发展民族经济，需要进口大量工业制成品特别是高新技术制成品，同时出口自己的初级产品和一般的工业制成品。

第二，科技进步使国际分工向广度和深度发展。发达国家利用自己的科技优势和雄厚资金，大力发展知识技术密集型工业；同时，通过跨国公司的对外直接投资，积极在发展中国家就地建厂生产，主要发展劳动、资源和资金密集型工业，并将其一部分产品返销国内。大多数发展中国家利用自己的廉价劳动力和丰富的自然资源积极发展劳动、资源密集型工业；有一些发展中国家，引进世界先进技术设备，积极发展资金密集型工业，进而发展知识技术密集型工业。

第三，各种类型的经济区域集团化组织的建立和加强。这些组织在其成员之间减免贸易关税，减少和消除非关税措施，从而促进了彼此之间贸易的迅速发展。

二、战后世界贸易商品结构的变化

世界贸易商品结构是指各类商品在世界贸易额中所占的比重。它不仅反映各类商品在世界贸易中的地位，而且反映各国工农业生产和商品流转情况，以及各国之间的劳动分工和经济联系等。

第二次世界大战前，在世界贸易的商品结构中，初级产品所占比重一直较高，如1938年初级产品比重占59.2%，工业制成品比重占40.8%。这主要是发达国家为满足制造业和人们的生活需要，从国外大量进口原料、燃料和食品等造成的。但战后，随着世界产业结构的重大变化，世界进出口商品结构也相应发生了重大变化，变化的趋势是初级产品比重下降，工业制成品比重上升。1965～2010年，在出口中，初级产品出口比重由41%降为31%，工业制成品出口比重由59%升到69%；在进口中，初级产品进口比重由46%降为32%，工业制成品进口比重由54%升到68%。（可参见附录的表3）

(一)初级产品比重下降

初级产品比重下降主要表现在:

1. 食品贸易比重下降最大。食品出口占出口总额的比重,1963年为19.5%,2010年降到7%。这主要是因为:战前大量进口粮食等的西欧国家,战后实现了农业现代化,粮食等自给率大大提高,有的国家(如法国)粮食还能出口;同时,畜产品的增长使粮食的需求相对减少。此外,战后许多发展中国家农业生产有所增长,也减少了粮食等的进口。

2. 农业原材料贸易比重下降较大。农业原材料出口占出口总额的比重,1963年为9.3%,2010年只占1%。这主要是因为:①战后几乎所有国家为了提高出口商品的附加值,都尽量向国外出口经过一定程度加工的材料;②发达国家本国在发展农业原料生产,发展中国家建立了许多利用本国农业原料的工业部门,大量消耗了本国生产的农业原料;③科技进步使许多生产部门减少了对农业原料的消耗,同时又提高了对农业原料的加工程度和综合利用水平;④科技进步使许多生产部门逐渐用人造原料和合成材料代替天然原料;⑤战后跨国公司在各国的子公司就地对原料进行加工,生产半成品和制成品。

3. 燃料贸易比重有起伏。战后直到20世纪80年代初,燃料贸易呈上升趋势,主要原因是对石油的需求量增加。燃料出口占出口总额的比重,1980年为11%。80年代以后,西方国家害怕"能源危机"对经济产生严重影响,压缩石油、天然气的消费,同时积极采取节能措施并取得了很大成效,并重视开发利用新能源,使燃料出口所占比重有所下降,2004年降到8%。但是,近些年来,新兴经济体国家,特别是中国能源消费量增长很快,使燃料出口所占比重又有上升,2010年达16%。

(二)工业制成品比重上升

工业制成品比重上升主要表现在:

1. 机电产品贸易比重上升最大。机电产品出口占出口总额的比重,1963 年为 25.1%,1990 年达 36%。这反映出工业专业化与协作的不断深化。现代机电产品种类繁多,发达国家为满足本国国民经济对各类机电产品的需要,愿意在生产各自的优势机电产品方面实行专业化与协作,这就要求必须彼此进行这些商品的贸易;发展中国家为了壮大民族经济,也需要大量进口机电产品。

2. 化工产品贸易比重上升较大。化工产品出口占出口总额的比重,1963 年为 6.1%,1990 年为 8.5%。科技进步促使化学工业不断生产出具有优良性能的各种合成材料以及化肥、农药等产品,这些都是各国经济发展所需要的,从而促进了化工产品贸易的较快增长。从长远看,随着科技的进步,化学工业会有更大发展,因而化工产品贸易比重也会不断增加。

3. 钢铁、有色金属、纺织品和服装等贸易的比重变化幅度不大。1963 年与 1990 年相比,钢铁出口占出口额的比重由 4.8% 降为3.1%,有色金属由 3.1% 降为 2.1%,纺织品和服装由 6% 升到 6.5%。

4. 知识技术密集型产品贸易发展迅速。随着科技的突飞猛进,这些产品的贸易比重日益增加。

三、战后世界贸易地域结构的变化

战后世界贸易地域结构变化主要表现在以下方面。

(一)发达国家之间的贸易超过了与发展中国家的贸易

2011 年,在出口中,美国对欧盟出口占其出口的 21.1%,对加拿大出口占 18.7%;加拿大对美国出口占其出口的 72.4%,对欧盟出口占 9.3%;德国对法国出口占其出口的 9.6%,对美国出口占 6.9%,对荷兰出口占 6.4%;日本对美国出口占其出口的 15.3%,对欧盟出口占 11.6%。在进口中,日本从美国进口占其进口的8.7%,美国从加拿大进口占其进口的 14.1%,德国从荷兰进口占其进口的 12.9%。

(二)世界区域集团内的贸易迅速增长

世界区域集团化的迅速发展促进了区域集团内部贸易的迅速增长。据2010年统计,欧洲联盟集团内出口额占总出口额的67.3%,北美自由贸易区占48.7%。亚洲、拉丁美洲和非洲的区域集团内部的贸易也日益增长。例如,亚洲的东南亚国家联盟集团内出口额占总出口额的25%,拉丁美洲的中美洲共同市场占22.5%。

区域集团内部贸易的相互优惠待遇,有利于促进集团内贸易的迅速增长,而对集团外的贸易则有排他性。当然,这种排他性是相对的,它并不是绝对地缩小同集团外国家(地区)的贸易,只是同集团外国家(地区)贸易的增长速度低于集团内贸易的增长速度。总的看,区域集团化的发展,依然能促进世界贸易总量的增长。

四、战后世界贸易发展的不平衡

(一)战后主要资本主义国家对外贸易发展的不平衡

在世界经济政治发展不平衡规律的作用下,主要资本主义国家工业生产、商品输出和资本输出的发展状况不平衡,使它们的出口在世界市场上所占的比重发生了变化。(见表1-5)

表1-5　主要资本主义国家的出口占世界出口比重变化表(%)

国　家	1938年	1948年	1960年	1970年	1980年	1990年	2005年	2010年
世　界	100	100	100	100	100	100	100	100
美　国	13.2	22.0	15.9	13.5	11.3	11.6	8.7	8.40
日　本	4.8	0.4	3.2	6.1	6.5	9.0	5.7	5.06
德　国①	9.7	1.3	8.9	10.8	9.6	12.5	9.3	8.34
法　国	3.8	3.7	5.3	5.6	5.8	6.6	4.4	3.42
英　国	10.4	11.0	8.0	6.1	5.5	5.8	3.7	2.67
意大利	2.3	1.8	2.8	4.2	3.9	5.3	3.5	2.94
加拿大	3.7	5.4	4.3	5.1	3.4	3.9	3.4	2.55

注:①1938~1949年为原德国数据;1950~1990年为原联邦德国的数据。

资料来源:《世界经济统计简编》,三联书店出版;世界银行《1992年世界发展报告》《2007年世界发展指标》《2012年世界发展指标》,中国财政经济出版社出版。

由表1－5可以看出，战后初期，美国在世界贸易中占有优势，1948年出口占世界出口的22%，日本、原联邦德国由于战争使经济受损，贸易额大大低于战前水平。20世纪50年代以后，日本、原联邦德国等的经济增长速度快于美国，使它们在世界出口中所占的比重发生变化，美国所占比重大幅度下降，英国有较大幅度下降，加拿大有所下降，原联邦德国和日本大幅度上升，意大利和法国有所上升。

（二）战后发展中国家（地区）对外贸易发展的不平衡

第二次世界大战后，特别是20世纪80年代以来，发展中国家（地区）的民族经济有了长足发展，生产结构不断改善；发达国家的跨国公司在发展中国家（地区）建厂生产，其产品的相当部分又外销，因而使发展中国家（地区）的贸易额有较大增长。1983～2010年，低收入和中等收入国家（地区）出口总额由4 994亿美元增加到49 286亿美元，增长了8.9倍，年平均增长8.8%。

不过，发展中国家（地区）对外贸易的地域分布很不平衡。2010年低收入和中等收入国家（地区）的商品出口中，东亚和太平洋地区占46%，南亚只占5.5%。

随着生产结构的不断改善，发展中国家（地区）进出口商品结构有较大改善。1983～2008年，初级产品出口比重，低收入国家由58%降到54%，中等收入国家由59%降到41%；工业制成品出口比重，低收入国家由42%升到46%，中等收入国家由41%升到59%。

但至今发展中国家（地区）进出口商品结构仍然不够合理，并且各国（地区）间差别很大。2008年低收入和中等收入国家的出口中，初级产品出口占41%，其中中东和北非地区却高达84%，主要是出口原油。

综上所述，战后世界各类国家（地区）的对外贸易虽然有了较大或很大的发展，但直到今天，世界贸易最发达的地区仍然集

中在西欧、东亚和北美。（见表 1－6 和附录的表 3）

表 1－6　2010 年主要贸易国家（地区）进出口占世界贸易的比重

国家（地区）	出口（%）	进口（%）	国家（地区）	出口（%）	进口（%）
全世界（亿美元）	152 113	152 641			
全世界	100	100	新加坡	2.31	2.04
德　国	8.34	6.99	马来西亚	1.31	1.08
法　国	3.42	3.97	印度尼西亚	1.03	0.86
英　国	2.67	3.67	泰　国	1.28	1.19
意大利	2.94	3.17	印　度	1.45	2.14
荷　兰	3.77	3.39	沙特阿拉伯	1.64	0.64
比利时	2.71	2.56	土耳其	0.09	1.22
西班牙	1.61	2.06	美　国	8.40	12.90
瑞　典	1.04	0.97	加拿大	2.55	2.64
奥地利	1.00	1.04	墨西哥	1.96	2.03
波　兰	1.02	1.14	巴　西	1.33	1.25
俄罗斯	2.63	1.62	阿根廷	0.45	0.37
瑞　士	1.28	1.15	澳大利亚	1.40	1.32
中　国	10.37	9.14	南　非	0.54	0.62
中国香港	2.64	2.90	低收入国家	0.52	0.88
中国台湾	1.34	1.14	中等收入国家	31.88	30.22
日　本	5.06	4.55	高收入国家	67.57	68.91
韩　国	3.07	2.79			

资料来源：世界银行《2012 年世界发展指标》，中国财政经济出版社出版。

造成世界贸易集中的原因是多方面的，这里需要指出，至今旧的资本主义世界贸易体系和秩序没有被完全打破，这是一个重要原因。由于发达资本主义国家在国际机构中掌握实权，它们用签订贸易条约、“援助”、制定垄断价格以至于制裁等手段，控制、阻挠发展中国家的对外贸易,以实现掠夺和剥削的目的,其结果严重阻碍了发展中国家经济和贸易的发展。对此,发展中国家日益觉醒,逐步联合起来,纷纷成立经济一体化组织,与它们进行针锋相对的斗争。这些组织对打破旧的世界贸易体系和秩序,在经济、贸易上摆脱对发达资本主义国家的依赖,促进发展中国家经济和贸易的发展,起着越来越重要的作用。

第二章　世界工业生产分布和贸易

第一节　世界能源工业生产分布和贸易

能源是资源的一部分,是人类生产和生活的重要物质基础。当今世界,能源不仅是重要的燃料动力资源,而且是重要的原材料和重要的战略物资。能源直接影响国民经济的增长,也与政治、环境等问题密切相关。

一、世界能源的生产、消费和贸易

随着科学技术的进步,人类历史上能源利用经历了薪炭时代、煤炭时代和石油时代,并正从传统的矿物能源向水能、太阳能、地热、风能等可再生能源和新能源方向发展。

世界能源工业从产业革命以来一直保持着快速增长,20 世纪 50 年代以来,世界能源工业进入一个新的发展时期。

世界各国拥有的各种能源资源状况不同,因此,各国能源工业生产的状况也不同。有的国家煤炭、石油、天然气生产全面发展,如美国、俄罗斯等;有的国家以煤炭生产为主,如中国、印度、南非、澳大利亚、波兰等;有的国家以石油、天然气生产为主,如中东地区各国、委内瑞拉、阿尔及利亚、尼日利亚等;有的国家水力资源利用率高,如瑞典、瑞士、巴西、加拿大等;有的国家核能利用多,如法国;有的国家各种能源资源都贫乏,如日本。

战后,随着世界经济的迅速发展,世界能源的消费量也迅速增长。世界能源消费量由 1973 年的 54.52 亿吨油当量增加到 2011 年的 122.75 亿吨油当量,增加 1.25 倍,年平均增长 2.2% 。

由于石油、天然气比煤炭的性能更优良，从而得到广泛使用。因此，战后能源的消费结构也发生了很大变化。1950～2011年，世界煤炭消费量所占比重由62.3%大幅度降到30.3%，石油由25.2%上升到33.1%，天然气由10.8%上升到23.7%，水电和核能由1.6%上升到11.4%。（见表2－1）

表2－1　2011年世界一次能源消费量及其结构

国家（地区）	总消费量（亿吨油当量）	消费结构（%）					
		石　油	煤　炭	天然气	水　电	核　能	可再生能源
世界总计	122.75	33.1	30.3	23.7	6.5	4.9	1.6

资料来源：《世界经济年鉴·2012/2013》，《世界经济年鉴》编辑委员会。

能源消费量多的国家大多是发达国家和新兴经济体国家。（见表2－2）

表2－2　2011年世界一些国家一次能源消费量及其结构

国　家	能源消费总量（万吨油当量）	消费结构（%）					
		石　油	天然气	煤炭	水电	核　能	可再生能源
中　国	261 320	17.67	4.50	70.39	6.01	0.75	0.68
美　国	226 930	36.73	27.59	22.12	3.27	8.29	2.00
俄罗斯	68 560	19.83	55.73	13.25	5.71	5.61	0.01
印　度	55 910	29.02	9.84	52.87	5.33	1.30	1.64
日　本	47 760	42.16	19.89	24.64	4.02	7.72	1.55
德　国	30 640	36.39	21.31	25.33	1.44	7.96	7.57
巴　西	26 690	45.23	9.00	5.21	36.42	1.31	2.81
韩　国	26 300	40.31	15.94	30.20	0.46	12.93	0.01
法　国	24 290	34.13	14.95	3.71	4.24	41.17	1.77
英　国	19 820	36.13	36.43	15.54	0.66	7.87	3.33

资料来源：《世界经济年鉴·2012/2013》，《世界经济年鉴》编辑委员会。

上述10国一次能源消费为788 220万吨油当量，占世界消费总量的 64.2%。

各国拥有的能源资源状况不同,消费量也不同。有的国家能源丰富,自给有余并出口;有的国家能源自给或基本自给;有的国家能源贫乏,需要大量进口。因此,能源贸易就从能源丰富的国家流向能源贫乏的国家。总的来看,能源贸易主要集中在资源丰富和能源消费量多的国家。能源的主要出口地区和国家有中东地区、西非和北非地区、中南美地区、俄罗斯、澳大利亚、加拿大等,主要进口地区和国家有西欧地区、东欧地区、日本等。美国和中国能源生产量大,消费量更大,进口总量大于出口总量。

各国拥有能源资源的种类及丰歉程度不同,造成不同种类能源之间的互相输出和输入。各国各自输出充裕或具有优势的能源,如中东、西非、北非、墨西哥等输出石油,俄罗斯、加拿大、阿尔及利亚、挪威、荷兰、印度尼西亚等输出天然气,澳大利亚、南非、印度尼西亚、中国、美国等输出煤炭。各国又各自输入本国缺乏或供应不足的能源,如美国、日本、德国、意大利、法国、中国等大量输入石油和天然气,日本、韩国等输入煤炭。

二、主要能源工业部门的生产、消费和贸易

(一)煤炭工业

1. 煤炭资源分布。在世界矿物能源储量中,煤炭储量最丰富,截至 2008 年年底,世界煤炭探明储量 8 260 亿吨。但分布很不平衡,总的来说,北半球多于南半球,尤其是北纬 30 度至 70 度之间是世界最丰富的含煤带,聚煤盆地不仅面积大,而且煤层厚、层数多。从国家看,全世界约有 80 个国家拥有煤炭资源,其中美国、俄罗斯、中国最丰富,合计约占世界的 62%。(见表 2 - 3)

表2-3 部分国家煤炭探明储量、生产量和消费量及其占世界的比重

国家	探明储量(2008年)	占世界(%)	国家	生产量(2011年)	占世界(%)	国家	消费量(2011年)	占世界(%)
全世界	8 260(亿吨)	100	全世界	39.56(亿吨油当量)	100	全世界	37.24(亿吨油当量)	100
美国	2 383	28.9	中国	19.56	49.5	中国	18.39	49.4
俄罗斯	1 570	19.0	美国	5.57	14.1	美国	5.02	13.5
中国	1 145	13.9	澳大利亚	2.31	5.8	印度	2.96	7.9
澳大利亚	762	9.2	印度	2.22	5.6	日本	1.18	3.2
印度	586	7.1	印度尼西亚	2.00	5.1	南非	0.93	2.5
乌克兰	339	4.1	俄罗斯	1.57	4.0	俄罗斯	0.91	2.4
哈萨克斯坦	314	3.8	南非	1.44	3.6	韩国	0.79	2.1
南非	306	3.7	波兰	0.59	1.5	德国	0.78	2.1
波兰	75	0.9	哈萨克斯坦	0.59	1.5	波兰	0.60	1.6
巴西	74	0.9	哥伦比亚	0.56	1.4	澳大利亚	0.50	1.3

资料来源:《世界能源统计报告·2009》《世界经济年鉴·2012/2013》。

2. 煤炭工业分布。在世界能源结构中,煤炭所占比重逐步下降,但至今煤炭仍为世界的重要能源,产量一直在增长,1950年为18.18亿吨,1980年为37.5亿吨,1977年达47亿吨,此后略有回落,2000年为45.34亿吨,2008年增为67.81亿吨。

由于各国煤炭资源的质量、品种、埋藏和开发条件以及消费状况等不同,因此,煤炭储量的多少与煤炭产量的多少不完全一致。2011年世界煤炭产量39.56亿吨油当量,其中中国占49.5%,美国占14.1%,其他产量较多的国家有澳大利亚、印度、印度尼西亚、俄罗斯、南非、波兰、哈萨克斯坦、哥伦比亚等。(见表2-3)

3. 煤炭的消费和贸易。世界煤炭消费多的国家大多是发达国家

和人口众多的国家。2011 年世界煤炭消费量中，中国和美国分别占 49.4% 和 13.5%。其他消费较多的国家有印度、日本、南非、俄罗斯、韩国、德国、波兰、澳大利亚等。

煤炭的消费大多用于发电。例如，2009 年，发电用煤占全球电力燃料的 36.5%。在许多国家，燃煤发电占的比例更高，波兰占达 94%，南非占 92%，中国占 81%，澳大利亚占 79%，美国占 51%。

煤炭分量重、运输成本高、烧煤易污染环境等特点，影响了煤炭的广泛利用。但煤炭仍然是世界市场上的大宗商品，并且贸易量增长快于生产量增长。

世界各国煤炭的生产和消费状况不同，因而各国煤炭的贸易量也不同。世界十大煤炭出口国是澳大利亚、印度尼西亚、俄罗斯、南非、中国、哥伦比亚、美国、越南、加拿大、波兰；最大进口国是中国、日本、印度、德国、英国、美国、西班牙、法国。2011 年中国煤炭进口量为 18 240 万吨，超过日本，居世界第一位。

（二）石油和天然气工业

石油、天然气具有发热量高、清洁、便于储存和运输、用途广泛等特点，因此，自 1857 年进行工业开采以来，产量持续上升。战后，随着各国科技和经济的迅速发展，对石油和天然气的需求也迅速增加，促使油气工业飞速增长。

1. 石油、天然气资源分布。2011 年世界石油探明储量为 2 086.61亿吨，2012 年天然气可采储量为 187.3 万亿立方米。

天然气的生成和聚集环境与石油相似，很多情况下，天然气是与石油同时伴生的，因而天然气资源的地理分布与石油资源的地理分布较为接近。

世界石油资源主要分布在两个弧形地带，即东半球的北非—中东—俄罗斯中部，西半球的委内瑞拉—墨西哥湾西部—美国中部—加拿大西部—阿拉斯加北部。东半球储量约占 83%，西半球约占 17%。

按地理纬度带划分，石油资源北半球约占 95%，南半球约占 5%。在北半球，55% ~60% 的石油资源分布在北纬 24 度至 42 度之间。

按海陆划分，海上油田主要分布在北纬30度至南纬10度之间。拥有大型油田的海域是波斯湾、加勒比海、墨西哥湾和南美北部大陆架等。

从国家看，2011年，沙特阿拉伯的石油可采储量占世界石油可采储量的17.36%，委内瑞拉占13.86%。（见表2－4）

表2－4　部分国家石油剩余可采储量、生产量和消费量占世界的比重（%）

国　家	剩余可采储量（2011年）	国　家	生产量（2010年）	国　家	消费量（2010年）
世界总计	2 086.61（亿吨）	世界总计	36.31（亿吨）	世界总计	40.28（亿吨）
世界总计	100	世界总计	100	世界总计	100
沙特阿拉伯	17.36	俄罗斯	14.05	美　国	21.1
委内瑞拉	13.86	沙特阿拉伯	11.18	中　国	10.6
加拿大	11.40	美　国	7.55	日　本	5.0
伊　朗	9.92	中　国	5.62	印　度	3.9
伊拉克	9.39	伊　朗	5.09	俄罗斯	3.7
科威特	6.66	墨西哥	3.55	巴　西	2.9
阿联酋	6.42	委内瑞拉	3.47	德　国	2.9
俄罗斯	3.94	伊拉克	3.25	韩　国	2.6
利比亚	3.09	阿联酋	3.17	加拿大	2.5
尼日利亚	2.44	尼日利亚	2.86	墨西哥	2.2
哈萨克斯坦	1.97	科威特	2.78	法　国	2.1

资料来源：百度网。

天然气主要分布在俄罗斯西西伯利亚、中亚、波斯湾沿岸、墨西哥湾沿岸、北非、北海等地。

从国家看，2012年，伊朗天然气可采储量占世界天然气可采储量的17.9%，俄罗斯占17.6%，卡塔尔占13.4%。（见表2－5）

表2－5　　部分国家天然气剩余可采储量、生产量和消费量占世界的比重（%）

国　家	剩余可采储量（2012年）	国　家	生产量（2013年）	国　家	消费量（2012年）
世界总计	187.3（万亿立方米）	世界总计	33 905（亿立方米）	世界总计	33 144（亿立方米）
世界总计	100	世界总计	100	世界总计	100
伊　朗	17.9	美　国	20.5	美　国	21.9
俄罗斯	17.6	俄罗斯	17.8	俄罗斯	12.5
卡塔尔	13.4	伊　朗	4.9	伊　朗	4.7
土库曼斯坦	9.3	卡塔尔	4.7	中　国	4.3
美　国	4.5	加拿大	4.6	日　本	3.5
沙特阿拉伯	4.4	中　国	3.4	沙特阿拉伯	3.1
阿联酋	3.3	挪　威	3.2	加拿大	3.0
委内瑞拉	3.0	沙特阿拉伯	3.0	墨西哥	2.5
尼日利亚	2.8	阿尔及利亚	2.3	英　国	2.4
阿尔及利亚	2.4	印度尼西亚	2.1	德　国	2.3
澳大利亚	2.0	马来西亚	2.0	意大利	2.1

资料来源：百度网。

2. 石油、天然气工业分布。20世纪六七十年代，中东地区采油业崛起，此后持续发展。2010年，沙特阿拉伯、伊朗、伊拉克、阿联酋和科威特的石油产量就占世界石油产量的25.47%；其次是俄罗斯和美国，分别占世界石油产量的14.05%和7.55%。（见表2－4）

在2013年世界天然气生产中，美国和俄罗斯分别占世界产量的20.5%和17.8%。（见表2－5）

3. 石油、天然气消费。世界石油、天然气消费量多的国家大多是发达国家和人口众多的发展中国家。2010年世界石油消费量中，美国占21.1%，中国占10.6%，日本占5%。（见表2－4）

2012年世界天然气消费量中，美国占21.9%，俄罗斯占12.5%。

（见表2－5）

4. 石油、天然气贸易。世界石油储藏、生产、冶炼、销售的地区分布很不平衡，使得石油贸易量在世界能源贸易量中数量最大，2012年世界石油进出口量27.29亿吨，其中原油19.27亿吨，油品8.02亿吨。

目前，世界石油主要是从发展中国家流向发达国家。2012年中东是世界最大的石油出口地，石油出口总量占世界总量的35.9%，达9.8亿吨，俄罗斯为4.24亿吨，西非2.27亿吨，中南美1.9亿吨，北非1.29亿吨。2012年美国进口石油5.25亿吨，中国进口3.54亿吨，日本进口1.44亿吨，欧洲主要石油进口国为德国、法国、意大利和西班牙，合计进口石油6.18亿吨。

天然气工业化生产晚于石油，自第二次世界大战后才逐渐由美国扩展至全世界。经历近70年的快速发展，天然气已经成为世界的主要能源，形成与煤炭、石油“三分天下”的格局。

天然气储量丰富，与石油等能源比较，天然气是清洁的能源。世界天然气供需总量巨大，供需总量增长速度更快。

天然气主要通过管道和液化天然气船运输，2011年天然气贸易量达10 254亿立方米，其中管道气贸易量6 946亿立方米，占67.7%，液化天然气船贸易量3 308亿立方米，占32.3%。

2011年，世界天然气进口贸易中，美国、德国、意大利、日本、韩国占有较大比重；出口贸易中，俄罗斯、卡塔尔、挪威、加拿大占有较大的比重。（见表2－6）

表2－6　　2011年部分国家天然气进出口量及其占世界的比重

单位：亿立方米，%

国家	进口				出口			
	管道	比重	液化	比重	管道	比重	液化	比重
世界合计	694.6	100	330.8	100	694.6	100	330.8	100
美国	88.1	12.7	10.0	3.0	40.7	5.9	2.0	0.6
加拿大	26.6	3.8	3.3	1.0	80.0	11.5	—	—

续表

国　家	进　口				出　口			
	管道	比重	液化	比重	管道	比重	液化	比重
法　国	32.3	4.7	14.6	4.4	2.2	0.3	—	—
德　国	84.0	12.1	—	—	11.7	1.7	—	—
意大利	60.8	8.8	8.7	2.6	0.1	0.01	—	—
荷　兰	13.6	1.9	0.8	0.2	50.4	7.3	—	—
挪　威	—	—	—	—	92.8	13.4	4.0	1.2
英　国	28.1	4.0	25.3	7.6	16.3	2.3	—	—
俄罗斯	30.1	4.3	—	—	207.0	29.8	14.4	4.4
乌克兰	40.5	5.8	—	—	—	—	—	—
卡塔尔	—	—	—	—	19.2	2.8	102.6	31.0
阿尔及利亚	—	—	—	—	34.4	5.0	17.1	5.2
日　本	—	—	107.0	32.3	—	—	—	—
印度尼西亚	—	—	—	—	8.7	1.3	29.2	8.8
韩　国	—	—	49.3	14.9	—	—	—	—

资料来源:《世界经济年鉴 · 2012/2013》。

(三)电力工业

电力是最重要的二次能源,战后全球电力工业发展迅速。1950年,世界发电量为9 528亿千瓦 · 时,2009 年达 200 793 亿千瓦 · 时,1950 年至 2009 年平均增长 5.3%。

世界发电量和消费量多的大多是发达国家和人口众多的发展中国家。2009 年,世界发电量中,美国占 20.74%,中国占 18.41%。(见表 2-7)

表 2－7　　2009 年部分国家发电量及其占世界的比重

国　家	发电量（亿千瓦·时）	比重（%）	国　家	发电量（亿千瓦·时）	比重（%）
世界总计	200 793	100			
美　国	41 654	20.74	韩　国	4 517	2.25
中　国	36 959	18.41	英　国	3 720	1.85
日　本	10 410	5.18	西班牙	2 910	1.45
俄罗斯	9 900	4.93	意大利	2 883	1.44
印　度	8 994	4.48	墨西哥	2 610	1.30
加拿大	6 031	3.00	澳大利亚	2 609	1.30
德　国	5 864	2.92	南　非	2 468	1.23
法　国	5 374	2.68	沙特阿拉伯	2 171	1.08
巴　西	4 665	2.32	伊　朗	2 032	1.01

资料来源：世界银行《2012 年世界发展指标》，中国财政经济出版社出版。

自 19 世纪 70 年代以电力的发明和应用为主要标志的第二次科技革命以来，电力工业结构发生了较大变化。19 世纪末以前，电力只能用于照明，发电主要依靠煤炭；20 世纪后，由蒸汽动力向电力动力的过渡，使电力生产快速增长。许多国家利用本国的水力资源发电，使水电迅速发展，并超过烧煤发电。第二次世界大战后，由于石油、天然气廉价、清洁，被大量用于发电，70 年代中期，火电比重大大超过水电比重，1980 年世界的火电比率占 70.4%，并持续至今。1980～2009 年在世界电源结构中，煤电由占33.2%上升为 40.4%，油电由 28.3%下降为 4.8%，气电由 8.8%上升为 21.4%，水电由 20.4%下降为 16.1%，核能由 8.7%上升为 13.4%。

1. 火力发电工业。火力发电是目前世界上应用最广泛的发电方式，它以煤炭、天然气、原油作为燃料发电。各国基本上立足于本国能源资源状况发展火电。在煤炭资源丰富的国家，如南非、波兰、中国、澳大利亚、印度等，2009 年用煤发电占总发电量的比重，南非为

94.1%，波兰为89.1%，中国为78.8%，澳大利亚为77.9%，印度为68.6%，美国为45.4%，德国为43.8%。一些油气资源丰富而煤炭资源少的国家，如中东各国、墨西哥等，主要用本国油气发电。有少数各种矿物能源都贫乏的国家，如日本、意大利，用进口的煤炭、天然气、原油来发电。

2. 水力发电工业。世界可开发的水能装机容量为22.6亿千瓦，每年可发电9.8万亿千瓦·时。由于各国自然条件（如地形、水文等）不同，拥有的水力资源也不同。中国可开发水能装机容量为3.78亿千瓦，每年可发电量为1.92万亿千瓦·时，居世界首位，其他水电多的国家有加拿大、巴西、美国、俄罗斯等。

2009年，世界水力发电量为32 327.6亿千瓦·时，其中中国占19.1%，巴西占12.1%，加拿大占11.2%，美国占8.5%，俄罗斯占5.4%。

水力资源可再生，清洁无污染，发电成本低廉，但水电建设投资大、工期长、收益慢，因此，各国对水力资源的开发程度不同。在水力资源丰富的国家，大都充分利用水力发电。有的国家几乎全部用水力资源发电，如2009年，巴拉圭水电比重高达100%，莫桑比克占99.9%，赞比亚占99.7%，尼泊尔和刚果（金）均占99.6%，阿尔巴尼亚占99.4%，塔吉克斯坦占98%，挪威占95.7%。

当今世界水电的发展趋势表现在以下几个方面：

（1）水电站建设规模越来越大。随着电力需求量的增加和水电建设技术水平的提高，以及超高压远距离输电技术的发展，水电站规模越来越大。装机容量100万千瓦以上的大型水电站，1950年世界上仅两座，而目前已建有100余座，其中400万千瓦以上的有10座。最大的水电站是巴西与巴拉圭在巴拉那河上合建的伊泰普水电站，装机容量达1 260万千瓦，年发电量710亿千瓦·时。中国的长江三峡水电站，装机容量达1 820万千瓦，年发电量847亿千瓦·时，完全投产后将排名世界第一。

（2）注重发挥综合利用效益。修建具有一定库容的水电站，不仅能提供电力，而且一般还具有防洪、灌溉、航运、养殖、旅游等综合利用价值。

(3)修建抽水蓄能电站。为了满足电力系统中调峰的需要,各国纷纷修建抽水蓄能电站,这是一种在较长时间储蓄大量电能的最经济可靠的手段。目前,世界上装机容量100万千瓦以上的抽水蓄能电站有20多座。中国广州的抽水蓄能电站装机容量240万千瓦,居世界第一位。

(4)重新重视小水电。小水电因生产成本高、发电量小而不受重视,一度被放弃或改建。但近些年来,各国逐渐认识到小水电在经济不发达和偏僻地区对农业生产和人民生活的重要作用,因此,在对发电设备进行技术改造后,小水电重新受到重视。

(5)开发新的水力发电形式,如利用潮汐能、波浪能、温差能发电。全世界潮汐能的理论资源量为30亿千瓦,波浪能30亿千瓦,温差能400亿千瓦。目前,有的国家根据自身的资源条件,已开始利用这些新的发电形式来发电,如挪威、日本已建造了小型海洋波浪能发电站。

3. 核电工业。核电价格较便宜,供应稳定,但核电站建设投资大。截至2009年,全世界有30多个国家和地区建设了核电站。核能发电量占世界发电总量的13.4%。世界核发电能力多的国家主要是发达国家。矿物能源和水力资源贫乏或较贫乏而经济发达或较发达的国家往往都很重视利用核能,如法国、韩国、日本、英国等。在2009年的电源结构中,法国的核能发电占76.2%,韩国占32.7%,日本占26.9%,英国占18.6%。

第二节　世界钢铁工业生产分布和贸易

一、钢铁工业生产分布

钢铁是重要的基础原材料,钢铁工业是国民经济的基础工业,因此,世界各国在工业化进程中都重视钢铁工业的发展。随着钢铁工业技术的日益进步,钢铁生产规模逐步扩大,其生产分布也发生了明显变化。

第二次世界大战后,世界钢铁生产发展有较大起伏。20世纪五六十年代，世界一些主要钢铁生产国产量增长较快。70 年代后，美国、日本、西欧等发达国家钢铁工业开始普遍不景气。造成不景气的原因是多方面的。首先，发达国家进行工业结构调整，以钢铁工业为代表的传统工业衰落，新兴工业蓬勃发展；其次，大量利用废钢铁以及发展和应用新材料，使得对钢铁的需求量开始减少；再次，有些国家钢铁工业设备陈旧，生产成本高，影响了钢铁的生产和销售。尽管如此，由于钢铁生产的原料资源丰富，产品应用范围极广，工艺技术相对较简单，生产成本比新材料低，因此，各国仍把钢铁工业放在重要地位，并根据新的情况，对钢铁工业进行技术改造，努力改进生产技术、设备、工艺，提高劳动生产率，改善产品结构，以适应国民经济各部门发展的需要。

虽然钢铁生产有起伏，但总的产量呈增长趋势。1950 年，世界钢产量仅 1.89 亿吨，1970 年达到 5.94 亿吨，1990 年 7.73 亿吨，2011 年 15.18 亿吨。

从国家看，世界钢的主要生产国有 50 多个，但分布很不平衡，中国 1996 年钢产量首次跃居世界首位，之后一直保持世界第一，2011 年钢产量为 7.02 亿吨，占世界产量的 46.25%，日本占 7.09%，美国占 5.69%，印度占 4.70%。（见表 2－8）

表 2－8　　2011 年钢产量列世界前十位国家的钢产量及其占世界钢产量的比重

国　家	产量（万吨）	比重（%）	国　家	产量（万吨）	比重（%）
世界总计	151 800	100			
中　国	70 200	46.25	韩　国	6 850	4.51
日　本	10 760	7.09	德　国	4 430	2.92
美　国	8 640	5.69	乌克兰	3 530	2.33
印　度	7 130	4.70	巴　西	3 520	2.32
俄罗斯	6 890	4.54	土耳其	3 410	2.25

资料来源：《世界经济年鉴·2012/2013》。

钢铁工业属资源密集型工业，是一个由多环节组成的生产综合体，它的布局受多方面因素的影响，尤其是受原料、燃料资源的影响。在钢铁冶炼中，铁矿石的消耗量很大（炼 1 吨生铁一般需要 1.6 ~ 3 吨铁矿石），因此，在钢铁工业布局时必须考虑铁矿资源的储量、品位、开采条件、地理位置等。

据联合国有关机构的统计，世界铁矿石储量为 8 500 亿 ~ 9 000 亿吨（不包括海洋中约 2 500 亿吨磁铁矿）。铁矿资源丰富的国家主要有俄罗斯、巴西、加拿大、澳大利亚、美国、中国、印度、南非、法国等国，其中，俄罗斯、巴西、加拿大三国的储量占世界总储量的近 60%。

炼铁需要大量的燃料，主要燃料是焦炭，因此钢铁工业在布局时必须考虑炼焦煤的来源。世界炼焦煤经济可采储量约 4 000 亿吨，以美国、俄罗斯、中国的炼焦煤储量最为丰富。

二、钢材消费

世界钢材的消费量很大，2011 年达 137 330 万吨。从地域看，亚洲钢材消费量占世界消费量的 64.7%，欧盟占 11.1%。从国家看，中国经济的持续高速增长支持了钢材的消费，消费量达到 62 390 万吨，占世界消费量的 45.4%，美国占 6.5%，印度占 4.9%，日本占 4.7%，韩国占 4.1%，俄罗斯占 2.9%。

三、钢铁工业产品贸易

随着世界钢铁工业民营化的发展，钢铁企业进行了工艺结构调整，使钢铁产品生产更加专业化，因此，钢铁产品的贸易不断发展和扩大。

世界钢铁工业产品贸易包括铁矿石、燃料、生铁、废钢、铁合金和钢材等的贸易，其中以铁矿石和钢材贸易量最大。

2009 年世界铁矿石出口量约 9.7 亿吨。铁矿石主要出口国有澳大利亚、巴西、印度、南非、加拿大、乌克兰、俄罗斯、瑞典、哈萨克斯坦等。其中，澳大利亚出口占世界出口的 39.4%，巴西占 27.5%，印度占 11.8%。2009 年世界铁矿石出口总量中 65% 供应给中国，进口达到6.28 亿吨，其次为日本，进口 1.05 亿吨，欧盟 27 国进口8 800万吨，韩国进口 4 200 万吨。

钢材作为钢铁工业的最终产品，用途很广，在钢铁产品贸易中占有极其重要的地位。2011 年世界钢材出口量占产量的 31.9%，达47 600 多万吨，钢材出口量多的国家是中国、日本、韩国、德国、乌克兰、俄罗斯等，这些国家均是钢材净出口国。钢材进口量多的国家是美国、德国、韩国、意大利、中国。美国是最大净进口国，其他净进口量较多的是泰国、越南、伊朗、印度尼西亚。（见表 2 -9）

表 2 -9　　2011 年世界一些国家钢材进出口量和净进出口量　单位：万吨

国　家	出　口	国　家	进　口	国　家	净出口	国　家	净进口
中　国	4 790	美　国	2 690	日　本	4 070	美　国	1 360
日　本	4 070	德　国	2 490	中　国	3 160	泰　国	1 090
韩　国	2 890	韩　国	2 280	乌克兰	2 600	越　南	830
德　国	2 640	意大利	1 750	俄罗斯	2 470	伊　朗	820
乌克兰	2 600	中　国	1 630	韩　国	610	印度尼西亚	730
俄罗斯	2 470			德　国	150		

资料来源：《世界经济年鉴・2012/2013》。

第三节　世界电子信息工业生产分布和贸易

电子信息工业的产品范围广泛，包括电子计算机、通信设备、消费电子产品、电子元件、微电子，以及办公、医疗、工业、军用设备等。

一、世界电子信息工业分布和贸易

20 世纪 90 年代以来，电子信息技术飞速发展，成为促进世界经济增长的原动力，使世界经济进入一个繁荣发展的新时期，并将推动 21 世纪世界经济更加繁荣发展。因此，电子信息工业的发展受到各国政府的重视，各国在电子信息工业领域投入研究与开发的费用越来越多,电子信息产品生产和销售的增长也越来越快。20 世纪 80 年代,世界电子信息工业的销售额仅 1 000 亿美元,到 2008 年,世界主要国家和地区电子信息产品产值和销售额分别达到 11 299.59 亿美元和 13 120.39 亿美元。

世界电子信息工业集中在亚太地区和欧洲地区,主要在美国、日本、韩国、德国、马来西亚、中国台北、新加坡、巴西、泰国、法国等。(见表 2－10)

表 2－10　世界主要国家(地区)电子信息产品产值、销售、出口、进口占世界的比重(%)

国　家	产　值(2011 年)	销　售(2011 年)	出　口(2010 年)	进　口(2010 年)
世界总计(亿美元)	11 298.58	13 120.39	1 392 001	1 243 129
美　国	23.23	31.67	20.68	11.81
日　本	17.14	13.33	7.36	10.21
韩　国	9.44	3.98	3.09	7.80
德　国	6.16	6.70	1.78	8.34
马来西亚	6.10	2.47	2.79	5.60
中国台北	5.93	2.27	3.72	6.90
新加坡	5.43	2.38	6.63	10.01
巴　西	3.75	4.48	1.22	0.21
泰　国	2.80	1.66	1.80	3.00
法　国	2.73	3.46	3.92	3.30

资料来源:《世界经济年鉴 · 2012/2013》。

二、世界电子信息工业主要部门的生产分布和贸易

电子信息工业门类广、产品繁多。2011 年,从产值看,电子元器件占 36.9%,计算机类产品占 18.75%,无线通信和雷达占 17.54%;从销售额看,计算机类产品占 27.80%,电子元器件占 26.74%。(见表 2－11)。

表 2－11　　2011 年世界电子信息工业内部结构（%）

类　别	产　值	销售额	类　别	产　值	销售额
总计（亿美元）	1 129 859	1 312 039			
电子元器件	36.90	26.74	医疗和工业电子	6.57	4.77
计算机类产品	18.75	27.80	消费电子	5.53	9.29
无线通信和雷达	17.54	17.86	电　信	3.68	4.95
控制和仪器	10.47	7.71	办公设备	0.56	0.88

资料来源：《世界经济年鉴·2012/2013》。

（一）计算机工业

当今，世界各国在国民经济生产和人民生活中都广泛使用计算机。2010 年，世界每万人有 302 户互联网用户，其中高收入国家每万人有 734 户，中等收入国家每万人有 238 户，低收入国家每万人有 56 户。

计算机工业是电子信息工业中生产、消费和贸易额最大的部门。计算机类产品生产的主要国家为美国、日本和巴西，2011 年三国计算机类产品产值分别占世界的 25.1%，13.2% 和 12.3%。

在计算机类产品的销售中，美国占有优势，其次是日本，再次是巴西，2011 年三国计算机类产品销售额分别占世界的 31.7%，11.3% 和 8.2%。

（二）通信工业

随着各国国民经济的发展和人民生活水平的提高，世界通信工业有了迅猛的发展，通信工具日益先进，使用日益普及。2010 年，世界每千人拥有 780 部移动电话，世界每千人拥有 170 部固定电话。

无线通信产品生产的主要国家是美国、韩国和日本，2011 年三国无线通信产品产值分别占世界的 35.8%，13% 和 11.4%。

在无线通信产品的销售中，美国占有绝对优势，占世界的 47.1%，日本占 12.4%，英国占 4.5%。世界通信设备生产和销售的集中程度极高，2011 年，世界手机终端销售量总计为 18 亿部，其中诺基亚占23.8%,三星占17.7%,苹果占5%。中国中兴通讯和华为分别占3.2%和2.3%。

(三)消费电子产品工业

随着人们生活水平的日益提高,对消费电子产品数量、质量等的要求也不断提高,促使消费电子产品迅速增加产量、品种,不断提高质量,产品更新换代的速度也日益加快。

世界消费电子产品生产分布较普遍,但主要集中在中国、韩国、日本、美国等少数国家。特别是中国,近些年来消费电子产品生产发展迅速,在世界上占有优势地位,产品远销世界各地,如出口电视机、电冰箱、录像机、收录机和组合音响、VCD机和DVD机等。2011年,中国彩电生产量12 231.3万台,出货量占世界出货量的48.8%。其他生产电视机较多的国家有印度尼西亚、韩国、美国、马来西亚、日本、土耳其、巴西、波兰等。

(四)电子元件工业

电子元件是信息产业核心基础产业的重要组成部分,主要生产国和销售国是美国、日本和中国。中国已经形成世界上产量最大、门类较为齐全、产业链基本完善的电子元件工业体系。

第四节 世界汽车工业生产分布和贸易

汽车工业属于资金、技术密集型工业。汽车是由成千上万个零件组成的,生产工艺复杂,技术要求高,生产专业化与协作性很强。汽车生产所需原材料来自钢铁、机械、电子、化学、建材、纺织、橡胶等许多部门,因此汽车工业的发展有利于带动一系列工业部门的发展。

自1886年德国人本茨发明第一辆以燃烧汽油为动力的汽车至今,汽车已有120多年的发展历史。

20世纪被称为"汽车世纪",汽车开始大量生产,并逐步形成汽车工业。第二次世界大战后,汽车生产的集中度提高,汽车工业发展成为战略性产业。70 年代后,汽车技术高速发展,生产经营日益全球化。

20 世纪 50 年代以前,世界汽车工业主要集中在美国和西欧,1949 年,美国、加拿大和西欧的汽车产量占世界的 94.5%;60 年代以后,日本汽车工业飞速发展,后来居上,1980 年产量首次超过美国,到 1994 年美国又重新超过日本。80 年代以来,发展中国家中的一些新兴工业化国家,如韩国、巴西、墨西哥、中国等,汽车工业迅猛发展。2012 年,世界汽车产量约 8 414.1 万辆,有 17 个国家的汽车产量超过 100 万辆。(见表 2-12)

表 2-12　　2012 年汽车产量 100 万辆以上的国家　　单位:万辆,%

国家	汽车	比重	乘用车	比重	商用车	比重
世界总计	8 414.1	100.00	6 307.0	100.00	2 107.2	100.00
中国	1 927.2	22.90	1 552.4	24.61	374.8	17.79
美国	1 032.9	12.27	416.6	6.61	622.3	29.53
日本	994.3	11.82	855.4	13.56	138.8	6.59
德国	564.9	6.71	538.8	8.54	26.1	1.24
韩国	455.8	5.42	416.7	6.61	39.1	1.86
印度	414.5	4.93	328.5	5.21	86.0	4.08
巴西	334.3	3.97	262.4	4.16	71.9	3.41
墨西哥	300.2	3.57	181.0	2.87	119.2	5.66
泰国	248.3	2.95	95.8	1.52	152.5	7.24
加拿大	246.4	2.93	104.0	1.65	142.3	6.75
俄罗斯	223.2	2.65	196.9	3.12	26.3	1.25
西班牙	197.9	2.35	154.0	2.44	43.9	2.08
法国	196.8	2.34	168.3	2.67	28.5	1.35
英国	157.7	1.87	146.5	2.32	11.2	0.53
捷克	117.9	1.40	117.2	1.86	0.7	0.03
土耳其	107.2	1.27	57.7	0.91	49.6	2.35
印度尼西亚	106.6	1.26	74.4	1.18	32.2	1.53

资料来源:百度网,盖世汽车网。

汽车主要有乘用车和商用车(载货汽车)。2012 年,乘用车产量 6 307 万辆,占世界汽车产量的 75%,商用车占 25%,中国、美国、日本是汽车生产的三强,占世界汽车总产量的 47%。

随着东亚经济的崛起、中东欧经济的转轨以及拉丁美洲经济的复兴,世界汽车工业的分布正发生着较大变化。中国汽车产量飞速增加,已经超过日本、美国和德国,2010 年跃居世界首位,产量达 1 827万辆;中欧的波兰、捷克、匈牙利、斯洛伐克等国已经成为欧洲新生的汽车生产基地;在拉丁美洲的巴西,汽车工业是其龙头工业,有国民经济的“晴雨表”之称;墨西哥的汽车工业是其制造业的支柱产业。

当然,世界汽车工业分布发生变化,并不是指原来的汽车生产大国已衰落,而是指它们进行了全球性调整。它们通过海外直接投资,把零部件和一部分不是最新车型的生产转移到劳动力便宜、市场广阔的发展中国家,以降低成本、拓宽销售市场,而最新型的产品留在国内生产,并继续控制世界汽车市场。

汽车生产的规模经济效益很高,企业生产规模越大,规模经济效益越明显。因此,生产汽车的国家虽很多,但世界汽车生产却高度集中在十几家大的汽车公司。1997 年世界有 16 家大公司的汽车年产量均在 100 万辆以上。2000 年有 6 家大公司(跨国公司)汽车年产量在 400 万辆以上,这 6 家大公司通过收购、兼并、控股、建立独资公司等形式,已经建立起遍布世界的汽车生产体系。

世界上汽车的生产集中在少数国家,它们大部分用于出口。不仅发达国家生产的汽车大部分供出口,新兴工业化国家汽车生产规模迅速扩大,除满足本国需要外,也积极对外出口。

在中国,汽车已开始逐渐步入普通家庭,近几年汽车需求量剧增,汽车市场的消费潜力巨大,因此,国外汽车厂家普遍看好中国市场。随着中国汽车产量的飞速增长,中国汽车在满足国内需要的同时,正在加速进军世界汽车市场。中国汽车出口增长的潜力很大,中国有望成为汽车出口大国。

第三章 世界农业生产分布和贸易

第一节 世界农业发展概况

一、世界土地资源及其利用概况

土地资源是人类赖以生存和发展生产的最重要的自然资源之一,土地是基本的生产资料,因此,各国拥有土地数量的多少、质量的好坏和所处的地理位置,对一个国家的经济发展和人民生活有重要影响。

世界经济的发展,特别是工业和城市发展所用土地不断增加,用于农业生产的土地不断减少,而世界人口又在不断增加,需要向土地索取更多的粮食等农副产品,从而使土地资源的供求矛盾越来越突出。因此,土地资源特别是耕地资源的保护和合理开发利用就显得极为重要。虽然世界上还有一部分尚未开发的土地资源,但大多处在自然条件不太好的地区,开发费用高,对于经济落后的发展中国家来说,开发更加困难。

按照土地利用方式,大致可将土地分为耕地、牧场(草地)、森林、城市用地和其他用地,其中与农业密切相关的是耕地、牧场和森林。2009 年,世界土地面积 12 956.2 万平方公里,其中耕地面积 1 386.3万平方公里,占 10.7%,森林面积 4 020.4 万平方公里,占31%。

各洲及洲内各国家、地区由于地形、气候等自然因素存在差异,以及人口数量、经济发展水平等不同,土地利用类型也有很大差别。在亚洲,各地区不尽相同。南亚气候炎热、雨量充沛,适宜耕种,耕地比重高达41.4%,其中印度更高达53.1%;而中国和中亚、西亚干旱或半干旱大陆性气候地区所占面积较大,因而耕地比重不大,中国约占11.8%,中亚的哈萨克斯坦占8.7%,西亚的伊朗占10.6%,沙特阿拉伯只占1.5%。在非洲,由于气候干旱,生产力水平低,加上沙漠多等,耕地比重普遍小,如非洲西南部的纳米比亚和北非的利比亚均只占1%,非洲西北部的毛里塔尼亚只占0.4%;但是也有耕地比重大的国家,非洲中东部的卢旺达占52.7%,西非东南部的尼日利亚占37.3%。欧洲总体上地势相对低平,气候温和、湿润,耕地占土地面积的比重各国相差较大。北欧的丹麦耕地占土地面积高达57.3%,而芬兰、瑞典和挪威分别只占7.4%,6.4%和2.7%;西欧的法国占33.5%,英国占25%;中欧的匈牙利占50.6%,波兰占41.2%,德国占34.3%;南欧的罗马尼亚占38.2%,西班牙占25.1%,意大利占23.4%,希腊占19.8%;东欧的乌克兰占56.1%,俄罗斯只占7.4%。在北美洲,耕地占土地面积的比重,美国占17.8%,墨西哥占12.9%,加拿大只占5%。在南美洲,耕地占土地面积的比重,除个别国家较高外,各国普遍较低,但森林和牧场所占比重较高。在大洋洲,澳大利亚耕地占土地面积的6.1%。

2009年,世界耕地面积13.86亿公顷,人口67.75亿,其中:高收入国家耕地和人口分别占世界的26.6%和16.5%,中等收入国家耕地和人口分别占61.4%和71.0%,低收入国家耕地和人口分别占12.0%和12.5%。人均耕地面积,世界平均为0.20公顷,其中:高收入国家为0.33公顷,中等收入国家为0.18公顷,低收入国家为0.19公顷。

二、世界农业的发展历程

农业是利用动植物的生活机能,通过人工培育以取得产品的生产部门。狭义的农业是指种植业,也称耕作业,广义的农业包括种植业、牧业、林业、渔业和农村中的副业。

农业为人民生活、经济建设提供粮食、副食品和工业原料,为社会积累资金,是国民经济的基础,因此,在人类历史发展过程中,农业始终是人类社会最基本的生产部门。

人类的农业生产发展大致经历了三个阶段。

（一）原始农业阶段

原始社会的农业生产主要以采集和狩猎为主，它是由血缘关系组成的人群进行的集体原始生产活动，生产工具极其落后，生产力水平极低。

（二）传统农业阶段

在传统农业阶段，人们以分散的个体劳动为基础，采用传统的农作制、牲畜饲养方式和简易的生产工具从事农业生产活动，以自给自足的自然经济为主，生产规模小，商品经济薄弱。多数发展中国家的农业在未实现农业现代化以前仍处于这一阶段。

（三）现代化农业阶段

20 世纪 20 年代，在工业化国家中，传统农业逐步向现代化农业过渡，到 70 年代，多数发达国家和发展中国家中的某些新兴工业化国家进入现代化农业阶段。所谓农业现代化，就是用机械、化学等现代工业、现代科学技术和管理方法来武装农业，使农业工业化，表现为农业机械化、化学化和水利化。近 40 年来，世界耕地面积不仅没有增加，还略有减少，人口则增加了 1 倍多，由 1960 年的 30 亿增加到 2008 年的 67 亿。但农业的现代化使农业生产面貌发生了巨大变化，农业总产值、谷物产量、肉类产量成倍增加，1960 ~ 2009 年，世界谷物产量由 96 870 万吨增加到 248 930 万吨，增加了 1.57 倍；肉类产量由 6 190 万吨增加到 28 156 万吨，增加了 3.55 倍。虽然世界农业生产分布不平衡，但总的看，世界生产的农产品基本上能养活世界人口。

三、世界农业生产发展的不平衡

第二次世界大战后，发展中国家努力发展民族经济，一些国家经济增长很快或较快，农业也得到相应的发展。但是，与发达国家相比，发展中国家农业生产水平还是很低或较低。从农业投入上看，2005～2007年，每100平方公里耕地拥有的拖拉机数量，低收入和中等收入国家分别为33.7台和152.1台，而高收入国家达380.7台。从农业产出上看，2010年，谷物每公顷产量，低收入和中等收入国家分别为2 075千克和3 312千克，而高收入国家达5 319千克。

2010年国内生产总值中，低收入和中等收入国家中农业所占比重分别为25%和10%，而高收入国家占1%。

由于不同类型国家农业发展水平不同，因此，它们的农业发展战略也有所不同。对于大多数发展中国家来说，它们正努力由传统的农业逐步向现代化农业过渡；对于发达国家来说，在现代化农业的基础上，随着生物技术的快速发展，它们正广泛采用生物技术来发展农业生产。

目前，世界粮食等农产品的供应还没有出现无法解决的危机，但人口在继续增加，能开发的耕地又有限，单位面积产量增长缓慢，世界气候变化无常，越来越不利于农业生产，因此依靠现有的农业技术很难解决世界人口的农产品供应问题，最终还是要靠生物技术的发展和广泛应用。例如，用基因工程的方法育种可以改良作物的品种，提高它们的产量和质量，并且可以增强它们对病虫害的抗性，以减少农药等化学品的使用，从而减少对自然环境的污染。随着基因工程技术的发展，人们将会不断培育出优质、高产、稳产的动植物新品种，以适应世界各国对食物不断增长的需要。

第二节　世界粮食生产分布和贸易

一、世界粮食生产分布

粮食是人类赖以生存的最重要的生活必需品，在世界耕地中，种植粮食的耕地占近50%。

(一)世界粮食生产的变化

第二次世界大战后至20世纪80年代末,世界粮食生产量不断增加,1946年谷物产量为5.33亿吨,1990年达到19.51亿吨,增加了2.66倍。

进入90年代后,在西方发达国家经济不景气和世界主要粮食产区发生大面积自然灾害等影响下,世界粮食生产停滞不前。1995年谷物产量为18.96亿吨,未达到1990年的产量,而同期世界人口由52.83亿增加到56.73亿,使人均谷物产量由369千克降为333千克,并导致世界粮食库存不断减少,粮价不断上涨。发展中国家饥饿和营养不良的人越来越多,许多发展中国家粮食消费严重依赖进口。因此,从1996年开始,欧美发达国家纷纷采取调整农业生产结构、放松对农产品生产的管制等政策,以增加粮食产量。2005年,谷物产量有所增加,达到22.39亿吨,2012年,谷物产量达到25.66亿吨。

(二)世界粮食生产分布

粮食作物是世界农作物中种植最多、最普遍的作物。粮食作物种植以谷物为主,谷物种植以小麦、稻谷和玉米为主,2012年,三者收获面积分别占谷物收获面积的30.8%,23.0%和25.3%;三者产量分别占谷物产量的26.1%,28.0%和34.0%,合计占谷物产量的88.1%,因而我们经常用谷物产量和谷物贸易量来代替粮食产量和粮食贸易量。从国家看,土地辽阔和人口众多的国家都是粮食生产大国,如中国、美国、印度、巴西等。(见表3－1)

表3－1　2012年世界谷物产量和主要产粮国家谷物产量及占世界的比重

国　家	产量(万吨)	比重(%)	国　家	产量(万吨)	比重(%)
世界总计	256 625.5	100			
中　国	54 116.3	21.1	巴　西	8 990.8	3.5
美　国	35 693.3	13.9	印度尼西亚	8 844.3	3.4
印　度	29 329.0	11.4	法　国	7 098.2	2.8

续表

国　家	产量(万吨)	比重(%)	国　家	产量(万吨)	比重(%)
俄罗斯	6 876.7	2.7	泰　国	4 281.0	1.7
孟加拉国	5 280.3	2.1	巴基斯坦	3 800.6	1.5
加拿大	5 078.1	2.0	墨西哥	3 361.5	1.3
越　南	4 846.7	1.9	土耳其	3 337.2	1.3
乌克兰	4 574.0	1.8	缅　甸	3 017.5	1.2
德　国	4 494.1	1.8	尼日利亚	2 633.3	1.0
澳大利亚	4 337.2	1.7			

资料来源:《国际统计年鉴·2014》,中国统计出版社出版。

(三)世界主要粮食作物的分布

1. 小麦。小麦生产在世界粮食作物生产中居首要地位,世界人口特别是发达国家人口大多以小麦为主要口粮。2012 年小麦收获面积达21 732万公顷,占世界谷物收获面积的 30.8%,小麦产量占世界谷物产量的 26.1%,单位面积产量 3 087 千克/公顷。小麦种植分布范围最广,遍及世界各地,主要分布在北纬 27~57 度和南纬 25~40 度的温带地区,特别是在海拔 200 米以下的平原河谷地区和海拔 200~1 500米地势比较平坦的高原山地。从国家来看,小麦种植主要分布在中国、印度、美国、俄罗斯等国。2012 年,中国小麦产量占世界的 18.0%,印度占 14.1%(见表 3-2)。小麦种植的主要分布地区有:①中国的华北平原和东北平原;②印度、澳大利亚的亚热带和热带草原区;③俄罗斯的温带草原区的黑土带;④美国和加拿大中部的小麦带。

表 3-2　2012 年世界小麦产量和主要小麦生产国家小麦产量及占世界的比重

国　家	产量(万吨)	比重(%)	国　家	产量(万吨)	比重(%)
世界总计	67 087.5	100			
中　国	12 058.3	18.0	美　国	6 175.5	9.2
印　度	9 488.0	14.1	法　国	4 030.1	6.0

续表

国　家	产量(万吨)	比重(%)	国　家	产量(万吨)	比重(%)
俄罗斯	3 772.0	5.6	德　国	2 243.2	3.3
澳大利亚	2 990.5	4.5	土耳其	2 010.0	3.0
加拿大	2 701.3	4.0	乌克兰	1 576.3	2.3
巴基斯坦	2 347.3	3.5			

资料来源:《国际统计年鉴·2014》,中国统计出版社出版。

2. 稻谷。2012 年世界稻谷收获面积达 16 232 万公顷,占世界谷物收获面积的 23.0%,稻谷产量占世界谷物产量的 28.0%,单位面积产量 4 434 千克/公顷。

稻谷是热带和亚热带作物,主要产区是亚洲东部和南部季风气候地带,特别是该气候地带的大河三角洲、江河冲积平原和沿海平原,其次是墨西哥湾沿岸、密西西比河下游地区。从国家看,2012 年中国稻谷产量占世界产量的 28.6%,印度占 21.2%。(见表 3－3)

表 3－3　2012 年世界稻谷产量和主要稻谷生产国家稻谷产量及占世界的比重

国　家	产量(万吨)	比重(%)	国　家	产量(万吨)	比重(%)
世界总计	71 973.8	100			
中　国	20 598.5	28.6	缅　甸	3 300.0	4.6
印　度	15 260.0	21.2	菲律宾	1 803.2	2.5
印度尼西亚	6 904.5	9.6	巴　西	1 155.0	1.6
越　南	4 366.2	6.1	日　本	1 065.4	1.5
泰　国	3 780.0	5.3	巴基斯坦	940.0	1.3
孟加拉国	3 389.0	4.7	美　国	904.8	1.3

资料来源:《国际统计年鉴·2014》,中国统计出版社出版。

3. 玉米。2012 年世界玉米收获面积为17 855万公顷,占世界谷物收获面积的 25.3%,而玉米产量占世界谷物产量的 34%,玉米单位面积产量高达 4 884 千克/公顷。

随着畜牧业发展对饲料需求的增加,玉米生产发展很快。玉米对自然条件的适应性强,单位面积产量高,因此分布十分普遍。除大洋洲外,各洲的夏季高温多雨区都有玉米种植。从国家看,美国是世界“玉米王国”,2012 年玉米产量占世界玉米产量的 31.4%,中国占 23.9%。(见表 3 -4)

表 3 -4 2012 年世界玉米产量和主要玉米生产国家玉米产量及占世界的比重

国 家	产量(万吨)	比重(%)	国 家	产量(万吨)	比重(%)
世界总计	87 206.7	100			
美 国	27 383.2	31.4	乌克兰	2 096.1	2.4
中 国	20 823.5	23.9	印度尼西亚	1 937.7	2.2
巴 西	7 107.3	8.1	法 国	1 561.4	1.8
墨西哥	2 206.9	2.5	南 非	1 183.0	1.4
阿根廷	2 119.7	2.4	加拿大	1 170.3	1.3
印 度	2 106.0	2.4			

资料来源:《国际统计年鉴·2014》,中国统计出版社出版。

二、世界粮食贸易

(一)世界粮食贸易量不断增长

粮食是世界贸易中的大宗商品,由于粮价低,其贸易额在世界贸易总额中所占比重很小,但贸易量大,仅低于石油、钢材,居第三位。

世界粮食贸易已有近 200 年的历史,20 世纪 40 年代,世界谷物出口量平均每年约 3 800 万吨,50 年代 5 000 多万吨,60 年代近 1 亿吨,70 年代 1.5 亿吨以上,80 年代突破 2 亿吨,1995 年 2.5 亿吨,2009 年降为 2.2 亿吨。

世界粮食贸易量不断增长的原因是多方面的,但主要是各国之间粮食生产和消费的严重不平衡造成的。

(二)世界粮食贸易地域分布的变化

世界粮食贸易地域分布变化表现为粮食出口国日益集中,进口国越来越多。20 世纪 90 年代以来，世界上粮食出口国集中在十几个国家，而进口国有 100 多个。

从出口看，历史上出口粮食的国家较多，除少数发达国家外，还有俄罗斯、东欧和相当一部分发展中国家。第二次世界大战后，粮食出口的地域分布发生了很大变化，其中突出的变化是西欧由粮食进口地区转变为粮食出口地区。历史上西欧所需粮食长期依赖进口，从 20 世纪 80 年代开始，西欧不断提高农业生产技术，并不断加大对农产品的价格支持力度，加上人口缓慢增长，甚至零增长或负增长，使西欧由粮食净进口地区变为净出口地区，这是世界粮食供应较为充裕的重要原因。

目前，世界粮食贸易已形成发达国家基本上控制粮食出口的局面。2000 年世界谷物出口中，小麦占 47.7%，玉米占 29.8%，稻谷占 9%，其他粮食作物出口量很小。在世界小麦出口量中，美国、欧盟（原 15 国）、加拿大和澳大利亚分别占 23.4%，28.8%，14.5% 和 12.9%，共占 79.6%。在世界玉米出口量中，美国占 60.7%。

从进口看，广大的亚、非、拉发展中国家，由于生产力发展水平低，人口增长过快，人均耕地面积不断减少，除个别国家（如阿根廷等）外大都要进口粮食，有的还需大量进口，如北非小麦进口量就占世界小麦进口量的 13.6%。

三、世界粮食问题

粮食问题是为世界所瞩目的重大问题。世界上处于饥饿与营养不良状态的人口，已从 20 世纪 80 年代中期的 5 亿增加到目前的 8 亿多，从而引起国际社会的普遍关注。就全球而论，粮食供应基本能满足消费，但粮食问题的关键在于世界粮食生产和消费在地域上存在严重不平衡。一方面，一些发达国家，如美国、加拿大、澳大利亚，凭着先进的农业生产技术和丰富的耕地资源，生产出远远超过本国消费量的粮食，个别大国还以粮食为武器，对粮食进口国进行经济、政治的控制；另一方面，一些发展中国家由于人口增长速度过快、农业生产技术水平低等原因，粮食越来越缺乏，不得不依赖进口。鉴于此,这些发展中国家首先必须依靠自己的力量,即政府要采取积极扶持农业生产的各项政策,提高农业生产技术,加快农业的发展;同时,国际社会特别是发达国家应该在资金、技术等方面给予发展中国家更多的援助。

第三节　世界主要经济作物生产分布和贸易

经济作物是除粮食作物以外的重要农作物,是重要的轻工业原料。它的生产大多要求有特殊的自然环境,生产要求精耕细作,使用劳动力多,生产技术要求较高,因而大多集中于少数地区。

经济作物种类很多,一般分为以下几类:第一,纤维作物,如棉花、麻类等;第二,糖料作物,如甘蔗、甜菜等;第三,油料作物,如花生、油菜籽、芝麻等;第四,饮料作物,如茶叶、可可、咖啡等;第五,其他工业原料作物,如天然橡胶等。

一、世界纤维作物

(一)棉花

棉花是纺织工业的主要原料。随着人们对纺织品需求的不断增加,作为主要的纺织原料,棉花产量不断增长。1960 年世界棉花产量为 1 008.3 万吨,1990 年达到 2 066.8 万吨,创历史最高纪录,以后有所下降,2000 年为 1 914.7 万吨,2009 年增加到 2 224.1 万吨。

棉花是温带和亚热带作物,喜温、喜光照,随着对棉花质量要求的不断提高和灌溉技术的进步,棉花生产日益向具有灌溉条件的干旱地区集中。世界棉花生产主要集中在四个地区:

1. 亚洲中部、东部和南部地区。这是世界棉花的主要产区,其中:中亚地区包括乌兹别克斯坦、土库曼斯坦、哈萨克斯坦,中国的天山南北;东亚地区包括中国的华北平原和长江中下游平原;南亚地区包括印度的德干高原和印度河平原。

2. 北美洲南部地区。这主要是指美国南部的棉花带,它是世界第二大棉花产区。

3. 非洲东北部地区。这主要是指埃及和苏丹的棉花产区，其长绒棉产量占世界长绒棉产量的80%以上。

4. 拉丁美洲地区。这主要包括巴西、阿根廷、墨西哥和中美洲各国。

从国家看，2012年中国籽棉产量居世界首位，占世界籽棉产量的26.8%，印度占21.7%。（见表3－5）

表3－5　2012年世界籽棉产量和主要产棉国家籽棉产量及占世界的比重

国　家	产量（万吨）	比重（%）	国　家	产量（万吨）	比重（%）
世界总计	7 653.0	100			
中　国	2 052.0	26.8	澳大利亚	287.0	3.8
印　度	1 660.0	21.7	土耳其	230.0	3.0
美　国	891.0	11.6	希　腊	85.0	1.1
巴基斯坦	664.0	8.7	阿根廷	70.9	0.9
巴　西	496.9	6.5	墨西哥	66.9	0.9
乌兹别克斯坦	318.8	4.2	布基纳法索	60.7	0.8

资料来源：《国际统计年鉴·2014》，中国统计出版社出版。

2009年世界棉花出口量776.3万吨。出口最多的是美国，出口量达261.3万吨（相当于本国当年棉花产量的98.5%），占世界棉花出口量的33.7%；其次是印度，占世界棉花出口量的18.7%。

2009年世界棉花进口量790万吨，进口最多的是中国，进口量238.6万吨（相当于本国当年棉花产量的33.7%），占世界棉花进口量的30.2%。

（二）麻类

麻类是重要的工业原料，主要种类有黄红麻、亚麻、剑麻等。黄红麻主要用于制麻袋；亚麻分为纤维用麻和油用亚麻，分别用于纺织和榨油；剑麻纤维坚韧耐腐，用于制造船缆。2012年世界黄麻及黄麻类纤维收获面积178.1万公顷，主要集中在印度和孟加拉国，两国分别占世界的50.1%和42.8%。其他种植麻类作物的国家有中国、缅甸、俄罗斯、巴西、泰国等少数国家，种植面积少，仅十几万或几万公顷。

二、世界油料作物

油料作物种类较多，一年生的有大豆、花生、油菜籽、芝麻等，多年生的有油橄榄、油棕、椰子、油茶等。前者占世界产量的80%左右，后者占20%左右。油料作物一般分布普遍，有少数油料作物受自然条件的限制，分布较集中。

（一）大豆

大豆是重要的油料作物，一般含油率为16%～22%，又是营养丰富的粮食作物。1950年，世界大豆产量为1 815万吨，70年代以后大豆生产迅速增长，2012年达到24 184万吨。世界生产大豆的国家有50多个，但产量大的只有几个国家。美国的大豆产量占世界大豆产量的33.9%，巴西占27.2%，阿根廷占16.6%。此外，生产大豆较多的有中国、印度、巴拉圭、加拿大等国（见表3－6）。美国、巴西、阿根廷是大豆的主要出口国，中国、日本和欧洲一些国家是大豆的主要进口国。

表3－6　2012年世界部分国家大豆、花生和油菜籽产量占世界的比重

大豆（2012年）		花生（2012年）		油菜籽（2012年）	
国　家	%	国　家	%	国　家	%
世界总计（万吨）	24 184	世界总计（万吨）	4 118.6	世界总计（万吨）	6 505.8
世界总计	100	世界总计	100	世界总计	100
美　国	33.9	中　国	40.9	加拿大	23.7
巴　西	27.2	印　度	14.0	中　国	21.5
阿根廷	16.6	尼日利亚	7.5	印　度	10.4
中　国	5.3	美　国	7.4	法　国	8.4
印　度	4.8	缅　甸	3.3	德　国	7.4
巴拉圭	3.5	坦桑尼亚	2.0	澳大利亚	5.3
加拿大	2.0	印度尼西亚	1.7	英　国	3.9

资料来源：《国际统计年鉴·2014》，中国统计出版社出版。

（二）花生

花生是重要的油料作物，一般含油率为45% ~50%，油质好。花生对自然条件适应性强，可在沙质土中种植。2012 年世界花生产量为4 118.6 万吨，其中，中国占世界产量的40.9%，印度占14.0%。其他生产花生较多的国家有尼日利亚、美国、缅甸、坦桑尼亚、印度尼西亚等（见表3 -6）。世界花生的主要出口国是中国、印度等，主要进口国是日本和欧洲一些发达国家。

（三）油菜籽

油菜籽也是一种重要的油料作物，一般含油率为35% ~46%。油菜籽对自然条件适应性强，分布普遍，从热带、亚热带到温带都有分布。2012 年世界油菜籽产量为6 505.8万吨，其中加拿大占世界产量的23.7%，中国占21.5%，印度占10.4%。生产油菜籽较多的国家还有法国、德国、澳大利亚、英国等（见表3 -6）。油菜籽的出口国主要是欧洲国家，出口到亚洲和非洲。

三、世界糖料作物

世界糖料作物中最主要的是甘蔗和甜菜，其出糖率分别为11% ~12.6%和12% ~14%。

（一）甘蔗

甘蔗是热带、亚热带作物，喜高温，需水量大，生长期长，主要分布在南北纬35 度之间。2012 年，世界甘蔗产量为18.33 亿吨，其中巴西甘庶产量占世界产量的39.3%，印度占19%，其他生产甘蔗较多的国家有中国、泰国、巴基斯坦、墨西哥、哥伦比亚、菲律宾等。（见表3 -7）

（二）甜菜

甜菜喜温凉气候，适宜在中温带地区种植，主要分布在北纬40 度至60度之间。2012 年，世界甜菜产量为26 986.6 万吨，其中俄罗斯占16.7%,法国占12.5%,美国占11.8%,德国占10.3%,其他生产甜菜较多的国家有乌克兰、土耳其、波兰、中国等。(见表3-7)

表3-7　　2012年部分国家甘蔗、甜菜产量占世界的比重

甘蔗		甜菜	
国家	%	国家	%
世界总计(万吨)	183 254.1	世界总计(万吨)	26 986.6
世界总计(%)	100	世界总计(%)	100
巴西	39.3	俄罗斯	16.7
印度	19.0	法国	12.5
中国	6.8	美国	11.8
泰国	5.3	德国	10.3
巴基斯坦	3.2	乌克兰	6.8
墨西哥	2.8	土耳其	5.6
哥伦比亚	2.1	波兰	4.6
菲律宾	1.6	中国	4.2

资料来源:《国际统计年鉴·2014》,中国统计出版社出版。

甘蔗和甜菜收割后不能久贮,要及时加工成糖,制糖厂必须建在原料产地,因此甘蔗、甜菜产量大的国家,糖的产量也大,但各国对糖的消费量不同,产量大于消费量的国家大量出口糖。世界糖的主要出口国有巴西、古巴、法国、澳大利亚等,主要进口国有日本、美国、中国、韩国等。

四、世界饮料作物

茶叶、咖啡、可可是世界三大饮料。

(一)茶叶

茶叶是热带、亚热带多年生常绿植物,喜湿润气候,耐阴性强,分布较普遍,在北纬42度以南至南纬33度以北地区,有40多个国家种植茶树。2012年,世界茶叶产量为481.8万吨。其中,中国占世界产量的35.6%,印度占20.8%,肯尼亚占7.7%,斯里兰卡占6.8%。其他生产茶叶较多的国家有土耳其、越南、伊朗、印度尼西亚、阿根廷、日本等。

印度、中国、斯里兰卡、肯尼亚是茶叶的主要出口国。中国是茶叶的原产地,茶园面积占世界第一位,但单产较低。中国出口茶叶以绿茶为主,而世界茶叶市场上红茶销量约占90%,今后我国应调整茶叶品种结构,以适应国际市场的需要。

美国、英国、俄罗斯等国是重要的茶叶进口国。

(二)咖啡

咖啡是世界最重要的饮料,其消费量要比茶叶多4倍。咖啡是热带作物,主要分布在拉丁美洲和非洲。在南美洲,咖啡生产国主要有巴西、哥伦比亚、委内瑞拉、厄瓜多尔等,其中,巴西咖啡的种植面积最大,产量也最大,有世界"咖啡王国"之称,同时它也是世界最大的咖啡出口国。在中美洲,咖啡生产国主要有危地马拉、哥斯达黎加、萨尔瓦多、尼加拉瓜等。在非洲,西非的科特迪瓦、几内亚、喀麦隆等国,东非的肯尼亚、坦桑尼亚等国,中非的刚果(金)等国是主要的咖啡生产国。在亚洲,生产咖啡最多的是印度尼西亚,产量居世界前列。世界咖啡生产主要集中在发展中国家,其产量的3/4供出口,主要销往发达国家。

(三)可可

可可是热带作物,喜高温多雨气候,集中产在南北纬15度之间的非洲西部沿海地区,主要生产国有科特迪瓦、加纳、喀麦隆、尼日利亚等;南回归线(23.5度)以北的拉丁美洲沿海地区也盛产可可,主要生产国有巴西、厄瓜多尔、苏里南、委内瑞拉、圭亚那、巴拿马、多米尼加等。这些国家可可产量的大部分用于出口,主要销往发达国家。

第四节　世界畜牧业生产分布和贸易

畜牧业是农业中的重要部门,发展畜牧业不仅对提高人民生活有重要意义,而且对促进整个农业发展,为工业生产提供轻工业原料,以及扩大出口等都有重要作用。

一、畜牧业的类型

畜牧业按生产性质、经营方式的不同,可划分为不同的类型。

(一)按生产性质划分

1. 游牧畜牧业。这是指生产水平较低,以自己消费为目的的畜牧业。非洲的广大牧区大多属这种类型。一方面,牧民放养牲畜为自己消费;另一方面,牲畜数量的多少是财富多少的象征。因此,即使有剩余的牲畜,牧民一般也不肯出售。

2. 商品性畜牧业。这是指以出售为主要目的的畜牧业。出售的畜产品包括活体畜、肉、皮、毛、奶、蛋等。

(二)按经营方式划分

1. 粗放式畜牧业。从生产性质上看,粗放式畜牧业是自给性生产;从经营方式上看,采取该方式的是非定居的牧民,他们赶着牲畜过逐水草而居的游牧生活,基本上靠天养畜。

2. 大农牧场放养畜牧业。它属集约型畜牧业生产,主要表现为:①对草场实行科学管理,如将草场分割,轮流放牧,对退化草场采取封闭培育、补播等措施,以恢复草场的生产能力;②建设草场,保证冬、春季的饲料储备;③对牲畜实行科学管理,如保持合理的畜龄结构和适龄母畜,以保证畜产品的商品率;④实行草畜结合,如根据牧草生产情况确定养畜数量,合理载牧。采取该种畜牧业经营方式的具有代表性的国家有澳大利亚、新西兰、美国等。

3. 舍饲畜牧业。这是指主要以粮食作为饲料,占用很少土地,高度集中饲养的畜牧业，主要饲养奶牛、肉牛、猪、鸡、鸭、兔等畜、禽。例如，美国中部的玉米带就是用玉米和大豆作饲料，大规模饲养牛、猪等。

二、世界畜牧业生产分布和贸易

随着世界粮食产量的不断增长，世界畜牧业的产品产量也相应得到增长。但是，不同类型国家的畜牧业发展情况不同，大多数发达国家粮食供应大于粮食的直接消费，因而有充裕的土地用于发展饲料和牧草生产。所以，从世界主要畜产品产量来看，除少数几个土地面积较大的发展中国家（如中国、印度、巴西、阿根廷）外，畜产品主要分布在北美、西欧、东欧和澳大利亚等地区和国家。

2012 年世界肉类总产量 30 239 万吨，其中：猪肉 10 912.2 万吨；占肉类总产量的 36.1%；禽肉 10 563.6 万吨，占 34.9%；牛肉 6 688.6万吨，占 22.1%；羊肉 1 377.1 万吨，占 4.6%。

各种肉类的生产分布不同。2012 年，世界猪肉产量中，中国占 45.8%，美国占 9.7%，德国占 5.0%；世界禽肉产量中，美国占 18.7%，中国占 17.9%，巴西占 11.4%；世界牛肉产量中，美国占 17.7%，巴西占 13.9%，中国占 9.8%；世界羊肉产量中，中国占 28.9%。（见表 3－8）

表 3－8　2012 年部分国家肉类产品产量占世界的比重

肉类总产量		牛肉		羊肉		猪肉		禽肉	
国家	%	国家	%	国家	%	国家	%	国家	%
世界	100	世界	100	世界	100	世界	100	世界	100
中国	26.8	美国	17.7	中国	28.9	中国	45.8	美国	18.7
美国	14.1	巴西	13.9	印度	6.5	美国	9.7	中国	17.9
巴西	8.3	中国	9.8	澳大利亚	4.2	德国	5.0	巴西	11.4
德国	2.7	印度	3.9	尼日利亚	3.4	西班牙	3.2	俄罗斯	3.2

续表

肉类总产量		牛　肉		羊　肉		猪　肉		禽　肉	
国　家	%	国　家	%	国　家	%	国　家	%	国　家	%
俄罗斯	2.7	阿根廷	3.7	巴基斯坦	3.3	巴　西	3.2	墨西哥	2.7
印　度	2.1	澳大利亚	3.2	新西兰	3.3	越　南	2.9	印　度	2.1
墨西哥	2.0	墨西哥	2.7	土耳其	2.3	俄罗斯	2.3	伊　朗	1.9
法　国	1.9	俄罗斯	2.5	英　国	2.0	法　国	2.0	印度尼西亚	1.7
西班牙	1.8	巴基斯坦	2.4	伊　朗	2.0	加拿大	1.8	土耳其	1.6
阿根廷	1.5	法　国	2.2	孟加拉国	1.5	波　兰	1.7	法　国	1.6

资料来源:《国际统计年鉴·2014》,中国统计出版社出版。

2012 年,世界奶类总产量 75 392.5 万吨,其中,印度占世界产量的 16.6%,美国占 12.1%,中国占 5.7%;世界蛋类总产量 7 191.9 万吨,其中,中国占世界产量的 40.5%。(见表 3-9)

表 3-9　2012 年部分国家奶类、蛋类产量占世界的比重

奶类产量		蛋类产量	
国　家	%	国　家	%
世　界	100	世　界	100
印　度	16.6	中　国	40.5
美　国	12.1	美　国	7.6
中　国	5.7	印　度	5.0
巴基斯坦	5.0	日　本	3.5
巴　西	4.3	俄罗斯	3.3
俄罗斯	4.2	墨西哥	3.2
德　国	4.0	巴　西	3.1
法　国	3.3	印度尼西亚	1.9
新西兰	2.7	乌克兰	1.6
土耳其	2.3	泰　国	1.5

资料来源:《国际统计年鉴·2014》,中国统计出版社出版。

2012年世界羊毛产量206.7万吨，其中中国产量40万吨，占世界产量的19.4%，澳大利亚产量36.2万吨，占世界产量的17.5%，新西兰16.5万吨。其他生产羊毛较多的国家有伊朗、英国、阿根廷、俄罗斯、印度、南非、巴基斯坦、土耳其、哈萨克斯坦，产量在4万至7万吨之间。

发达国家的人口约占世界人口总数的16%，而它们的肉类和奶类产量却占世界的40%以上，因此，总的来看，发达国家成为畜产品的出口国，发展中国家成为进口国。但是发达国家内部情况不同，美国、加拿大、法国、澳大利亚等是畜产品主要出口国，而日本、意大利等是畜产品主要进口国。发展中国家内部情况也不同，中国畜产品产量大，肉、蛋等畜产品出口量居世界前列，巴西、墨西哥、阿根廷等也是畜产品主要出口国。

第五节　世界水产业生产分布和贸易

水产业是在海洋和江、河、湖、塘等水中从事捕捞和养殖水生动植物的生产事业，一般以鱼类捕捞和养殖为主，习惯上经常拿渔业来代替水产业。水产品是人类不可缺少的、营养价值较高的食品，水产业是利用天然水面生产且投入少、产出多的产业。随着世界人口的增长和人们生活水平的日益提高，对水产品的需求也日益增长，因此，大力发展水产业具有重要意义。

一、世界渔业的生产分布

随着海洋捕捞和加工技术的进步及人工养殖技术的进步，世界渔业发展很快，渔业产品产量不断增加。1950年，世界鱼产量为2 110万吨，2004年达到7 927万吨。2012年鱼类产量超过20万吨的就有46个国家，其中中国3 580.6万吨，居世界首位。（见表3－10）

表 3－10　2012 年鱼类产量超过 100 万吨的国家　单位:万吨

国　家	鱼类总计	海　域	内陆水域
中　国	3 580.6	1 082.9	2 497.7
印　度	815.5	292.9	522.7
印度尼西亚	786.3	539.7	246.5
缅　甸	435.3	228.4	206.9
俄罗斯	432.0	392.6	39.4
秘　鲁	429.6	423.3	6.3
美　国	422.5	402.2	20.3
越　南	413.0	184.7	228.2
挪　威	334.1	334.0	0.1
日　本	316.8	311.3	5.5
智　利	312.9	307.0	6.0
孟加拉国	300.9	58.4	242.5
菲律宾	279.0	235.7	43.2
泰　国	189.4	129.2	60.3
冰　岛	144.3	144.2	0.1
马来西亚	142.6	127.0	15.6
巴　西	137.2	50.1	87.1
墨西哥	136.3	122.3	14.0
埃　及	134.7	9.7	125.0
韩　国	126.9	124.6	2.3
摩洛哥	111.3	109.9	1.4

资料来源:《国际统计年鉴·2014》,中国统计出版社出版。

二、世界海洋渔场

根据海洋捕捞的区域不同,世界上的渔业生产国大致分为两类:一类是以联合国《海洋法公约》规定的沿海岸 200 海里经济专属区以内的水资源为主的国家,包括美国、加拿大、澳大利亚、挪威、南非、中国、印度、秘鲁等。距海岸200海里以内的水域,集中了世界最主要的海洋渔场。另一类是在很大程度上以远洋捕捞为主的国家,如日本、俄罗斯、英国、德国、法国、荷兰、西班牙、葡萄牙等。

世界海洋渔场的分布是不均衡的。第二次世界大战前,世界4大渔场是北太平洋渔场、秘鲁渔场、北海渔场和北大西洋纽芬兰渔场。第二次世界大战后,随着渔业技术的进步和新渔场的开辟,可将世界主要渔场分为13个区域:太平洋西北部渔区,鱼产量居世界首位;大西洋东北部渔区(包括北海海域和波罗的海);太平洋中西部渔区;太平洋东南部渔区;大西洋东南部渔区;大西洋中东部渔区;大西洋西北部渔区;印度洋西部渔区;大西洋中西部渔区;太平洋中东部渔区;太平洋东北部渔区;大西洋西南部渔区;印度洋东部渔区。

近30年来,随着世界远洋捕鱼船的日益增多,捕捞强度越来越大,使许多渔场的资源严重衰减,加上已没有新的渔业资源可开发,自1989年以来,世界鱼产量增长缓慢。今后,人类对水产品的需求问题将靠海水养殖和淡水养殖的发展来解决。

三、世界渔业产品贸易

世界渔业生产和消费的地域分布是不平衡的。人均渔业产品产量,发达国家比发展中国家高一倍。但是发达国家渔业产品消费量很大,不少发达国家的渔业产品需要依赖进口。近年来,世界渔业产品贸易量不断增长。

从出口看,一些沿海渔业产品资源丰富的发展中国家,如中国、印度尼西亚、泰国、印度、菲律宾、韩国、越南、秘鲁、智利、厄瓜多尔、科特迪瓦、毛里塔尼亚、摩洛哥等是渔业产品的主要出口国。在发达国家,俄罗斯、挪威、加拿大是渔业产品的主要出口国。

从进口看,日本是世界上渔业产品消费量最大的国家,虽然其渔业产品产量居世界第二位,但仍需大量进口渔业产品。另外,法国、德国、意大利、西班牙、英国、美国等也大量进口渔业产品。

第六节　世界林业生产分布和贸易

一、世界森林资源及其分布

森林是自然环境的重要组成部分,森林资源是人类最宝贵的财富,素有"绿色金子"之称。森林不仅有经济价值,更为重要的在于它是陆地上的最大生态系统,没有森林,生态系统就会崩溃,因此,在保持自然界的生态平衡中,森林占有极其重要的地位。破坏森林就等于破坏人类赖以生存的自然环境。

森林可分为郁闭林、疏林地和灌木林地。按照联合国粮农组织森林资源统计的规定,林地的郁闭度在0.2以上才算是森林资源,郁闭度在0.2以下的称为疏林地。据2007年的统计,世界森林(郁闭林)面积为3 928万平方公里,森林覆盖率(即森林面积占土地面积的比重)为30.3%。

世界各地区、各国的森林覆盖率有很大不同。从地区看,拉丁美洲和加勒比地区的森林覆盖率达47.1%,中东和北非仅1.5%。从国家看,有的国家森林覆盖率高达80%以上,如加蓬高达82.9%;而有的国家森林覆盖率不到1%,如埃及为0.1%,利比亚为0.2%,科威特为0.3%。有的国家森林面积大,但森林覆盖率并不高;有的国家森林面积并不大,但森林覆盖率很高。(见表3-11)

表3-11　2010年森林面积超过10万平方公里的国家及其森林覆盖率

国　家	森林面积(万平方公里)	森林覆盖率(%)	国　家	森林面积(万平方公里)	森林覆盖率(%)
安哥拉	58.5	46.9	科特迪瓦	10.4	32.3
阿根廷	29.4	10.6	埃塞俄比亚	12.3	11.1
澳大利亚	149.3	19.3	芬　兰	22.2	65.9
玻利维亚	57.2	52.0	法　国	16.0	29.1

续表

国　家	森林面积（万平方公里）	森林覆盖率（%）	国　家	森林面积（万平方公里）	森林覆盖率（%）
博茨瓦纳	11.4	19.6	加　蓬	22.0	82.9
巴　西	519.5	61.0	德　国	11.1	31.1
柬埔寨	10.1	55.8	印　度	68.4	20.8
喀麦隆	19.9	41.9	印度尼西亚	94.4	49.5
加拿大	310.1	31.0	伊　朗	11.1	6.4
中　非	22.6	36.3	日　本	25.0	66.1
乍　得	11.5	9.0	老　挝	15.8	66.7
智　利	16.2	21.4	马达加斯加	12.6	21.5
中　国	206.9	21.6	马来西亚	20.5	61.9
哥伦比亚	60.5	53.0	马　里	12.5	10.1
刚果(金)	154.1	65.7	苏　丹	69.9	27.9
刚果(布)	22.4	65.5	瑞　典	28.2	62.7
墨西哥	64.8	33.0	塔桑尼亚	33.4	35.3
蒙　古	10.9	7.0	泰　国	19.0	37.0
莫桑比克	39.0	48.8	土耳其	11.3	14.4
缅　甸	31.8	47.0	美　国	304.0	30.9
巴布亚新几内亚	28.7	62.0	委内瑞拉	46.3	50.8
巴拉圭	17.6	43.2	越　南	13.8	41.7
秘　鲁	68.0	52.9	赞比亚	49.5	65.7
俄罗斯	809.1	47.3	津巴布韦	15.6	39.9
西班牙	18.2	36.0			

资料来源：世界银行《2012 年世界发展指标》，中国财政经济出版社。

从表 3－11 可看出，世界森林大部分分布在热带地区和高纬度寒温带地区，如热带地区的巴西、哥伦比亚、秘鲁、委内瑞拉、玻利维亚、刚果(金)、刚果(布)、苏丹、坦桑尼亚、加蓬、喀麦隆、印度尼西亚、巴布亚新几内亚、马来西亚等,寒温带地区的俄罗斯、瑞典、芬兰、加拿大等。

世界主要森林分布地区是:①亚马孙河流域热带原始森林区,包括巴西以及哥伦比亚、秘鲁、玻利维亚等国;②刚果河流域热带原始森林区,包括刚果(金)、刚果(布)、安哥拉、赞比亚、喀麦隆、中非共和国等国;③亚欧大陆北部寒温带针叶林区,主要指亚欧大陆北纬55度以北地区,包括俄罗斯、芬兰、瑞典等国。

二、世界林业生产和贸易

林产品可分为工业用材、薪炭材和其他用材。世界原木产量的一半用于工业,如建筑、家具、造纸、煤炭等工业需要大量木材,其他大多作为薪炭烧掉。世界原木产量中,发展中国家约占55%,但其中的80%用作薪炭材,估计有20亿人口的家用燃料靠木材,并且还有许多发展中国家仍然缺乏薪炭材。在木材的利用上,发展中国家木材综合利用率低。在发达国家的原木产量中有80%以上作为工业用材,木材的综合利用率高。

世界生产原木较多的国家有俄罗斯、巴西、加拿大、美国、中国、澳大利亚、印度尼西亚、印度等,由于各国对木材的需求量不同,它们并不都是木材出口国。中国和印度的原木产量虽然很大,但需求量更大,尚需依赖进口,是木材主要进口国。

第四章　世界贸易运输

第一节　概　述

一、交通运输业的性质

交通运输业是指人类利用各种运输工具，使人或货物沿特定线路实现空间位置移动的社会物质生产部门。在人类社会生产和生活过程中，运输是不可缺少的必要条件，它是生产在流通过程中的继续。但它又不同于工农业生产部门。首先，它不能生产新的产品，也不能增加产品的数量和提高产品的质量，它的唯一产品是吨公里或人公里。其次，交通运输业的产品看不见，摸不着，既不能输送，也不能储存，因为它的生产过程和消费过程具有统一性，是同时进行、不可分割的。再次，工农业产品具有多样性，互相不能替代；而交通运输业尽管运输方式有多种，但因其产品具有共性，都是吨公里或人公里，因此，各种运输方式可单独使用，也可联合、互换使用。

二、交通运输业在世界贸易中的作用

世界贸易是指货物在两个或两个以上国家（地区）之间进行的交换。因此，没有运输，世界贸易就无法进行。国际运输是世界贸易的重要组成部分，在世界贸易合同的价格条件中，均包括运输费用。如离岸价格（FOB），即包括进货成本+商品包装+仓储费+国内运费+检验费+出口关税+托运费+结汇；又如到岸价格（CIF），即包括 FOB+保险费+国外运费。且运价也与有形商品一样，随国际市场供求关系的变化而变化，运价的高低直接影响商品本身的价格。

同时，国际运输业本身也是世界服务贸易的重要组成部分。

交通运输业在世界贸易中的作用主要表现在以下几个方面：

第一，运输业的发展，为开辟更广阔的市场提供了可能，如苏伊士运河、巴拿马运河的开通，大大缩短了洲际的航程，节约了运费，促进了世界贸易的发展。

第二，运输业的发展，促进了国际分工的深化，加强了各国间的经济联系，加速了经济全球化的实现。可以说，运输业是实现经济全球化的重要沟通媒介，如果没有运输业，跨国公司的经济活动将会停顿，全球化的目标也难以实现。

第三，运输业的发展，有利于降低产品的生产成本，提高本国产品在国际市场上的竞争力。由于运价一般占出口产品价格的10%～40%，因此运输工具的大型化、高速化、专业化和现代化的发展，集装箱的使用，均可降低运费，从而降低商品价格，提高其竞争力。

第四，世界贸易运输是平衡国家外汇收支的重要手段。国际运输业属于世界服务贸易，随着世界经济的发展，其在世界贸易中的地位越来越重要。

三、世界贸易运输方式

根据运输工具和运输通道的不同，目前在世界贸易中使用的运输方式主要有：①水上运输，包括海上运输和内河运输；②陆上运输，包括铁路运输和公路运输；③航空运输；④管道运输；⑤集装箱运输；⑥国际多式联合运输。

第二节　国际海上运输

一、海上运输概述

（一）海上运输的性质

海上运输是指使用船舶、以海洋为通道运送货物的一种运输方式。海上货物运输必须具备四个要素，即船、货、港、线。船是海上运输的必备工具；货物是海上运输的对象；港口是海上交通与陆上交通的联结枢纽，是船舶进出的口岸，其范围包括港内水域及紧接水域的陆地；航线（海上航线）是由海洋中一定的水深、潮流、风向和港口组成的可供船舶航行的通道。海运业是国际贸易的桥梁和纽带。目前全球商品贸易货运量 90% 以上是通过海运完成的。

（二）海上运输的特点

1. 通过能力强。由于海运是利用天然航道运输，不受道路、轨道的限制，加之海洋是一个相互沟通的整体，海运不必经过转运，就能通往世界沿海各港口，因此，海运是目前世界贸易中最重要的一种运输方式。在世界贸易货运总量中，约有 3/4 以上的货物是由海运完成的。

2. 运量大。2006 年，世界海上货运量为 148.26 亿吨。船舶日益向大型化、专业化发展，使其运量越来越大。目前已有 60 万吨以上的巨型油轮，散装船最大可达 17 万吨，客运 8 万吨，大型集装箱船可载 6 000 个标准集装箱，因此，海运的运量是其他任何运输方式都无法比拟的。

3. 运费低，适应性强。海洋航道开发和整治费用低，多利用天然水域，同时海轮运输的单位燃料耗费较少，利于节省能源。因此，海运费用低廉，特别适于运送廉价而笨重、远距离的大宗货物。

4. 速度慢。一般大船每小时行 15 ~ 16 海里（1 海里 = 1 852 米），不适宜运送时效性强的商品。海运受自然因素特别是气候、海流、浮冰等条件影响较大，因此风险较大。

二、海上运输发展的特点

（一）发展迅速

由于海运优越性明显，因此发展十分迅速。随着世界经济的发展，特别是各国间经济联系的扩大，海运在世界贸易中的地位更加重要。1950年,世界海运量为5.5亿吨,1960年10.8亿吨,1972年27亿吨,1985年32亿吨,2000年增至53.74亿吨,2006年更达148.76亿吨,是2000年的2.77倍。与此相适应的是世界商船队的规模不断扩大,1965年世界船舶(300吨以上的商船)总吨位为1.6亿吨,1975年为3.42亿吨,1985年为4.2亿吨,2001年增至5.7455亿吨。尤其值得重视的是,集装箱船的发展速度更快。

(二)海轮向大型化、自动化、高速化和专业化方向发展

1950年,世界上最大的油轮吨位为2.5万吨,1959年达10万吨,1966年超过20万吨,1968年出现了30万吨以上的大油轮,目前投入使用的最大超级油轮在60万吨以上。20万~30万吨的油轮已成为石油运输的主力。在商船队中,以油轮比重最大,其他如液化天然气船、运煤船、矿石船和粮食船也都出现了大型化的趋势,30万吨级的矿石船早在20世纪80年代初就已投入使用。为了降低运费,提高运输速度,杂货运输中最先进的运输方式——集装箱船早在1960年就已出现并投入运营,且载箱能力不断提高。

(三)海运货物结构特点

海运货物主要是量大、价廉、笨重和运输距离长的大宗物资,其中,又以干散货物运量最大,如煤炭、谷物、各种矿石等在2006年的海运装卸总量中占64.38%;其次是未加工的初级产品,如原油等,约占总装卸量的26.4%。

(四)对外贸易货物的数量与构成同经济发展水平密切相关

2006年,全球海运货物总装卸量为148.76亿吨,其中发达国家70.06亿吨,占47.1%;经济转型国家2.528亿吨,占1.7%;发展中国家76.17亿吨,占51.2%。(见表4-1)

表 4-1 **2006 年世界海运贸易** 单位:百万吨

国家(地区)	装货量				卸货量			
	总计	初级产品	制成品	干散货	总计	初级产品	制成品	干散货
世 界	7 415.5	1 990.8	683.0	4 741.7	7 460.4	1 940.9	683.5	4 836.0
发达国家	2 683.1	100.0	187.3	2 395.8	4 323.0	1 207.4	349.6	2 766.0
经济转型国家	202.6	108.4	43.3	50.9	50.2	4.3	2.8	43.1
发展中国家	4 529.6	1 782.4	452.4	2 294.8	3 087.2	729.2	331.1	2 026.9
非 洲	791.7	477.4	53.1	261.2	305.9	54.5	33.5	217.9
美 洲	1 052.5	284.0	102.1	666.4	311.6	71.3	52.4	187.9
亚 洲	2 678.8	1 016.7	297.1	1 365.0	2 457.4	603.4	238.7	1 615.3
大洋洲	6.6	4.3	0.1	2.2	12.3	—	6.5	5.8
				比 重(%)				
世 界	100.0	26.9	9.2	63.9	100.0	26.0	9.2	64.8
发达国家	36.2	5.0	27.4	50.5	57.9	62.2	51.1	57.2
经济转型国家	2.7	5.4	6.3	1.1	0.7	0.2	0.4	0.9
发展中国家	61.1	89.5	66.2	48.4	41.4	37.6	48.4	41.9
非 洲	10.7	24.6	7.8	5.5	4.1	2.8	4.9	4.5
美 洲	14.2	14.3	14.9	14.1	4.2	3.7	7.7	3.9
亚 洲	36.1	51.1	43.5	28.8	32.9	31.1	34.9	33.4
大洋洲	0.1	0.2	—	—	0.2	—	1.0	0.1

资料来源:联合国贸发组织编辑(英)。

从表 4-1 中可见:①在世界海运货物构成中,大宗干散货物占 60%以上,这主要包括铁矿石、各种煤和矿石、谷物等,而制成品则不足 10%。②从地区分布看,发展中国家在装货量中,未加工的初级产品如原油、天然气等占 89.5%,是出口的大宗货物,发达国家仅占 5.0%;而在卸货量中,发达国家的初级产品却占 62.2%。③亚洲发展中国家在世界海运贸易中,无论是输出还是输入,均占重要地位。

从图 4-1 可明显看出,发达国家的装货量只占全球海运量的

36.2%,而卸货量占57.9%,反映出其海运货物的构成特点,即输出的多以制成品为主,故重量较小;而运入的多以原料、燃料等未加工产品为主,故重量较大。发展中国家则与之相反,装货量多,卸货量少。

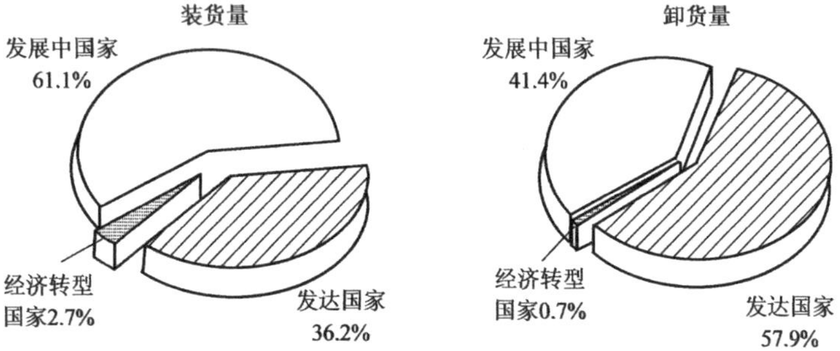

图4-1　世界海运贸易(按吨位百分比)

资料来源:联合国贸发组织编辑(英)。

(五)海运发展不平衡

海运发展不平衡主要表现在:

1. 各大洋的海运发展不平衡。在地球上的四大水域中,以大西洋航区海运最发达。大西洋两岸是世界主要发达国家所在地,其海运货物的周转量和吞吐量约占世界海运总量的60%以上。其次为太平洋、印度洋。北冰洋航区因气候和地理位置等原因,目前海运量较少。

2. 2011年,世界商船总吨位为14.5亿吨。从数量上看,希腊、日本、美国及一些具有航海传统的国家,大都拥有规模庞大的商船队。但在发展中国家登记的商船也不少,这些商船绝大部分是属于发达国家的"方便旗船"。当今世界上主要的"方便旗船"国家有巴拿马、利比里亚、马耳他以及塞浦路斯等。"方便旗船"的主要主权国有美国、法国、日本等。(见表4-2)

"方便旗船"的船舶登记国籍与船舶所属国籍是不同的。许多船舶的船主为了逃避本国很高的船舶税和本国较高的船员待遇的规定,改向税收和船员待遇较低的国家注册登记,并悬挂该国国旗,人们称其为"方便旗",此船即是"方便旗船"。

表 4-2　　2011 年拥有船队规模十大国家(地区)排名

排名	国家(地区)	船队总量(百万吨)	占世界比重(%)	排名	国家(地区)	船队总量(百万吨)	占世界比重(%)
1	希　腊	217.1	14.9	6	美　国	44.5	3.1
2	日　本	209.8	14.4	7	中国香港	42.4	2.9
3	德　国	125.5	8.6	8	挪　威	40.6	2.8
4	中　国	115.6	8.0	9	英　国	40.3	2.8
5	韩　国	54.5	3.7	10	中国台湾	37.7	2.6

资料来源:交通运输部《2011 中国航运发展报告》。

3. 国际海运市场的重心正在向亚太地区转移。国际海运中心的兴衰与国际经济中心、贸易中心的布局密切相关。从 19 世纪末到 20 世纪 70 年代,世界贸易中心经历了三次大转移:从地中海到大西洋,从大西洋到太平洋。由此形成了三大贸易中心,即西北欧、北美和东亚。与此同时,国际海运中心完成了由"西欧板块"向"北美板块"再向"东亚板块"的变迁。随着亚太地区经济的迅速发展,目前这里已成为世界经济最有活力的地区,海运量随之大增。据统计,2001 年全球海运总量为 58.3 亿吨。其中,亚洲地区占 36.8%,居首位,这主要得益于西亚国家原油的出口以及东亚和东南亚国家工业品的出口和大量工业品的流入;欧洲国家占 25.5%,居第二位;美洲国家占 20.9%;非洲和大洋洲国家分别占 9.4% 和 7.4%。

三、世界海运主要航线

(一)太平洋航线

太平洋位于亚洲、大洋洲、南北美洲和南极洲之间,面积近 1.8 亿平方公里,是世界上面积最大、深度最大、岛屿最多的海洋,拥有世界 1/6 的港口,沿岸有 30 多个国家和地区。随着东亚经济快速发展和太平洋东西两岸贸易规模的扩大,近年来,跨太平洋航线已逐步发展成为世界主要航线之一,世界航运中心东移之势已见端倪。

1. 远东—北美西海岸航线。这是指从中国、朝鲜、韩国、日本和俄罗斯的太平洋沿岸港口出发,横跨太平洋,到达加拿大、美国和墨西哥西海岸港口的航线。

2. 远东—加勒比、北美东海岸航线。这是指从远东各港口出发,跨太平洋,经夏威夷,过巴拿马运河,到加勒比海沿岸和美国东海岸各港口的航线。

3. 远东—南美西海岸航线。这是指从远东各港口出发,越过赤道,进入南太平洋水域,到达南美西海岸各港口的航线。

4. 远东—东南亚航线。这是指从中、朝、韩、日各港口出发,到东南亚各港口,或是经马六甲海峡去印度洋、大西洋港口的航线。

5. 远东—澳新航线。从远东各港口到澳大利亚的东、西海岸的航线是不同的。若去东海岸,需经琉球群岛、加罗林群岛;若去西海岸,则需经龙目海峡、望加锡海峡进入印度洋。

6. 澳新—北美东、西海岸航线。这是指从澳大利亚或新西兰东海岸出发,经夏威夷至北美西海岸,或再经巴拿马运河,到达北美东海岸的航线。

(二)大西洋航线

大西洋位于欧洲、非洲、南北美洲和南极洲之间,面积约 9 336 万平方公里,是世界第二大洋。大西洋沿岸特别是北大西洋沿岸,是目前世界经济最发达的西欧、北美所在地,几百年来,大西洋的海运量一直居各大洋之首。其主要航线有:

1. 西北欧—北美东岸航线。该航线历史悠久,是世界上两个最发达地区之间的运输线,也是世界上运输最繁忙的航运干线。

2. 西北欧与北美东岸—加勒比航线。这是指从西北欧和北美东岸各港出发,横跨或南下大西洋,进入加勒比海沿岸各港,或再经巴拿马运河至北美西海岸。

3. 西北欧与北美东岸—地中海、苏伊士运河至亚太地区航线。这是北大西洋两岸与亚太地区贸易往来的捷径，也是世界上运输最繁忙的航线之一。

4. 西北欧与地中海—南美东海岸航线。这是指从西北欧和地中海沿岸各港出发，横跨大西洋，到南美东海岸港口的航线。

5. 西北欧与北美东海岸—好望角—远东航线。该航线所经之处都是天然航道，故是一条巨型油轮航行的航线。

6. 南美东海岸—好望角—远东航线。这是一条主要运送石油和矿石的航线。

（三）印度洋航线

印度洋位于亚洲、非洲、大洋洲和南极洲之间，面积约 7 500 万平方公里，居世界第三位。它沟通了太平洋和大西洋的联系，在世界航运中起着“海上走廊”的作用；沿岸有 20 多个国家和地区，海水终年不冻，一年四季均可通航；沿岸资源丰富，尤以波斯湾地区的石油最突出，印度洋地区航线大多与石油运输密切相关。

1. 波斯湾—东南亚—远东航线。这主要是指日本、韩国、中国从海湾地区进口石油的航线。

2. 波斯湾—好望角—西欧、北美航线。这主要是指西欧、北美从海湾地区进口石油的路线。这条航线是天然航道，货运量大，但有时气候恶劣，风险较大。

3. 波斯湾—苏伊士运河—地中海—西欧、北美航线。这也是一条石油航线。

（四）北冰洋航线

北冰洋面积 1 310 万平方公里，是世界第四大洋。沿岸国家不多，所处纬度较高，冬季港口大多结冰，航运相对不发达。

四、世界主要海峡、运河、港口

(一)世界主要海峡

海峡是两块陆地间连接两个水域的狭窄水道,是世界航运中的咽喉要道。全世界的海峡有1 000多个,其中可航行的有130多个,重要的有40多个。最重要的海峡有以下几个:

1. 马六甲、新加坡海峡:位于马来半岛和苏门答腊岛之间,是连接亚、非、欧、大洋四大洲的重要海上通道,是沟通太平洋与印度洋的捷径,有两洋"战略走廊"之称。据统计,每年全球1/3的原油运输通过马六甲海峡,有近1/4的全球贸易要通过这条狭窄的水道。日本有80%以上的进口原油经此海峡输入,欧洲与远东的贸易大都经此海峡进行。每年通过该海峡的船只在6万艘次以上,它是世界上第二个最繁忙的海峡。该海峡事务由马来西亚、新加坡和印度尼西亚三国共管。

2. 霍尔木兹海峡:位于亚洲西南部的阿曼与伊朗之间,海峡呈"人"字形,最窄处宽约48.3公里,是沙特阿拉伯、阿联酋、科威特和伊拉克等重要产油国海上输出石油的必经之地,被视作世界石油运输的战略"咽喉",世界上近40%的石油以及数量可观的天然气由此输往全球各地,该海峡对全球石油供应具有战略影响,地位极其重要。据统计,平均每8~10分钟就有一艘油轮通过该海峡,每天约有400万吨石油通过该海峡被运往世界各地。该海峡是石油运输最繁忙的海峡,亦被称为"石油海峡"。

3. 曼德海峡:位于阿拉伯半岛西南端与非洲大陆之间,是沟通印度洋、红海、苏伊士运河、地中海的咽喉要道,是重要的国际石油通道。

4. 黑海海峡(土耳其海峡):位于欧洲大陆与小亚细亚半岛之间,是黑海沿岸国家唯一的出海口,也是连接欧亚大陆的铁路和黑海与地中海之间海上交通的必经之地。

5. 直布罗陀海峡:位于欧洲西南的伊比利亚半岛和非洲西北角

之间,是出入地中海和大西洋间的唯一海上通道,有地中海西部“咽喉”之称,是非洲进入欧洲的“桥头堡”,也是东、西半球和南北大西洋交通的十字路口。

6. 英吉利、多佛尔海峡(拉芒什—加来海峡):位于英、法之间。该海峡地处国际海上航线要冲,西北欧的10多个国家到大西洋和世界各地的海上航线几乎全部从此通过,使其成为世界上海运最繁忙和通过船只最多的海峡,一般每年通过船只达15万艘次,年货运量在6亿吨以上。1994年,英吉利海峡隧道正式开通。它位于英国多佛尔与法国加来之间,全长50公里。隧道的开通,大大缩短了英国与欧洲大陆之间的通行时间。

(二)世界主要运河

1. 苏伊士运河:位于埃及东北部,扼欧、亚、非三大洲交通要冲,沟通地中海与红海,连接大西洋与印度洋,是亚洲到欧洲海上运输的捷径,比绕道好望角可缩短8 000~10 000公里的航程。该运河北起塞得港,南至陶菲克港。经几次拓宽和加深后,该运河目前水深已由原来的14米加深到21米,运河长度也由原来的173公里增至现在的193.3公里。每年经此运河运输的货物约占世界贸易量的8%,出口石油占总量的26%,运往波斯湾各港口货物占总量的41%,全球有100多个国家和地区的船只都经此进行海洋运输。该运河平均每天的过往大型船只多达70多艘,载重量达100多万吨,目前可通行25万吨超级油轮。苏伊士运河是当今世界上最繁忙的通航运河。

2. 巴拿马运河:位于中美洲,地处巴拿马共和国中部,是沟通太平洋和大西洋的重要国际通道。该运河的开通大大缩短了太平洋至大西洋的航程。该运河全长81.3公里,为一水闸式运河。它连接了世界各地的144条贸易航线,每年有1.5万多艘货船从这里通过,是巴拿马经济的重要支柱之一。巴拿马运河已成为西半球最重要的航运枢纽之一,航运量位居世界第二,约占全球货运贸易量的5%,可通行6.5万吨以下轮船。2012年该运河运输的货物量约3.33亿吨。2015年该运河拓宽工程完工后货物吞吐量将翻一番。目前美国是该运河最大客户,中国是该运河第二大客户。

3. 基尔运河:位于德国北部的日德兰半岛,全长98.6公里,沟通了波罗的海与北海的联系,是波罗的海沿岸各国通往大西洋的捷径,可通行2万吨以下轮船。

(三)世界主要港口

港口是重要的海陆交通枢纽,是海运业的主要基础设施。据统计,世界上的国际贸易海港有2 000多个。这些港口主要集中在大西洋沿岸,其次为太平洋沿岸,印度洋沿岸相对较少。

1. 鹿特丹港:位于荷兰莱茵河的出海口,有“欧洲门户”之称。港口不淤不冻,已有700多年的历史。1962年,鹿特丹港的货物吞吐量跃居世界第一位,此后该港口一直是世界第一大港,2005年降居世界第三位。2006年,该港口货物吞吐量为3.784亿吨,次于上海、新加坡,仍居世界第三位。2012年,该港口集装箱吞吐量为1 187万标准集装箱(TEU,简称“标箱”),居欧洲第一位、世界第十一位。在该港口的海运货物中,原油及石油制品占50%以上,其次为煤炭、矿砂等。

2. 纽约港:位于美国东海岸的哈得孙河口,是美国第一大港。这里自然条件优越,主航道深约25米,120万吨巨轮可自由出入。港口建有许多现代化防波堤和凸堤码头以及深水泊位的大型集装箱码头。2006年,该港口货物吞吐量1.43亿吨,居美国第一位;集装箱吞吐量509万标箱,居美国第三位。

3. 汉堡港:位于德国北部易北河下游,距出海口100多公里,是德国第一大港。港口技术设备先进,装卸效率高,有300条航线与世界1 100多个港口保持联系,每年进出港口的船只达1.8万艘以上。2006年,该港口货物吞吐量为13 530万吨,居欧洲第三位。2012年,该港口集装箱吞吐量886万TEU,居欧洲第二位、世界第十四位。

4. 安特卫普港:位于比利时北部斯海尔德河下游,距北海80多公里。港口规模宏大,多年来一直是欧洲钢铁产品的主要出口港。2006年,该港口货物吞吐量达1.674亿吨,居欧洲第二位。2012年,该港口集装箱吞吐量864万TEU,居欧洲第三位、世界第十五位。该港口是近年来货物吞吐量增长最快的欧洲港口之一。

5. 横滨港:位于日本中部东京湾西南岸。这里海岸线曲折,水深港阔,是著名的天然良港。港口所在的关东地区,是日本经济最发达的地区,随着首都圈物流量大增,该港口的物流量猛涨。横滨港拥有世界最现代化的设备,是日本最大的出口港之一,年吞吐量在1亿吨以上。

6. 香港:位于我国珠江口东侧,港口在九龙半岛与香港岛之间。香港地处东西方交通枢纽,是我国进出口贸易的中转要道,又是自由港,港湾优良,装卸效率高,有通往世界100多个国家和地区的航线。2001年,从这里输往美国的集装箱货运量高达220万TEU,它是全球对美出口最大的集装箱港口。2012年,该港口集装箱吞吐量2 310万TEU,居世界第三位。

7. 新加坡港:位于新加坡岛南部沿海,临近马六甲海峡,扼太平洋及印度洋航运要道,有250多条航线通往世界各地,平均每两三分钟就有一艘船只进出港口。2012年,该港口总吞吐量5.38亿吨。2005年,新加坡港集装箱吞吐量超过香港,居世界第一位。2012年,该港口吞吐量达3 165万TEU,次于上海,居全球第二位。新加坡自由港诞生于1969年,如今已成为全球贸易最自由的港口之一。

第三节　铁路运输

一、铁路运输概述

铁路运输是现代综合交通系统中重要的运输方式,在世界贸易货物运输中占重要地位,它是内陆邻国间贸易的主要运输方式,也是大陆桥运输中的重要组成部分。与其他运输方式相比,它具有的突出特点是:运量大,虽不如海运,但优于其他运输方式;速度快,虽不如空运,但却快于其他运输方式;连续性强,由于铁路运输是在固定的轨道上运行,不受自然因素影响,所以一年四季均可运行;运输成本低于空运和公路运输,高于水运;时间性强,由于运行的火车实行统一调度和管理,从而保证了时间的准确性;铁路建设投资大,工期长,占用土地多。

1825年,世界上第一条营运铁路在英国诞生。19世纪中后期至20世纪初,是世界铁路建设的高潮期,至1913年,世界铁路总长突破100万公里大关。目前,世界铁路总长已超过120万公里,铁路运输在世界贸易货物运输和国际交往中发挥着巨大作用。

二、铁路运输发展的特点

(一)在各种运输方式中所占比重的逐渐下降和近期的重新崛起

在世界范围内,在20世纪的20~60年代,石油的大量开采和使用以及汽车产量的飞速增长,使铁路运输的货运量约下降了1/3。

进入20世纪80年代以后,可持续发展成为人类新的发展观,人们认识到铁路运输在节约资源、保护环境等方面的优势,世界各国重新将铁路发展提上重要议程。在欧洲大陆,20世纪七八十年代,许多国家用于公路建设的投资比铁路高出数倍;现在,二者的投资比例正趋于持平,而且有些国家对铁路的投资已超过公路。美国、拉美和亚洲很多国家也都加大了对铁路的投资。另外,一些发达国家在铁路营运步入低谷时,曾大量封闭甚至拆除铁路,后又重新恢复,可见铁路运输在世界范围内又重新受到重视。

(二)铁路向高速化和现代化发展

电力机车具有牵引力大、速度快、耗能少、成本低和环保等特点,因此,要满足运输业高速、多载、大密度运输和节能的需要,电力机车是最理想的牵引方式。目前,发达国家的铁路运输大都实现了电气化、内燃化,发展中国家的铁路电气化水平也在迅速提高。

高速铁路的兴建是铁路运输重新崛起的重要标志之一,也是铁路运输未来发展的主要趋势。法国是兴建高速铁路最早的国家。

1981 年,巴黎—里昂高速铁路正式通车,时速达 270 公里,1989 年创下时速 482 公里的世界纪录。目前,发达国家正在积极推行铁路高速化和高速铁路网的兴建计划。美国有 17 条高速铁路线正在或准备动工兴建。据称,美东北走廊全线实现高速行车后,铁路承担的客运量比例将由目前的 15% 提高到 60% 。日本认为,21 世纪是新干线时代,计划使新干线总长从目前的 2 000 多公里增至 7 000 公里,届时,日本将形成以东京为中心的“全国一日交通圈”(即当日到达东京以外的任何一座大城市)。西欧主要国家以及俄罗斯、波兰等国,则兴起了改建或新建高速铁路的热潮。目前,法、比、荷、德共同修建的巴黎—布鲁塞尔—阿姆斯特丹—科隆高速线正在施工,并正协商拟定统一规划,联合建设跨国欧洲高速铁路网,并计划扩展到东欧。在亚洲、非洲、大洋洲,许多国家和地区也将发展高速铁路列入了重要议程。届时,拥有高速铁路的国家和地区将从目前的 8 个增至 20 多个。可见,随着科技进步和高速铁路的蓬勃发展,铁路运输将日益重要。

(三)世界铁路网分布不均衡

目前,全球铁路营运里程为 120 万公里以上。就分布状况看,欧洲约占 1/3,美洲约占 1/3,其他各洲占 1/3 强。其中,西欧地区铁路网密度最大,广大亚非地区铁路网密度最小。就国家来看,日本铁路网密度最大,每千平方公里平均有铁路 122.2 公里;欧盟(原 15 国)次之,为 47.5 公里;美国是 24.66 公里。美国铁路营运里程最长,约 23 万公里;其次是俄罗斯,为 8.6 万公里;中国为 7.7 万公里;印度、加拿大、澳大利亚、德国、阿根廷等国是世界上铁路营运里程较长的国家。

三、主要线路

(一)西伯利亚大铁路

西伯利亚大铁路位于俄罗斯境内。该铁路有两条,一条东起俄罗斯的纳霍德卡港或东方港,向西经符拉迪沃斯托克、伊尔库茨克、新西伯利亚、鄂木斯克、萨马拉，到达莫斯科，全长 9 300 多公里。第二条东起苏维埃港，经共青城、乌斯季库特、叶塞尼斯特、苏尔古特、秋明、新西伯利亚，并在新西伯利亚与第一条会合，全长 6 500 公里。

西伯利亚铁路是世界上最长的铁路干线，全线均系复线、双轨，已全部实现电气化。它是连接亚洲东部国家、欧洲各国及西亚铁路网的运输干线，是欧亚大陆桥的重要组成部分，在世界贸易货物运输中占有重要地位。为加快实现欧亚大陆桥的宏伟规划，俄罗斯正在更新改造和延伸西伯利亚大铁路，使之与朝鲜半岛铁路相连，同时，正抓紧建设与此平行的欧亚运输走廊北线。待全部工程完工后，俄罗斯依托地缘优势精心构筑的欧亚运输走廊，其东端将形成南北两条干线：南线经符拉迪沃斯托克、朝鲜的元山，直达韩国釜山，以集装箱和客运为主；北线经共青城、鞑靼海峡，前往南萨哈林斯克，以散货运输为主。其营运范围将覆盖远东和亚太广大地区，以便捷的路线、低廉的运价，吸引欧亚间的巨大物流从海运转向陆运。

（二）北美铁路干线

北美地区铁路网较稠密，铁路运输以货运为主，货运量占铁路运输的 99%，集装箱运输和多式联运是北美铁路运输最主要的业务之一。北美铁路运输以双层集装箱运输为主，它占美国集装箱总运量的 70% 以上。

北美地区穿越大陆的铁路干线有多条，在美国境内主要有四条，它们是：

西雅图—俾斯麦—圣保罗—芝加哥—底特律；

奥克兰—奥马哈—芝加哥—匹兹堡—费城—纽约；

洛杉矶—堪萨斯城—圣路易斯—辛辛那提—华盛顿—巴尔的摩；

洛杉矶—图森—埃尔帕索—休斯敦—新奥尔良。

在加拿大境内的铁路干线主要有两条，它们是：

鲁珀特王子港—埃德蒙顿—温尼泊—魁北克；

温哥华—卡尔加里—温尼泊—蒙特利尔—圣约翰—哈利法

克斯。

（三）欧洲铁路网

欧洲是铁路网最稠密的大洲，其中更以欧盟铁路网密度最大，平均每千平方公里有 47.5 公里铁路。欧盟（原 15 国）铁路总长达 15.38万公里，但铁路客货运量在总运量中比重不大。自 20 世纪 50 年代以来，欧盟各国铁路市场份额一直在减少，从 1970 年的 35% 降至 1997 年的 15%。在汉堡、鹿特丹、安特卫普等大港口，向内陆运输的集装箱中，靠铁路运输的只占 5% ~35%，大部分靠公路、内河运输。但欧洲公路一直拥挤不堪，欧洲各国目前正采取各种措施来发展铁路运输。

欧洲主要铁路线有三条，它们是：

巴黎—慕尼黑—维也纳—布达佩斯—贝尔格莱德—索菲亚—伊斯坦布尔—巴格达；

巴黎—科隆—柏林—华沙—莫斯科—西伯利亚大铁路（与该铁路相接）；

里斯本—马德里—巴黎—科隆—柏林—华沙—圣彼得堡—赫尔辛基。

（四）拉丁美洲的铁路线

拉丁美洲的主要铁路线是：

布宜诺斯艾利斯—圣地亚哥—瓦尔帕莱索。

此线对沟通南美大陆东西两岸联系，特别是在与邻国的贸易中起着重要作用，也为开展国际集装箱水陆联运创造了良好条件。

（五）东南非纵贯铁路线

东南非纵贯铁路线是：

达累斯萨拉姆—卢萨卡—布拉瓦约—哈博罗内—开普敦。

该铁路穿越五个国家和地区，沿线矿产丰富，矿产一旦被大量开采，该铁路运输将会十分繁忙。

（六）亚洲的铁路线

亚洲的重要铁路线是：

巴士拉—巴格达—科尼亚—伊斯坦布尔—巴尔干。

该线全长3 100多公里，向西经索菲亚、贝尔格莱德、布达佩斯、维也纳等，与其他中、西欧铁路相连，是中东地区连接欧洲最重要的铁路线。

亚洲其他铁路密集的国家是日本、中国、印度等。

（七）欧亚铁路线

连通欧、亚两洲的马尔马拉海底隧道位于土耳其伊斯坦布尔市，穿越博斯普鲁斯海峡，是世界上第一条跨越欧亚大陆的海底铁路隧道。隧道全长13.6公里，其中跨海峡部分1.4公里。该隧道于2013年10月开通，成为西欧与亚洲间新建铁路的组成部分。

渝新欧铁路：自中国重庆出发，经过哈萨克斯坦、俄罗斯、白俄罗斯、波兰到达德国杜伊斯堡，全长1.1万公里，是世界最长的铁路之一，于2011年开通，被喻为“当代丝绸之路”。

第四节 集装箱运输

一、集装箱运输概述

（一）集装箱和集装箱运输

1. 集装箱。集装箱是用具有一定强度和刚度的轻金属、按一定标准规格制成的金属箱体。

标准化集装箱是指箱体高8英尺(2.44米)、宽8英尺(2.44米)、长20英尺(6.096米)的集装箱，国际上通常用TEU表示，即TEU=8英尺×8英尺×20英尺。为了便于统计，国际上都以20英尺(6.096米)长集装箱作为计算单位。此外，常见的还有长度为30

英尺(9.144 米)、40 英尺(12.192 米)等的集装箱。

2. 集装箱运输。集装箱运输是指将一定数量的单件货物装入一定规格的金属箱——集装箱内,以集装箱为运输单元的现代化运输方式。这是一种高级运输形态,因其在运输中具有十分明显的优越性,所以自发明后就受到航运界的广泛重视,被视为"航运业的一场革命",已成为当今国际上普遍采用的一种运输方式。目前,集装箱运输已占货运总量的95%。

美国人马尔科姆·麦克莱恩最先创造性地使用了大型货物集装箱。1956 年,他将 58 个满载货物的集装箱装在改造过的油轮里,从美国新泽西州的纽瓦克港运至休斯敦,获得成功,标志着集装箱运输时代的开始,麦克莱恩被誉为"集装箱之父"。1966 年,美国海陆公司将装有 226 个 TEU 的集装箱船引入大西洋,即从北美运往欧洲,从而揭开了国际集装箱运输的序幕,全球运输业随之发生了革命性变革。

世界集装箱运输的发展历程,大致可分为四个阶段:20 世纪 60 年代为集装箱试运阶段;70 年代为港口正式开办集装箱运输阶段;80 年代为世界主要港口间集装箱运输航线达到成熟阶段;90 年代是海上集装箱运输向航线两端的内地延伸,即内陆集装箱运输系统日臻完善的阶段。

(二)集装箱运输的主要优缺点

集装箱运输的主要优点:

1. 装卸速度快,缩短船舶在港停泊时间,加快船舶周转率。在全程运输中,不管使用多少种运载工具或运输方式,均不需移动箱内货物。运送的货物在工厂或仓库装箱后,最终送到收货人的工厂或仓库,实现了"门对门"运输。据统计,一个国际标准集装箱每一循环的装卸时间约 3 分钟,每小时可装卸货物 200 ~ 400 吨;如果采用传统方式,每小时仅装卸货物 35 吨。

2. 节省多种费用,降低运输成本。可节省的费用有营运费、停港费、包装费、装卸费等。集装箱本身是一个强度很大的外包装,一般情况下,所装货物的外包装可简化,甚至可以不包。据统计,采用集装箱运输,货运成本可节约 20% ~40% 。

3. 不受天气等自然条件限制,货损、货差减少,货运质量提高,经济效果好。由于集装箱箱体坚固,一般均为密封防水,不怕风吹日晒、雨淋电打,也不易被拆包偷盗,加之大多实行的是多式联运,直接换装,中间环节少,货损、货差自然减少,且不易丢失。

4. 有利于装卸的机械化和自动化,减轻了工人的劳动强度,使运输工人从笨重的体力劳动中解放出来。

5. 集装箱运输本身所具有的优点,使它能把海、陆、空各种运输方式有机结合起来,是各种运输方式的连接纽带。有了集装箱,组成多式联合运输才有可能。因此,集装箱运输在当代世界贸易运输中占有极重要的地位。

集装箱运输的主要缺点,首先是需要大量投资,包括购置或制造集装箱和装卸机械,修筑码头,建设中转站等;其次是在运输过程中,往返货运量难以平衡,有时易形成空箱运输现象。据统计,目前全球海运的集装箱运输中,约 20% 是空箱运输,这些空箱运输的费用支出相当可观。

二、集装箱运输发展的特点

(一)发展迅速

在经济全球化的推动下,世界贸易发展十分迅速,使国际货物运量日益增加。在各种运输方式中,集装箱运输是发展速度最快的,目前集装箱运输占世界贸易的比重高达 60%。全球共有集装箱船 4 634 艘,总运力 652 万 TEU。至 2000 年中期,世界集装箱保有量达 1 430 万 TEU,其中远洋船舶用箱量为 1 360 万 TEU。另外,世界港口的集装箱吞吐量变化也可明显反映出这种发展态势。1970 年,全球总集装箱吞吐量为 800 多万 TEU,1990 年增至 8 000 多万 TEU,到 2000 年已超过 2.2 亿 TEU,2006 年更达 4.4 亿 TEU。目前,世界上 100 多个国家已建成的集装箱线路有 500 多条,集装箱港口有 250 多个。

（二）大型化趋势明显

随着集装箱运输的发展，集装箱运输船越造越大。船舶大型化可降低单位成本，提高盈利空间，增加竞争优势。1966 年，当美国海陆公司将第一艘集装箱船引入大西洋驶往欧洲时，船上仅装载 226 个 TEU。1972 年，第一艘装载 3 000 个 TEU 的“利物浦港湾”号投入运营。1984 年，运力为 4 400 个 TEU 的集装箱船投入使用。1995 年以后，有多家海运公司使用了可装 5 000 个 TEU 的集装箱船，如现代航运、韩进海运、中远公司等。1996 年，马士基公司建造了一批运力为6 000个 TEU 的集装箱船。2001 年投入运营的是装载能力为 6 500个 TEU 的集装箱船。目前，全世界已投入运营的最大载货箱船装载量为 8 500 个 TEU。

大型化趋势还表现在公司规模的大型化上。船舶大型化进程的加快，客观上要求班轮公司加大、加快揽货力度，以确保更高的载货率，使船舶大型化优势转化为实际效益。近 20 年来，全球航运公司数量骤减，绝大多数大型承运商都加入了联盟组织，如马士基与海陆、铁行与渣华、海皇与美国总统公司等，使单个船公司的经济总量和船队规模进一步扩大。这使资源可在更大规模范围内配置，航线和船队可在更大范围内调整，规模优势明显。目前，全球最大的班轮公司是马士基海陆公司，其运力占全球的 11.6%，第二是铁行渣华，第三是长荣集团。全球 20 大集装箱班轮公司的运力占集装箱总运力的 82%。

（三）发展不平衡

就目前世界集装箱港口吞吐量规模来看，排名前五位的均分布在亚洲地区。其中，最大的集装箱港口是新加坡和中国香港。1998 年，东亚地区每公里集装箱泊位的装卸量为 76 万 TEU，欧洲地区为 28 万 TEU，北美地区为 22 万 TEU。1996 ~ 2000 年，世界集装箱装卸能力提高了 48%，年装卸能力达 2.755 亿 TEU。其中，东亚地区港口集装箱装卸能力在世界所占比重，已经从 1996 年的 41.9% 上升到2000年的47%，同年，欧洲比重为21.3%，北美为11%。可见，在全球集装箱运输普遍发展迅速的前提下，各大洲发展不平衡，以亚洲特别是东亚和东南亚地区发展最快。目前中国已有13个港口的集装箱吞吐量超过100万TEU。2006年，中国(含香港、台湾)集装箱吞吐量为11 860万TEU，占世界的27%。

三、主要航线和港口

(一)主要航线

目前，世界集装箱运输的主干线是亚欧、亚北美和欧北美三大东西航线，途经东亚、东南亚、南亚、中东、西欧和北美几大区域，其集装箱吞吐量接近世界总量的90%。主要航线有：

1. 太平洋航线：由远东至北美东西航线组成。近年来，随着东亚经济快速发展和太平洋东西两岸贸易规模的扩大，此航线已逐步发展成为世界上最主要的集装箱运输航线之一。

2. 亚欧航线：从亚洲港口经印度洋至欧洲的航线，亦即印度洋航线。

3. 大西洋航线：主要是欧洲至北美航线。

4. 其他航线：如亚洲内部的中日、中韩以及澳新—北美航线，欧洲、地中海至西非、南非航线等。

(二)主要港口

目前，全球集装箱港口有250多个，其中最大的几个均集中在亚洲，其次为欧洲、北美洲。在世界最大的20个集装箱港口中，15个属发展中国家和地区(其中中国内地8个，中国香港1个，中国台湾1个，马来西亚2个，韩国1个，新加坡1个，阿联酋1个)，欧洲3个，美国1个，日本1个。这20个港口的集装箱吞吐量占世界集装箱总吞吐量的43.4%。(见表4-3)

表 4-3　2011~2012 年全球 20 大集装箱港口吞吐量一览表

单位：百万 TEU

	港口	2012 年	2011 年		港口	2012 年	2011 年
1	上海	32.53	31.74	11	鹿特丹	11.87	11.88
2	新加坡	31.65	29.94	12	巴生港	10.0	9.6
3	香港	23.10	24.38	13	高雄	9.78	9.64
4	深圳	22.94	22.57	14	汉堡	8.86	9.01
5	釜山	17.04	16.18	15	安特卫普	8.64	8.66
6	宁波—舟山	16.83	14.72	16	洛杉矶	8.04	7.94
7	广州	14.74	14.42	17	大连	8.06	6.40
8	青岛	14.50	13.02	18	Keihin*	7.85	7.64
9	迪拜	13.30	13.00	19	丹戎不碌	7.70	7.50
10	天津	12.30	11.59	20	厦门	7.20	6.47

* 为日本超级枢纽港(位于东京湾)。

资料来源：World Shipping Council

第五节　国际多式联合运输

国际多式联合运输是指利用两种或两种以上运输方式进行的运输。目前，国际多式联合运输采用的方式主要有三种，即海陆联运、海空联运和大陆桥运输。这里主要介绍大陆桥运输。

一、大陆桥运输概述

大陆桥运输是指以横跨于大陆的铁路或公路为“桥梁”，把两端的海洋运输连接起来的运输方式。它形成了海—陆—海连贯的运输，简单地说，就是两边是海运，中间是陆运，大陆把海洋连接起来，形成了海陆联运，大陆起到了“桥”的作用，所以又称之为“陆桥”。大陆桥运输，不论使用公路还是铁路，都是以集装箱运输为媒介，即以集装箱运输这种运输方式完成其相互间的连接贯通，故又称大陆桥集装箱运输。

大陆桥运输最早是从美国和苏联开始的。苏联西伯利亚大铁路修通后，即把大西洋沿岸国家的铁路线和太平洋沿岸的港口符拉迪沃斯托克连接了起来。日本的部分国际贸易货物即利用这条大陆桥进行运输。日本运到欧洲的货物，一般先海运到美国西海岸，经美境内东西向铁路运往东部港口，再海运到欧洲。那时用的是传统的海陆联运，但也节约了时间，降低了运费。经过多年发展，大型集装箱运输条件不断成熟。1967 年，由欧洲经西伯利亚铁路发往日本的第一批集装箱货物的联运获得成功。同年，美国大陆桥运输也正式启动。

二、大陆桥运输的主要特点

（一）缩短距离

大陆桥运输的最大优越性，也是最基本的优势是缩短运输里程。以日本横滨至英国伦敦为例，若全程海运，西行航线经苏伊士运河，为 20 807 公里；绕道好望角，则为 27 390 公里；东行航线经巴拿马运河，为 22 880 公里。如采用美国大陆桥运输线，全程为 20 790 公里。再以从日本东京至荷兰阿姆斯特丹为例，经西伯利亚大陆桥，全程为 1.3 万多公里，比经苏伊士运河或巴拿马运河的日本—西欧航线，运距缩短约 1/3，比绕道好望角缩短约 1/2。

（二）速度快

大陆桥运输较之海运可加快运输速度，尽管大陆桥运输比全程海运多两次换装作业，但因绝对里程缩短，且能使用集装箱，并做到车、船衔接，直接“门对门”换装转运，故可节约时间。如从日本东京至荷兰鹿特丹，经西伯利亚大陆桥，运输时间为 35 天，若经苏伊士运河海运为 45 天，若绕道好望角海运则需 80 天。

(三)降低费用

大陆桥运输缩短了运输距离,因此降低了运费,这也是大陆桥运输的主要优势之一。

(四)扩大了经济辐射范围

海运是经由海洋的港口间的运输,基本上遗漏了陆路性空间。大陆桥运输不仅将许多港口连接起来,而且将港口与许多内陆的各类经济区连接起来,并能集散这些地区的物流与客流;大陆桥运输有利于内陆地区的对外开放,弥补了内陆地区在对外开放方面的先天不足,使其通过大陆桥运输更直接地参与国际经济活动;大陆桥运输可以深化毗邻地区和国家间的经济联系,使其更优化地配置资源。

三、大陆桥运输的主要线路

目前,世界上主要有三条大陆桥运输线。

(一)北美大陆桥运输线

北美大陆桥运输线由加拿大大陆桥运输线和美国大陆桥运输线构成。由于二者是平行的,且都是连接大西洋和太平洋的大陆通道,故统称北美大陆桥运输线。

以美国大陆桥运输线为例,它包括两条路线:一条是从西部太平洋口岸至东部大西洋口岸的铁路(或公路)运输系统;另一条是从西部太平洋沿岸至墨西哥湾口岸的铁路(或公路)运输系统。

美国大陆桥是世界上第一条大陆桥,后由于东部港口太拥挤,货物到后很难保证及时换装,不能体现大陆桥运输的优越性,使大陆桥运输基本上处于停顿状态。由此派生的小陆桥和微型陆桥在不断发展。

小陆桥运输是一种海运与陆运联合的运输方式,比大陆桥运输少一段海上运输,成为海—陆或陆—海运输形式。如从远东至美国东部大西洋口岸或南部墨西哥湾口岸的货运，由原来的全程海运，改为由远东装船运到美国西部太平洋口岸，再以陆上铁路(或公路)作为陆桥，将美国西海岸港口同东海岸或南部港口连接起来的运输方式。这种运输方式也具有降低成本、缩短距离的优势。目前，从远东至美国南部口岸的货物约70%用这种方式运输。

微型陆桥运输是指没有通过整条陆桥，只利用部分陆桥进行的运输，又称半陆桥运输。

(二)西伯利亚大陆桥运输线

西伯利亚大陆桥运输线是连接太平洋、大西洋、波罗的海以及黑海的运输线，因地跨欧、亚两洲，又称欧亚大陆桥运输线。该线东起纳霍德卡和东方港，西至俄芬、俄白、俄乌和俄哈边界，并可过境到北欧、东欧、西欧和中亚等国。西伯利亚铁路全线已实现电气化。该陆桥在20世纪80年代曾辉煌一时。90年代，随着苏联解体，大陆桥运输量急剧下降。为改变这一局面，俄罗斯采取多种措施加以改进，现运量已明显增加，2000年运量已达7万TEU。该大陆桥的突出优点是缩短运距，从远东到西欧，经此陆桥的路程是1.3万公里，比绕道非洲好望角缩短1/2航程，比经苏伊士运河缩短1/3路程；减少了运行时间，比全程海运可缩短15～35天，如从纳霍德卡经此陆桥到俄芬边界需12天，是海运时间的1/3；降低了20%～30%的运输成本。

(三)新亚欧大陆桥运输线

新亚欧大陆桥运输线东起我国的连云港，西至荷兰的鹿特丹，途经中国、哈萨克斯坦、俄罗斯、白俄罗斯、波兰、德国、荷兰等7国，辐射30多个国家和地区，全长1.08万公里。该陆桥以古丝绸之路为主干，被称为“现代化的钢铁丝绸之路”。它横贯亚欧大陆，对促进亚欧国家实现经济协调发展起到了重要作用。在我国境内，这条大陆桥东起连云港，西至新疆的阿拉山口，全长4 100多公里，将陇海铁路、兰新铁路、北疆铁路连在一起，故我国又称其为“新海大陆桥”。

新亚欧大陆桥运输线自1992年年底正式运营后，货运量稳步增长，在国际经济贸易中，日益显示出重要作用。目前其贸易运输涉及韩国、日本、美国、欧洲和中亚等国家和地区。同时，陆桥的畅通也带动各国国内陆桥沿线地区的经济发展。该大陆桥较之西伯利亚大陆桥有明显的优越性：首先，地理位置和气候状况优越，港口无封冻期，可常年作业；其次，缩短运距，如从北京到中亚土库曼斯坦的首都阿什哈巴德，可减少运距2 700公里；再次，腹地广大，发展潜力大。

第六节　其他运输方式

一、公路运输

公路运输因其线路造价较低，又具有运输灵活、直达性好等优势，成为当今世界发展最快、应用最广、最重要的一种运输方式。特别是20世纪50年代后，随着公路网和高速公路的兴建，以及汽车工业的迅猛发展，交通运输结构发生了重大变化，公路运输的地位日益提升。20世纪60年代后，经济发达国家大都改变了一个世纪以来交通运输以铁路为中心的局面，公路运输在各种运输方式中起到了主导作用，其货运比重在80%以上；在客运方面，公路旅客周转量占50%以上。

为充分发挥公路运输的重要作用，各国政府在主要运输工具——汽车和道路两方面，投入巨资，不断开发新技术。例如，在美国，货运汽车载重量已从20世纪50年代的8吨增至15吨左右，并广泛开展拖挂运输，使汽车载重量大为提高。另外，战后发达国家为促进经济和贸易的发展，兴起了修建高速公路的热潮。目前，全球已有60多个国家和地区兴建了高速公路，总里程达20多万公里。其中：美国是世界上拥有高速公路最多的国家，总长约有8.85万公里，居世界第一位；加拿大高速公路长1.65万公里，居世界第三位；德国高速公路长1.2万公里，居世界第四位（德国1932年建成通车的波恩至科隆的高速公路，是世界上第一条高速公路）；法国高速公路总长为 1.08 万公里，日本为 8 300 公里，分居世界第五位和第六位；我国从 1988 年开始修建高速公路，目前总长 5.3 万公里，居世界第二位。

世界公路分布很不平衡，全球现有公路总长约 2 000 多万公里，公路网主要分布在发达国家。其中，日本公路总长 123 万公里，公路网密度为每千平方公里有公路 3 255 公里，在发达国家中也是最高的。欧盟(原 15 国)公路总长 356 万公里，平均每千平方公里有公路1 099公里。美国公路里程达 640 万公里，其长度居各国之首，公路网密度为每千平方公里有公路 683 公里。俄罗斯公路网发展水平落后于西方发达国家，但公路运输在各种运输方式中居首位，约承担了全俄货运总量的 80% 和客运周转量的 44% 左右。亚非拉发展中国家的公路运输较落后，但拉丁美洲相对较发达，公路总长 325 万公里，平均每千平方公里有公路 158 公里。南亚的印度公路网密度为每千平方公里有公路 650 公里。非洲则公路稀少。

在世界贸易中，公路运输地位远不及海运，也不如铁路，但在边境贸易中，公路运输却占重要地位。

二、航空运输

作为现代交通运输方式之一的航空运输，具有速度快、运程短(直接飞行)、不易发生货损货差、安全等优势。因此，它一般适用于客运，适合运输贵重紧俏、保鲜性强、救急等物资以及部分报刊、邮件等。

第二次世界大战后，随着世界经济的发展和国际贸易量的增加，世界航空业获得了飞速发展。1950 ~ 1970 年，国际航空货运量增加了 20 倍。2000 年，全球航空货运量为 6 390 万吨，其中：北美地区为 2 910万吨，约占全球航空货运量的 45.5%，该地区是全球最大的航空货运市场；亚太地区航空货运量增长最快，为 1 720 万吨，占全球航空货运量的 26.9%；欧洲地区为 1 280 万吨，占全球航空货运量的 20%。以上三个地区的航空货运量占全球航空货运总量的 92% 以上。南美、加勒比海地区的航空货运量是 160 万吨，非洲地区 60.05

万吨,中东地区 240 万吨。2006 年,全球航空货运量增至 8 560 万吨。

目前,全球最大的航空货运集团是美国联邦快递公司,其 2000 年的货物周转量为 96.15 亿吨公里;其次为德国汉莎航空公司,为 66.21 亿吨公里;第三至第五位分别是美国联合包裹运送服务公司、大韩航空公司和新加坡航空公司。全球最繁忙的国际航空货运中心是美国的孟菲斯机场,货运量在 2000 年达 248.9 万吨;其次是中国香港,为 227 万吨;再次是美国的洛杉矶机场,货运量为 205 万吨。东京成田机场、美国安克雷奇机场、韩国首尔金浦机场分居第四至第六位。2000 年,全球客运量达 16 亿人次以上,其中美国为 6.5 亿人次,占 40% 以上。美国亚特兰大机场是全球最繁忙的客运机场,2000 年客运总量达8 017万人次,芝加哥机场次之,洛杉矶机场居第三位,居第四至第八位的分别是英国伦敦希思罗机场、美国达拉斯—沃斯堡机场、日本东京羽田机场、德国法兰克福机场和法国巴黎戴高乐机场。2006 年,全球客运量增至 44 亿人次。

世界航空运输网大致呈条带状横贯于北半球中纬度地带,并由此延伸到南半球各洲。航空网分布存在着明显的地区差异,欧洲西部、美国、加勒比海、东亚的日韩、东南亚地区最稠密,而非洲、拉美和亚洲一些地区则很稀疏。其中,美国是世界上航空运输业最先进、最发达的国家。2000 年,在世界最繁忙的 20 个客运机场中,有 14 个在美国;在世界最繁忙的 20 个货运机场中,有 10 个在美国。

目前,世界上的主要航空线有:

北大西洋航线,即西欧—北美航空线。它是当今世界最繁忙的航空线,主要往返于西欧的巴黎、伦敦、法兰克福和北美的纽约、芝加哥、蒙特利尔等机场。

北太平洋航线。它是远东地区与北美间的重要航线,是指由香港、东京、北京等国际机场经北太平洋上空到达北美西海岸的温哥华、西雅图、旧金山、洛杉矶等国际机场,再接北美大陆其他航空中心的航线。太平洋中的火奴鲁鲁、阿拉斯加的安克雷奇是该航线的途中加油站。

西欧—中东—远东航线。它是西欧与远东两大重要经济区间的往来航线，主要连接西欧主要航空港与远东的香港、北京、东京、首尔等机场，中途经开罗、德黑兰、卡拉奇、曼谷等航空港。

此外，还有北美—澳新、西欧—东南亚—澳新、西欧—南美、西欧—非洲、北美—南美、远东—澳新等航空线。

三、管道运输

管道运输的运载工具是管道，管道固定不动，只是货物本身在管道内移动。管道运输是运输工具和运输通道合而为一的一种运输方式，是随石油生产的发展而出现的一种特殊运输方式。管道运输量大、成本低、输送快、不受气候条件影响，不仅可输送原油及各种原油制品，而且还可输送矿砂、煤炭等。

管道运输始于19世纪60年代。1861年，美国建成了世界上第一条输油管道。此后，各种规格的管道在世界各地纷纷修建。目前，全球油气管道总长已达100多万公里。20世纪50年代以后，固体输送管道也相继建成，投入运营。世界管道运输网分布不平衡，主要集中于北美和欧洲。

四、内河运输

内河运输在世界贸易运输中所占比重很小。目前，全世界内河航道长度为50多万公里。较健全的河运系统主要集中在发达国家，最重要的有欧洲的莱茵河、多瑙河，美国的密西西比河。另外，俄罗斯的伏尔加河及非洲的尼罗河等内河航运也较发达，但以西欧的内河运输的对外贸易运量为最大。

第五章　世界经济性特区

第一节　世界经济性特区的形成和发展

一、概述

经济性特区也称自由经济区(或经济自由区),它是指在一个主权国家或地区内,划出一定的地域范围,在对外经济贸易活动中,采取更加开放的政策,提供良好可靠的投资环境,用减免关税及工商所得税、提供良好的基础设施等优惠方式,吸引外资和先进技术,以达到一定经济目的的特殊性区域。

世界上经济性特区的类型很多,名称各异,尚无统一叫法,但存在一些共同特征。首先,它们是在“国境之内,关境之外”,即经济性特区是一个特殊的经济地区。在该区域内,对进出口的货物免征进出口税,海关当局不加干涉,只对该区域进行某种监管,以保证区内各项作业的顺利完成。因此,经济性特区首先是一个“境内关外的免税区”。其次,功能一致。经济性特区具有贸易、出口加工和保税仓储三大功能,这些功能集中体现了经济性特区承担着扩大出口、发展对外贸易的重要任务,因此,经济性特区的经济都是外向型的。再次,经济性特区均向投资者提供较完善的基础设施,提供行政管理、经济政策和法规制度上的种种优惠待遇。基于上述特征,经济性特区从区位设置上看,大都建在港口、机场、边境口岸或其他交通方便的地区。

经济性特区加强了本国经济与世界经济的联系,起到了“外引内联”的作用,成为沟通世界经济联系的桥梁。经济性特区对其所在国和地区经济发展的作用是相同的。其主要表现在：

首先，扩大了出口，促进了对外贸易的发展。在特区开设的企业生产的产品大多质量好、档次高，具有很强的国际竞争力，加上销售渠道畅通，较易打入国际市场，从而加快了对外贸易的发展。

其次，有利于吸引外资、先进技术和管理经验，促进产业结构的调整和产品的升级换代。特区所特有的优惠政策有利于吸引外资，如中国在1980～1990年十年间引进的外资中，有1/4投入了特区，这大大缓解了引进国资金短缺的困难。同时，外资带来了先进技术和科学管理经验，使设区国经济实力迅速增强，并使产业结构发生重大变化，由过去传统的劳动密集型和资本密集型产业向技术密集型产业转化，发展了电子、信息、生物工程等新型工业部门。

再次，增加了就业机会。不论设立哪种类型的经济特区，区内均需要大量劳动力，同时，区外与之配套的各种设置也需大量劳动力为其服务。总之，设立经济性特区，对减少失业人口和扩大就业起着重要作用。

二、经济性特区的形成

经济性特区的出现是以经济和贸易的发展为背景的。13世纪末，欧洲城市商品经济获得发展，一些沿海富饶城市，如意大利的威尼斯、热那亚、那不勒斯，德意志的汉堡、吕贝克等沿海自由市相继出现，形成了现代港的先驱。14世纪，其成员扩大到70多座城市。它们之间享有贸易优惠，实行相互减免关税等优惠措施，促进了相互间的贸易往来。16世纪，随着资本主义经济和贸易的进一步发展，为适应转口贸易的需要，1547年，在意大利热那亚湾的里窝那，出现了世界上第一个自由港，这也是后来通行的自由港的雏形。一般认为，这是世界上出现最早的经济性特区，这与世界上最早的国际贸易中心位于地中海地区的说法是完全一致的。

三、经济性特区的发展

经济性特区经历了三个不同的发展阶段。

第一阶段，从 16 世纪中叶至 20 世纪 50 年代，是商业型自由贸易区时期，以发展商业型的自由贸易和转口贸易为主。继里窝那之后，欧洲一些著名的沿海城市，如意大利的威尼斯、的里雅斯特、热那亚，法国的马赛等都取得了自由港的地位。1704 年，英国把直布罗陀辟为自由港，开展转口贸易，这是自由港从欧洲向全球扩张的开始。18 世纪德国的汉堡、不来梅，法国的敦刻尔克，19 世纪初丹麦的哥本哈根，葡萄牙的波尔图等城市，都先后被宣布为自由港或划出一部分地区成立自由贸易区。设立自由港和自由贸易区的主要目的，在于借助这些城市的优越地理位置和发展贸易的有利条件，免除进出口关税，吸引外国商船，扩大转口贸易，发挥商品集散中心的作用，促进当地经济的发展。

19 世纪后期，欧洲殖民者不断向海外扩张，在殖民地、附属国开辟自由港和自由贸易区，以攫取更高的利润。它们从地中海经波斯湾、印度洋到了东南亚地区，将其占领的一系列重要港口，如新加坡、中国香港、槟城、亚丁、吉布提等均先后辟为自由港。第一次世界大战后，波兰的但泽（今格但斯克）市内设立了免征关税的自由港区；1923 年，墨西哥设立了卡拉自由贸易区；1936 年，美国也建立了第一个自由贸易区。第二次世界大战后，巴拿马设立了科隆自由贸易区。

这一阶段的突出特点是经济性特区发展缓慢，功能单一。400 多年间，经济性特区的规模和数量都很有限。据统计，这期间全世界共有 26 个国家设立了 75 个以自由贸易和转口贸易为主要内容的经济性特区。尽管发展缓慢，经济性特区仍在不断促进世界市场的形成与发展，在加速世界贸易与各国经济发展方面，起到了积极作用。

第二阶段，20 世纪 50 ~ 70 年代，是工贸型出口加工区时期，经济活动重心是从事以劳动密集型产品生产为主的出口加工工业。第二次世界大战后，特别是 20 世纪 60 年代后，很多亚非拉国家获得了政治独立。为摆脱经济落后面貌，它们迫切要求发展民族经济，但缺乏资金、技术和人才，于是便借鉴发达国家自由贸易区的经验，在国内划出一定区域，用减免关税等优惠办法吸引国外投资和先进技术，发展出口加工工业，以促进本国经济的发展。

与此同时，发达国家在第三次科技革命的推动下，生产力获得迅速发展，产业结构发生了巨大变化，它们集中精力发展高新技术产业，将劳动密集型工业部门转移到拥有大量廉价劳动力的第三世界国家。而后者借此引进外资和技术，增加就业，发展面向出口的工业部门，逐步改变了其在传统贸易中单纯出口原料和初级产品的局面。这样，发达国家侧重发展技术密集型工业，发展中国家侧重发展劳动密集型工业。正是在此背景下，产生了出口加工区这种新型的经济特区。

以发展出口加工工业产品为内容的特区，于 20 世纪 50 年代末最先出现在欧洲。1959 年，爱尔兰在香农创办了世界上第一个这种类型的特区。20 世纪六七十年代，该类型特区在发展中国家得到蓬勃发展。到 1980 年，已有 40 多个发展中国家建立了 70 多个出口加工区。同时，其他类型的特区也获得广泛发展。至 70 年代末，全世界各种类型的特区已达 328 个。

第三阶段，20 世纪 70 年代以后，是科技、综合型的科学工业园时期，其经济活动重心是从事以科学研究、新产品开发、人才培养以及技术密集型产品生产为主的高级出口加工工业。20 世纪 70 年代末，科技革命浪潮席卷全球，发达国家利用先进的技术和雄厚的资本，设立了将科学研究、新产品开发、人才培养与高新产品生产密切结合在一起的新型综合型区域——科学工业园区，这是近期新技术革命和经济发展的产物。世界上第一个科学工业园区是 1951 年创立于美国的“斯坦福科研工业区”。如今，这里是美国高技术研究和高技术产品生产的中心，是美国许多新技术、新产品的诞生地。由其发源而成的“硅谷”，是美国著名的科学工业园区，已成为美国最大的电子研制中心。此后，其他发达国家也掀起了兴建科技园区的热潮。在一些新兴的工业化国家和地区，原来的自由贸易区和出口加工区已不适应新的经济发展战略的要求，它们也有步骤地建立了科学工业园区，如新加坡的肯特岗科学工业园区、我国台湾的新竹科学园区等。目前，科学工业园区正在世界各地不断涌现。据统计，世界上各种类型的科学工业园区已达100多个。实践证明,科学工业园区对高新技术的开发并迅速转化为生产力,起到了重要作用。

此外,20世纪80年代以来,大规模、综合型的经济特区正在崛起。这种新型的特区打破了传统的自由港和自由贸易区的模式,它不仅重视对外贸易和出口加工工业,同时重视农、牧、渔业等,也重视旅游业、保险业、饮食服务业、电信业等第三产业,以及科学文化教育事业,从而把世界经济性特区从贸易型、出口加工型推入贸、工、农多业并举,第一、第二、第三产业全面发展的综合型社会化发展轨道,进一步提高了特区发展水平,使其能发挥更大的多方面的作用。大规模综合型经济特区的典型代表,是巴西马瑙斯自由贸易区,它是目前世界上规模最大的工、商、农、牧并举的经济性特区。

据不完全统计,目前世界上各种类型的经济性特区已达800多个,遍布120多个国家和地区。经济性特区的创立,大大促进了世界经济和国际贸易的发展。全球各类特区的贸易额占世界贸易总额的比重不断提高,1977年仅占7.7%,1985年为20%,1990年为33%,1994年达35%以上。经济性特区在国际贸易和国际经济合作中的作用日趋重要。现在,经济性特区已成为国际贸易和“南南合作”“南北合作”的重要形式。它既是发展中国家引进外资和外国先进技术、管理经验和人才,促进本国经济发展的有效途径,又是发达国家对外投资、刺激经济增长的有效推动力量。

经济性特区的数量从少到多,范围从局部到全球,功能从单纯贸易到工、贸结合并向综合型发展,经营内容从商品交换到生产,进而扩展到商品研制开发,生产结构在升级换代,从劳动和资本密集型向技术和知识密集型转化,产品日趋多元化、高级化。现在的经济性特区,工、农、贸、旅游、科技均获发展,进入多功能、全方位、大规模、高速度发展的新阶段。

第二节 经济性特区的类型和特点

世界上的经济性特区名目繁多,各种特区的经营内容、职能、性质、规模等均有不同。目前,对经济性特区最基本的,也是最重要的分类方法,就是按其功能分为自由港、自由贸易区、出口加工区、科学工业园区和综合型经济性特区。

一、自由港

(一)自由港概述

自由港又称自由口岸,是指一国(地区)划定的、置于海关辖区以外的特别区域。在此,外国船只可自由进出,但必须遵守当地有关卫生、移民、治安等政策法规的规定,全部或绝大多数外国商品可以豁免关税进出。商品免税进口后,可在港内储存、分类、包装或进行简单加工,而后免税出口。但外国商品若从自由港进入所在国海关境内,则要照章缴纳关税。这种港口利用其良好的港口设施、有利的地理位置和优惠条件,吸引外国船只进港,发展直接贸易和转口贸易,发挥国际商品集散地和转运中心的作用,达到促进本地区和本国经济发展的目的。

自由港依港口开放地区的范围,可分为两类:一是将港口及所在城市完全划为自由港,如香港。此类为数极少。二是将港口或毗邻港口的一小块区域辟为自由港,如汉堡等。此类为数众多。依海关管制范围和贸易管制程度区别,又有完全自由港和有限自由港之分。完全自由港对一切外国商品均可免税进口或出口,在港内的一切作业均不受海关监督。有限自由港是只对少数指定的进出口商品征收关税或实施不同程度的贸易管制,其他商品均可享受免税待遇。世界上原有的完全自由港不多,随着时间的推移,出于保护本国、本地区经济利益的原因,大多数完全自由港均已转为有限自由港。

与其他经济性特区相比,自由港的自由领域更广,商品进出的自由度更大。在港内,有贸易自由,即没有贸易管制,凡合乎国际惯例的贸易行为均可畅通无阻;有金融自由,外汇可自由兑换,资金可自由出入与转移;有投资自由,即投资不因国别差异而带来行业限制与经营方式限制,包括自由投资、自由雇工、自由经营等;有运输自由,船舶入港可免办海关手续,边防海关人员不上船;等等。当然,现实中并不存在完全符合上述所有条件的自由港,受具体情况的限制,各自由港间存在这样那样的差别是正常的。

设置自由港,除考虑一般经济性特区所必备的基础设施完善与高效率的经营管理环境外,还必须考虑港口状况。自由港一般均设在优良海港、航空港或内陆港等处,有优越的地理位置、广阔的空间以及高素质的人力资源等。

世界上的自由港很多,各港口发展历程、经营特色、政策措施、在各国(地区)以及世界经济发展中的地位,都不尽相同。下面主要介绍香港自由港。

(二)香港——世界上最大的自由港

香港地处远东地区的中心,是中国通向世界各地的门户。香港全部领土由香港岛、九龙半岛、新界及附近小岛组成,总面积 1 104 平方公里,2012 年对外贸易进出口总额 10 470 亿美元,其中出口 4 930亿美元,占世界的 2.70%,进口 5 540 亿美元,占世界的 3.0%。自 20 世纪 70 年代以来,香港经济获得迅速发展,成为亚洲著名的“四小龙”之一。香港不仅在世界主要国家和地区设有贸易办事处,而且许多负有盛名的大公司都在香港设有地区总部,使其成为西方跨国公司在远东地区的行政指挥中心。随着经济发展的多元化,香港逐渐成为亚太地区的经济中心之一,在亚太地区及全球经济活动中发挥着越来越大的作用。

1840 年英国占领香港岛,1841 年 6 月正式将其宣布为自由港,至今已有 170 多年的历史。香港在与世界的交往中,一直保持着自由港的功能,这是由其所处的环境和地位决定的。香港土地面积狭小,生活用品、能源、工业原料等均基本上依赖进口,外资是香港经济发展的重要支柱,转口贸易始终是香港对外贸易的重要组成部分,它对大部分商品豁免关税,大大增加了对外资的吸引力和对外贸易的竞争力。

香港是目前世界上最具吸引力的自由港之一,这除了与其地位特殊、政局稳定、位置适中有关外，还同其自由开放的经济政策密切相关。这主要表现在：第一，黄金、外汇自由。自1973～1974年开始，香港当局取消了对外汇和黄金出入的管制，使外汇、黄金完全处于自由进出状态。香港是继伦敦和苏黎世之后的世界第三大黄金自由市场和世界重要外汇交易市场之一。第二，自由企业经营。香港除地下铁路公司等少数企业为官办外，其余企业均为私人开办。第三，自由价格与自由竞争。香港市场的一切商品交易与劳务支付价格，基本上保持充分自由竞争状态。行政当局除对少数公用事业公司的销售与劳务价格予以监督外，对自由市场价格变化不加干预。本地与海外公司商品的销售价格完全受当地或国际市场供求关系变动的调节与影响。作为一个有限自由港，香港对少数商品征税，这些商品是指本地制造或外地进口的酒类、烟草、甲醇及某些石油产品。

与其他自由港相比，香港的突出特点在于：第一，范围大。香港实际上是一个自由港市，自由港的范围覆盖香港岛、九龙、新界全境，是世界上最大的自由港。其他自由港一般只是某一城市、某一地区的一小部分。第二，开放度高。在香港，资本进出完全自由，可在各行各业自由投资。第三，功能齐全。香港经济结构是多元化的，贸易、金融、航运、制造、房地产、零售、旅游、信息等行业都十分发达。第四，能量巨大。香港是世界四大金融中心之一，是仅次于纽约和伦敦的全球第三大商贸中心，是世界航运业的重要中心，是世界十大轮船注册中心之一。2006年有1 150艘船在此注册，总吨位3 250万吨。近十多年来，香港的集装箱吞吐量均居世界前列。2005年全球有46.37万航次船只进出香港。在全球十大最佳机场中，香港国际机场排在第二位，每周提供5 200班定期客运、货运航班。总之，香港是一个与世界经济发展息息相关的自由港。1997年香港回归祖国后，仍作为单独关税区保留其自由港的地位。

二、自由贸易区

(一)自由贸易区概述

自由贸易区是以贸易为主、工商业兼营的多种功能的经济性特区。在这里,外国商品可免税进口,在区内储存、分类、包装和简单再加工,然后免税出口。它除了具有自由港的大部分特点外,还可以利用设区地便利的运输条件,吸引外资设厂,发展出口加工业及其他事业,目的在于吸引外国船只、外资和外国商品进入港区,发展贸易和转口贸易,并促进区内经济更加综合、全面地发展。自由贸易区内商品运入所在国海关辖区以内,要缴纳关税。

自由贸易区发展历史悠久,数量多、分布广。从历史与地域范围考察,自由贸易区是自由港的发展与延伸,一般它是在自由港的基础上形成的,如德国的不来梅即是如此。当然,有的自由贸易区与自由港并无直接联系,它也可以设在内陆地区,但必须是在交通便利的地方,并有良好的、完善的基础设施。另外,自由贸易区也可设在边境省、市地区或边境地带的某处,称为边境贸易区或自由边境区,如美国、墨西哥边界地区设立的贸易区即属此种贸易区。边境贸易区与自由贸易区的主要区别在于:前者进口商品主要是为了区内使用,只有少数用于再出口;后者进口商品主要用于出口,面向的是国际市场。

由于设立自由港和自由贸易区的主要目的都在于发展贸易与转口贸易,因此,它们具有一些共性:二者都设在关境以外,进口的外国商品可免缴关税,外国货船可自由出入;商品在出售前可在区内储存、分类、包装、简单再加工;货物运往设区国其他地区时,应办理进口手续,并征收关税等。

自由贸易区与自由港的区别在于:第一,与自由港相比,自由贸易区的自由度相对低些。在自由港,港内居民与游客,不论是否从事经营活动,都可享受豁免海关限制的待遇;而自由贸易区的东道主与客户,只有当其作为纯粹经营活动者而不是以居民或游客的身份参与区内经济活动时,才能取得豁免海关限制的待遇。第二,就商品关税的豁免而言,自由港只对少数进口商品征收关税或实施不同程度的贸易管制;而自由贸易区在一般情况下,对所有进口的生活用品都实行征税和贸易管制。

目前,全球向世界贸易组织通报的仍生效的自由贸易区有 197 个,其中 80% 是近十年设立的。估计全球贸易中有 50% 以上是在各区域集团内部,以比世界贸易组织更优惠的条件进行的。

(二)巴拿马科隆自由贸易区

科隆自由贸易区位于巴拿马大西洋沿岸科隆市东北角,地处国际重要航道巴拿马运河的咽喉,也是南北美洲的连接点。1948 年,巴拿马政府颁布法令,在巴拿马最大港口克里斯托瓦尔附近建立自由贸易区。当时该区占地面积仅 0. 12 平方公里,区内企业仅 20 多家。经过多年的发展,科隆自由贸易区已成为一个占地近 3 平方公里,有 3 000 多家企业的特区,成为西半球最大的自由贸易区之一,与世界上 120 多个国家和地区有贸易往来,1971 年的贸易额为 4. 5 亿美元,1991 年增至 76 亿美元,2006 年已达到 145. 6 亿美元。科隆自由贸易区的传统供货国和地区是日本、美国、韩国、西欧国家和中国香港。随着中国经济的发展,现在中国是科隆自由贸易区的最大商品供应国,2012 年科隆自由贸易区 35% 的商品来自中国。美、日、欧洲也是其主要货源地。许多商品经科隆自由贸易区转口到中南美及加勒比各国,部分商品也销到巴拿马本国市场。1984 年,我国在此建立了贸易中心,现已具有一定规模。

科隆自由贸易区发展的有利条件有:

1. 优越的地理位置。巴拿马地处中美洲,连接中美与南美大陆,巴拿马运河沟通了太平洋与大西洋的联系。科隆自由贸易区临近巴拿马运河,距克里斯托瓦尔港仅 5 公里,港口拥有集装箱码头和 60 多条远洋航线,而且有与之相接的跨越地峡的公路、铁路,有多家海运公司和铁路公司,与首都巴拿马城有一条 100 公里的公路和一条 80 公里的铁路相连,交通非常便捷。

2. 稳定优惠的政策。区内规定，凡在区内开设企业的客户，无须申请营业执照，没有最低资本限额，允许独资，允许自由汇进汇出企业资本和利润，也允许企业租用区内地皮自建和出租商用房屋和仓库。享受这些优惠政策的条件是客户要注册、雇用一定比例的巴籍员工，不得经销武器和毒品，并将60%的商品转口到巴拿马海关境外市场。

3. 低税率。客户每年需向巴政府缴纳的唯一税项是企业盈利所得税。从事加工出口的工业客户甚至可在一定时间内免缴所得税。区内产值除了包括房地产租金、仓储费、运输费和固定资产折旧费外，绝大部分来自客户支付给巴籍职工的各种工资和薪金等报酬。

4. 有计划地进行区内建设。区内的建设包括工业区、商业区、住宅区、集装箱港口、公路等的建设，主要靠外资和外来技术力量进行。其重点是，逐步扩大制成品和半制成品的加工和装配能力，为申请入区企业提供经营点，并有效扩大仓储面积。

三、出口加工区

（一）出口加工区概述

在一个国家或地区的港口、机场附近，或其他交通便利的地区划出一定的区域，提供基础设施，用优惠的办法吸引外国投资（如，外资可免税进口原材料、设备及其他零部件，制成品也享受免税待遇），发展国际市场上有竞争力的出口加工工业，为制造、加工或装配出口产品创造条件，这样的特殊区域称为出口加工区。

出口加工区是自由贸易区升级换代的一种新的形式。它与自由贸易区的区别主要体现在三个方面：其一，从功能上考察，自由贸易区是贸易型的经济特区，出口加工区既是贸易型，又是生产型的经济特区。在出口加工区，生产用的机器、设备、原料、中间产品都可以自由进出，以促进区内出口加工工业的发展。出口加工区在提供一般关税优惠的同时，还提供生产所需的一切社会基础设施和其他所需的更优越的投资环境，因此更便于吸引外资、先进技术和管理经验，以及利用当地的廉价劳动力，发展出口加工工业和对外贸易。其二，从出口商品价值增值上考察，出口加工区出口的商品，是在区内经过生产领域加工的产品，是增值了的商品；而自由贸易区出口的商品，或是略作停顿中转后再出口，或是经简单整理、重新包装后再出口，在区内一直处于流通过程中，因而一般不增值或很少增值。其三，从利用外资形式上考察，在出口加工区内，外商不仅带来货币资本，而且带来生产资本。外商或独立经营、独立承担风险，或与当地资本共同经营、共同承担风险。相比之下，出口加工区的各种经济活动更为自由，条件更为宽松。

出口加工区是第二次世界大战后出现的一种经济性特区形式。1959 年，爱尔兰在香农创办了世界上第一个出口加工区，其名称为香农出口自由区，已展露出出口加工区的雏形。典型的出口加工区于 20 世纪 60 年代开始创立，首先在亚洲地区得到迅速发展。世界上正式采用“出口加工区”这一名称，始于 1966 年我国台湾省的高雄出口加工区。此后，各种形式的出口加工区相继在亚、非、拉的许多国家出现，20 世纪 70 年代是其发展的黄金时期。第三世界国家多采用这种特区形式，利用本国经济上的优惠政策、廉价劳动力和一定的基础设施，吸引外资和先进技术，发展本国的加工工业和对外贸易，改变不合理的外贸结构，扩大出口，提高生产技术水平和经营管理水平。

出口加工区对设区国的经济发展具有明显的积极作用。首先，有利于利用外资，特别是外国直接投资。区内不仅为外资提供区外没有的许多经济上的特殊优惠政策，而且提供区外得不到的许多行政与法律上的照顾。其次，可扩大出口，增加外汇收入。外资企业大部分在投资时就被要求保证一定比例的产品外销，因此其扩大出口的作用十分明显。再次，扩大就业。最后，有利于开发落后地区，促进当地经济发展。

出口加工区一般可分为专业性出口加工区和综合性出口加工区两种类型。专业性出口加工区只准从事加工某种特定的出口产品，并规定产品全部出口，如印度孟买的圣克鲁斯电子工业出口加工区。

综合性出口加工区可以经营多种出口加工工业，目前世界各地的出口加工区多为综合性的。亚洲是世界出口加工区分布最集中的地区，该洲的出口加工区约占世界总数的一半以上，较著名的有新加坡的裕廊，韩国的马山，中国台湾省的高雄、楠梓，菲律宾的巴丹山，巴基斯坦的卡拉奇，印度的坎德等。

（二）爱尔兰香农出口自由区

一般认为，爱尔兰香农出口自由区是世界上第一个出口加工区。香农是爱尔兰西部海滨小镇，位于爱尔兰西海岸香河入海口，地处北美和欧洲大陆的中枢线上，是北美飞越大西洋航班的必经之地。爱尔兰政府于20世纪30年代末在这里修建了国际机场，从而使其成为国际航运的转运中心，成了重要的航空港，约50%飞越大西洋的飞机在此加油、转运。随着业务的增加，机场进一步扩大。爱尔兰政府于1949年在机场开设了免税商店，赚取过往客人的外汇。其后，由于喷气飞机的出现，香农机场逐渐失去了昔日的风采。为挽救机场命运，爱尔兰政府于1959年批准在机场旁划出一片土地，建立特区，吸引外资，发展出口加工工业。20世纪70年代后，又在此兴建普拉赛技术园区，使其成为高新技术研发中心。

香农出口自由区是世界上第一个设立在机场附近的出口加工区。该区除利用外资发展出口加工工业外，也发展旅游业。其主要工业部门有电子、机械、化学、精密仪器等，产品的60%～70%供出口。

香农出口自由区对外国投资者之所以有很大的吸引力，主要在于区内提供了良好的投资环境，有一系列优惠措施。例如，它规定，凡区内企业生产的产品，无论内销、外销，都只缴纳10%的公司税。这是政府对企业征收的唯一税款，其税率是欧洲最低的。同时，这一税率也适用于所有国际服务性行业，如国际商务公司总部、仓储业、运输业、保险公司等。外商个人不缴纳所得税。区内提供完善的基础设施，外商可购买或租用标准厂房。投资项目审批手续十分简便。

香农出口自由区工业从无到有，从小到大，到20世纪80年代，注册企业已有100多家，其中外资企业48家，如世界最大的飞机租赁公司便在此落户。出口加工区的工业生产在爱尔兰经济中占有重要地位，是爱尔兰外贸顺差的重要来源之一，出口额占全国总出口额的20%左右。

四、科学工业园区

（一）科学工业园区概述

科学工业园区是以开发、生产和经营高科技产品为基本职能，知识、人才、技术高度集中，融科研、教育、生产经营、贸易为一体的新型经济性特区。设区国家和地区用提供比出口加工区更优惠的条件，吸引外资和高技术人才，研发尖端技术产品，培训高级科技人才，促进科技和经济的发展。由于科学工业园区对环境要求更严格，所以，目前世界上的科学工业园区一般都靠近知名大学和科研机构，以便得到优秀的科技人才；靠近大城市和港口码头，以享有交通之便利。政府对科学工业园区实行一系列优惠措施，以吸引外资和内资前来投资建厂和建立研究中心。

最早的科学工业园区是美国的“斯坦福科学工业园区”，形成于20世纪50年代，它位于美国西海岸加州的斯坦福地区，这里有美国高水平的大学和科研机构，荟萃了一批高科技优秀人才，集中了一些新兴工业企业。这些科研机构与当地的公司企业紧密联系，便于企业采用最新研究成果，显著增强其产品在市场上的竞争力。这种特区在20世纪70年代逐渐在世界各地兴起，80年代后进入发展高峰。其中，最具代表性的有美国的“硅谷”、英国的“剑桥科学园区”、新加坡的“肯特岗科学工业园”、日本的“筑波科学城”、中国台湾省的“新竹科学工业园区”、俄罗斯的“新西伯利亚科学城”、法国的“索菲亚·安蒂波利斯科学公园”、韩国的“大德科学园”等。在当前知识经济时代，许多国家和地区把发展高科技提到十分重要的战略地位，因此，兴办科学工业园区是全球大势所趋。

从科技资源的开发与利用途径考察，科学工业园区可分为自主型与引进型两类。一般来说，发达国家拥有先进技术和充裕资金，可依靠自身力量研究与开发高科技产品，并使之商业化，多兴办自主型科技园区；发展中国家和地区科技开发面临资金、技术和人才不足的难题，需引进资金、技术和人才，故多兴办引进型科技园区。

目前，世界上已建成的各种科学工业园区有300多个，初具规模的占70%，主要分布在欧美和亚洲一些国家，其中以美国最多。

（二）新竹科学工业园区

新竹科学工业园区于1980年在我国台湾省创建，常被称为科学园区的范例。2002年，园区内有企业300多家，经济高度外向性，高技术产品出口额已达上百亿美元，园区产值对台湾省本地居民生产总值（GNP）的贡献率高达10%，其投资回报率已超过美国“硅谷”。

新竹科学工业园位于我国台湾省新竹市东南3公里处，距台湾省最大的机场——桃园机场55公里，距台北70公里，纵贯台湾的公路和铁路在此通过，交通十分便利。这里是台湾省高等院校和科研机构的密集区，附近有台湾的清华大学、交通大学以及工业技术研究院，有利于实行产、学、研结合及招揽大批科技人才。园区内风景秀丽，环境幽雅，有青草湖、中山公园等景点。科技园总面积380公顷，分三个区，即工业区、住宅区、消遣区。

园区内实行集中的科研管理体制，设立“园区指导委员会”，全权负责园区一切事宜，提高了经营与管理效率。为了吸引更多外资进入园区，园区采取了很多鼓励和支持政策。例如，对新建的科技密集型企业，头五年免收公司所得税；在免税期满后，公司所得税率和附加税不超过20%；允许技术入股，专利权和专有技术经评估可占总投资的25%；园区企业可得到低息贷款；科学工业企业可凭园区管理部门的批准，从事该行业的进出口业务。

园区内有六大产业，即集成电路、计算机及其外围设备、通信设备、光电子、精密机械和生物技术。目前，台湾省已成为世界主要半导体生产地之一，该科技园区的电子产品出口占台湾电子产品出口的30%～35%，已成为台湾的“硅谷”。其产品主要出口到美国、荷兰、英国、德国和中国香港等地。

五、综合型经济性特区

（一）综合型经济性特区概述

综合型经济性特区是经济性特区中最特殊的一种。它是指一个国家或地区在其特定地区，划出一定范围的土地，新建或扩建基础设施，并提供优惠政策，吸引外资发展各种产业，包括工业、农业、贸易、金融、保险、运输、旅游、房地产、文教科技等。这种特区的主要特征是规模大、经营范围广、功能多、行业之间可提供更多的服务。综合型经济性特区有利于部门间的协作配合，有利于提高特区的经济效益，有利于特区发挥更大的作用。

（二）马瑙斯自由贸易区

马瑙斯自由贸易区位于巴西亚马孙河中游平原，占地 1 万多平方公里。该区于 1967 年建立，是一个以商业带动工业和农牧业发展的经济性特区，在吸引外资方面有十分优惠的政策。例如，规定在此投资办厂的私人企业，免缴产品税、商品流通税和所得税，免税期 30 年不变；进入自由贸易区的外国商品，包括用于消费和扩大再生产的商品，免缴进口税；在区内加工、生产的商品，无论用于当地消费，还是销往本国其他地区，均免缴产品税；对来此经商的外国人，条件更宽松，外商登记后就可开店，可任命一巴西人为经理，本人可不在此居住。但在此设立投资项目，环保是需特别注意之事。该区规定，所设项目必须申请环保建设许可证和环保运营许可证，且每年更换证书才可享受贸易区的优惠条件。

与其他特区相比，该区的主要特点是：第一，幅员广大。这是与农、工、商综合发展和致力于当地经济开发目标相适应的，其规模之大，世界罕见。第二，以开发落后地区与满足国内市场需求为目标。世界上大多数国家建立的特区，其经济发展特点均为外向型，多设在沿海、边境或交通便利的地区，而马瑙斯自由贸易区则致力于落后地区的开发，因此设在内陆地区。特区生产的产品，既为满足国际市场需求，也为满足国内市场需求。第三，农、工、商综合发展。特区由商业区、工业区、农牧区三部分组成。工业有电子、冶金、彩电、钟表、车辆、成衣等 30 多个部门，彩电生产已占巴西产量的 85%。为满足居民的消费需要，设立了农牧业专区，发展粮食、蔬菜、瓜果和畜牧业。商业区主要由商店、旅馆、旅游设施及其他服务业构成。马瑙斯自由贸易区已成为工、农、商相配套的特大型经济特区。

经过多年的发展，马瑙斯自由贸易区修建了多条公路，建设了现代化机场及河港，已成为巴西落后的内地与全国其他地区及世界各国联系的纽带和桥梁。该区 2013 年营业额达 385.3 亿美元，创历史最高纪录。

第三节　经济性特区的地理分布

目前，世界上各种经济性特区的总量达 800 多个，遍及五大洲 120 多个国家和地区。其中，1/3 分布在发达国家，2/3 分布在发展中国家和地区。现将经济性特区在各大洲的分布特点概述如下。

一、亚洲

随着亚太经济的崛起，亚洲成为发展中国家经济性特区尤其是出口加工区的集中地区，是特区发展最有活力的地区。

（一）建立较早、数量较多、发展迅速

亚洲经济性特区的发展晚于欧洲，但早于其他各洲。亚洲自由港建立的历史很久，早在 19 世纪中叶和 20 世纪初，香港（1841 年）就已成为世界闻名的自由港。20 世纪六七十年代，亚洲又成为出口加工区蓬勃发展的集中地区。1966 年，中国台湾省的高雄出口加工区是世界上正式采用“出口加工区”名称最早的特区，后来作为“高雄模式”被很多发展中国家和地区仿效。至今，亚洲出口加

工区有170多个,占世界的一半以上。除一些内陆国家和小岛国家外,几乎所有沿海国家和地区都设有出口加工区。在世界的出口加工区中,以马来西亚、韩国和我国台湾省的此类特区发展最完善。许多关于出口加工区的概念,都以这些国家和地区的出口加工区活动为标准。

(二)影响范围广、作用大

亚洲一些自由港、科技园区和出口加工区在世界经济发展和亚太地区内部经济联系中起着重要作用。如中国香港和新加坡,自20世纪70年代以来,不仅是世界贸易联系中的重要转口港,更成为亚太地区乃至世界重要的贸易、航运和金融中心。同时,一些国家和地区的出口加工区,在当地经济发展及亚太地区各经济实体间的产业转移与分工变化中,起着举足轻重的作用。亚洲的科技园区,如新竹科技园区,在全球电子工业生产中占有重要地位,全球约1/3的电脑芯片产品来自中国的台湾省,其中大部分又来自新竹。

(三)就业人数多

亚洲出口加工区中的就业人数,是各地同类型特区中就业人数最多的,且均以雇用当地劳动力为主。

(四)产业结构逐步变化

亚洲出口加工区的产业结构在逐步升级换代。自20世纪80年代初开始,其产业结构向技术、知识密集型产业升级,近年来发展尤为迅速。技术、知识密集型的电子工业,已逐渐取代劳动密集型的纺织、成衣加工等,成为最大的出口产业。

亚洲经济性特区的主要投资者是日本,其次为西欧和美国;产品主要销往发达国家和地区,以美、日、欧为主。

二、欧洲

目前,欧洲有130多个各种类型的经济性特区,主要分布在西欧和南欧,北欧和东欧数量相对少些。

(一)历史悠久,是经济性特区的发源地

欧洲经济性特区发展历史最为悠久。世界上第一个自由港里窝那(1547 年)、第一个自由贸易区汉堡(1888 年)和第一个出口加工区香农出口自由区(1959 年)均出现在欧洲。这与欧洲是资本主义发祥地的历史进程完全吻合。

(二)特区的类型以自由港和自由贸易区为主

早期,欧洲资本主义处于上升时期,为大量输出商品、扩大转口贸易和发挥商品集散中心的作用,经济性特区以贸易型为主。这些特区在资本主义世界市场的形成与发展,以及世界各国发展对外经济贸易关系中,起着重要的作用。

(三)分布不平衡

欧洲经济性特区以西欧、南欧、中欧分布最为集中,北欧设区数目最少。早期的设区国,都是历史上工业发展较早的国家,特别是转口贸易发达的国家。这些国家的特区一般都设在重要港口、航运通道或国际机场附近,以利开展转口贸易。第二次世界大战后,特区分布较为广泛,但大都设在交通方便的地区。

(四)特区功能逐渐转化

近年来,欧洲国家的自由贸易区,除继续经营仓储及简单加工等转口业务外,开始参照出口加工区的做法,吸引外资到区内建立装配工业和制造业,且规模越来越大。进入 20 世纪 80 年代后,其又开始注重发展高科技产业,进行高科技产品的研制和开发。

三、非洲和中东

（一）起步较晚，历史较短

除少数几个自由港外，非洲绝大部分出口加工区是在20世纪70年代后建立起来的。例如，发展较好的毛里求斯出口加工区创建于1971年，埃及的四个自由工业区是1976年以后发展起来的。

（二）吸引外资的关税和财税条件十分优惠

特区的优惠条件突出表现在免税期长上。例如，毛里求斯出口加工区允许区内出口企业享受20年免税期，5年豁免股息税；埃及则宣布区内外籍职工免缴个人所得税。为保持外商长期投资的信心，特区所在国还与有关国家订立了十几个双边协定，保护投资者的利益。埃及塞得港自由贸易区和亚历山大自由工业区是非洲重要的经济性特区。

（三）发展很不平衡

目前，非洲和中东经济性特区主要集中在地中海、红海、波斯湾、几内亚湾和东西部沿海港口，以及岛国毛里求斯。据不完全统计，非洲约有120多个经济性特区，中东有19个，面积仅2 040平方公里的毛里求斯就有88个出口加工区。

（四）发展潜力大

非洲和中东地区的经济性特区大多处在欧、亚、非三大洲交接处，又有重要的国际航道苏伊士运河，加之这里自然资源丰富，劳动力成本低廉，因而具有较大的发展潜力。

四、北美洲

(一)数量多、发展快

到20世纪90年代,北美已有经济性特区200多个,其中绝大多数集中在美国。美国是当今世界拥有经济性特区最多的国家。1934年,美国国会通过了《对外贸易区法案》。1936年,在纽约的布鲁克林建立了美国历史上第一个对外贸易区,其发展至今已有70多年的历史。但大部分经济性特区是第二次世界大战后开设的,尤其是进入20世纪80年代以后,其呈现出更为迅速的发展趋势。例如,1971年美国有12个外贸区,1980年增至77个。现在,美国有外贸区150多个,科学工业园区80多个。

(二)分布既广泛,又相对集中

目前美国50个州都设立了对外贸易区,几乎遍布所有港口城市,甚至连太平洋上的关岛也设立了自由港。虽然经济性特区数量多,分布广,但大部分建在大西洋沿岸地区以及与拉美接近的墨西哥湾沿岸地带,一般是在码头、机场、仓库区或主要河流入海处划出一片土地兴建。其规模不等,早期的外贸区面积较小,新设的外贸区,其规模扩大不少。有的外贸区还设有与其分开的专业加工区,使其范围更加扩大。

(三)经营多元化

美国外贸区的经营方式不尽相同,有的以转口贸易为主,具有自由港功能;有的以制造业为主,具有出口加工区功能;有的与贸易仓库区、边境功能区相仿;也有的在发展商品贸易的同时,大力发展装配、加工、制造等业务,是工商并举、多种经营的综合型特区。

(四)产品销售内外结合

各国设置特区的目的,是为了将生产的产品的大部分销往国外市场。而美国外贸区生产的产品，有2/3销往美国国内市场，1/3销往国外。美国国内其他公司也可利用外贸区出口其产品。国内货物经海关许可后进入外贸区，即可出口。因此，美国很多大小制造商都积极利用外贸区开展出口业务。

（五）优良的基础设施和优惠的政策

外贸区的设施不断完善，除提供商品的装卸、储存、装配、制造和展览场地外，还提供现代化的水、陆、空运输设施，从而吸引更多外商将产品运进区内储存或处理，然后进入美国市场或转口别处。外贸区装配的制成品，其税率通常低于对元件的征税率。例如，装配完成的汽车，只按价征税3%，而对元件的征税率则在3%至20%之间。

五、拉丁美洲

（一）特区的发展早于非洲，晚于亚洲

拉丁美洲的经济性特区是战后兴建和发展起来的，发展较快。目前，拉丁美洲已建立和正在兴建的经济性特区有100多个，包括自由贸易区、出口加工区、保税仓库、多元化综合型特区等。其中比较成功和重要的有巴拿马的科隆自由贸易区、巴西马瑙斯自由贸易区、墨美边境自由区等。

（二）与美国经贸关系密切

美国既是拉美经济性特区的主要投资者，又是特区工业品的主要市场。拉美经济性特区的转口业务除与邻近国家发生关系外，一般均以转口美国或加工出口美国市场为主。目前，拉美特区的外资中美资占多数。但近年来，西欧、日本，甚至一些亚洲新兴工业化国家，也纷纷来此投资，以便通过拉美特区将产品转口美国。

（三）特区类型多样化

拉美各国根据各自的国情与周边环境来选择特区类型。例如，

巴拿马利用其优越的地理位置,选择以贸易为主体的自由贸易区模式,并发展了加工工业、金融服务业等,使科隆自由贸易区在西半球各国贸易往来中发挥了重要的枢纽和桥梁作用;墨西哥则借助与美国接壤的有利条件,利用美国的资金、技术、市场,建立以客户工业(指主要由外国资本兴办的装配加工、产品外销的工业)为主体的边境自由加工区;巴西根据亚马孙地区经济落后的特点,建立了工、农、商综合发展的马瑙斯自由贸易区;智利、阿根廷、哥伦比亚及加勒比地区各国,也根据各自的特点,建立了不同类型的转口贸易与加工经济自由区,加强了各国间经济贸易的往来。

(四)发展不平衡

墨西哥、中美洲和加勒比地区的经济性特区较活跃,而南美一些国家的出口加工区或自由贸易区的发展较为迟缓。

六、大洋洲

与其他大洲相比,大洋洲经济性特区的发展历史很短,数量也少。1977 年,西萨摩亚建立了出口加工区,这是大洋洲经济性特区发展的开始。1986 年,澳大利亚在达尔文市建立了一个经济性特区。1988 年,斐济宣布设立自由贸易区,规定区内以发展出口产业为主要任务,其产品的 95% 以上必须出口。

下 篇

第六章 亚 洲

第一节 概 述

亚洲位于东半球的东北部，三面环海，即东、南、北三面分别濒临太平洋、印度洋和北冰洋，总面积约 4 400 万平方公里，总人口 43 亿(2013 年)，占世界总人口的 60% 以上，是世界上面积最大、人口最多的一个洲，现有 48 个独立的国家。

一、自然条件

亚洲地形复杂，地势中部高，四周低，崇山峻岭汇集中部，山地、高原、丘陵约占全洲面积的 3/4，平原占 1/4。全洲平均海拔 950 米，是全球除南极洲外地势最高的一个大陆。河流大都发源于中部的高原和山地，呈放射状向四周分流，注入海洋。在广大内陆地区，内流水系发达。长江是亚洲最长的河流，也是中国内河航运的大动脉。亚洲湖泊众多，有世界上面积最大的咸水湖——里海和最深的湖——贝加尔湖。

亚洲地跨寒、温、热三带，气候复杂多样。亚洲的东部、东南部和南部，季风气候显著，是著名的季风气候区。中部和西部地处内陆，属干旱的温带大陆性气候区。西南部的阿拉伯半岛等地终年炎热干燥，属热带沙漠气候区。东南部的印度尼西亚等地则属热带雨林气候区。气候的多样性为亚洲农业生产发展提供了良好条件。

亚洲自然资源十分丰富，其中矿产资源种类多，储量大。石油和天然气的储量约占世界的2/3，煤的储量约占世界的1/2，稀土、钨、锡、锑、菱镁矿等储量均居世界首位；水力资源约占世界的26%；森林覆盖率约13%，盛产樟、楠、柚、檀等名贵木材；沿海渔业资源丰富，渔场面积约占世界的40%。

二、居民

2013年，亚洲总人口为43亿，占世界的60.5%，居世界第一位。亚洲是人类最重要的起源地之一，自古以来就聚集了全球一半以上的人口。2007年，世界上人口超过1亿的国家有11个，其中亚洲占6个，即中国(13.18亿)、印度(11.32亿)、印度尼西亚(2.32亿)、巴基斯坦(1.69亿)、孟加拉国(1.49亿)、日本(1.28亿)。亚洲平均人口密度为每平方公里91.1人，但分布不平衡，人口最为密集的地区是东亚的日本、韩国，我国的黄河、长江流域及南部沿海地区，南亚的印度河、恒河流域及东南亚等地。亚洲城市人口比重为38%。目前，亚洲人口增长率居全球中等水平。

亚洲的种族、民族构成复杂，其中最基本的种族是黄种人，约占全洲人口的60%，主要分布在东亚、东南亚等地。其次为白种人，约占全洲人口的1/3，主要分布在南亚和西亚。另外，还有少数澳大利亚人种及上述两大人种的混合类型。亚洲的民族共有1 000多个，约占世界民族总数的1/2。亚洲国家大都是多民族国家，单一民族国家较少。

亚洲宗教复杂，是世界三大宗教(佛教、伊斯兰教、基督教)的发源地，也是印度教、犹太教、道教、锡克教的发源地。亚洲语种复杂，有汉藏语系(其人口约占全洲人口的40%)、印欧语系(其人口约占全洲人口的24%)、闪米特—含米特语系、马来—波利尼西亚语系、达罗毗荼语系、朝鲜语系和日本语系等等。

三、经济概况

(一)概述

第二次世界大战后,亚洲各国和各地区的经济获得了不同程度的发展。20 世纪 80 年代后,随着亚洲“四小龙”的经济腾飞,东盟国家经济的迅速发展,以及中国改革开放后经济的突飞猛进,亚洲成为世界上经济发展最有活力的地区。亚洲的总产值在世界总产值中的比重,已从 1960 年的 4%,提高到 20 世纪 90 年代中期的 25%,目前已占世界总产值的 1/3。现在,亚洲已成为全球经济发展最快的地区。但是,亚洲各国和各地区经济发展极不平衡。其中,日本经济发展水平最高,但其经济规模在 2010 年已被中国超过;“四小龙”已成为新兴的工业化国家和地区;东盟国家和印度的经济正在迅猛发展;西亚国家依靠丰富的石油资源,成为高收入国家;目前,中国、印度和印度尼西亚等国是亚洲经济迅速增长的重要贡献者。与此同时,亚洲还有一些负债累累、至今仍未摆脱贫困的不发达国家和最不发达国家。

(二)工业

近年来,亚洲工业获迅速发展。但亚洲制造业发展不平衡:日本竞争力最强;中国规模最大,发展最快;韩国在电子、重大装备制造领域发展最快;印度在软件产业方面居世界领先地位;东盟等国以出口为导向的电子、纺织业发展最快;也有很多国家工业化处于起步阶段。

在过去的二三十年的全球产业大转移中,劳动密集型产业和部分资金密集型产业,已日渐从发达国家外移,亚洲则成为跨国公司青睐地区,这使亚洲制造业获快速发展。预期在相当长时期内,世界制造业中心仍将在亚洲地区。但是,亚洲除日本外,制造业中虽有不少产品产量已居世界前列,但产品技术含量和附加值仍不高。

1. 能源工业。亚洲是世界上能源资源最丰富的大陆。首先,亚洲是世界上石油储量和产量最多、最集中的地区,已探明的石油储量占世界的2/3以上,同时又是世界上最大的石油输出地区和西方国家最大的石油供应基地,海湾地区出口的石油占世界石油总出口量的40%左右。目前,海湾地区日产原油约2 000万桶,东南亚地区日产原油约800万桶,仅此两地的产量就约占全球总产量的40%。现在,全球6个石油可采储量大于1 000亿桶的国家中,亚洲占5个,它们分别是沙特阿拉伯、伊朗、伊拉克、阿联酋和科威特,其石油储量分别居世界的第二位至第六位。伊朗、卡塔尔天然气储量分别居世界第二、三位。此外,中国内陆和沿海地区也有大量油气资源;中亚各国的石油和天然气也较丰富,其中尤以哈萨克斯坦、土库曼斯坦和乌兹别克斯坦为多。土库曼斯坦天然气储量居世界第四位。据估计,里海地区可供开采的石油储量达几百亿吨。2012年,在世界十大产油国中,亚洲占6个,分别是沙特阿拉伯、伊朗、中国、阿联酋、伊拉克和科威特,其石油产量共占世界石油产量的33.6%;在世界十大天然气生产国中,亚洲占5个,分别是伊朗、卡塔尔、中国、沙特阿拉伯和印度尼西亚,其天然气产量占世界天然气产量的17.7%,其中卡塔尔是当年最大的天然气出口国,其天然气出口量占全球天然气出口量的29.8%。可见,亚洲石油资源的开发对全球经济的发展举足轻重。随着经济的发展,亚洲对石油的消费也日益增多。2012年,亚洲的中国、日本、印度、沙特阿拉伯、韩国5国每日消费石油2 398万桶,成为世界第一大石油消费区。

其次,亚洲煤炭资源丰富。亚洲煤炭储量约2 146亿吨,占世界的26%。2009年,亚洲煤炭产量41.17亿吨,占世界的59%。中国、印度、哈萨克斯坦和印度尼西亚都是煤炭资源大国,同时又是煤炭生产大国。近年来,中国煤炭产量一直居世界第一位。其他煤炭产量较多的国家是印度、印度尼西亚、土耳其和哈萨克斯坦。著名的卡拉干达煤田就位于哈萨克斯坦境内。2012年在全球十大产煤国中,亚洲占4个,分别是中国、印度、印度尼西亚和哈萨克斯坦,4国产煤量达23.5亿吨油当量,占全球产量的61.2%。其中,中国煤炭产量已连续17年居世界第一位。在全球十大煤炭消费国中,亚洲也占4

席，分别是中国、印度、日本和韩国，4 国煤炭消费量达 23.77 亿吨油当量，占世界的 63.7%。多年来，中国是消费煤炭最多的国家，2012 年煤炭消费量占全球的 50.2%。

再次，亚洲水力资源丰富，有很多大型水电站，如中国长江三峡，装机容量居世界第一位。2012 年，中国、印度和日本三国水电消费为 23 930 万吨油当量，占世界的 28.7%，其中中国就占 23.4%，是世界第一水电消费大国。同时亚洲核能资源丰富。哈萨克斯坦的铀矿储量约占世界的 1/5，居世界第二位，产量已跃居世界第一位。对核能和可再生能源的利用正受到亚洲各国的重视。

2. 钢铁工业。除日本外，亚洲其他国家原有钢铁工业基础薄弱，但自 20 世纪六七十年代后，各国钢铁工业发展迅速，亚洲现已成为世界上粗钢产量最多和消费量最多的地区。2011 年，亚洲钢产量 9.26 亿吨，占全球总产量的 64.3%。中国是亚洲也是世界第一产钢大国，其他依次为日本、印度、韩国、土耳其、哈萨克斯坦等，日本和韩国是主要钢材出口国。

3. 机械工业。亚洲机械工业门类复杂，产品多种多样，其中最突出的部门是汽车、造船、机床等。除日本是世界上的汽车生产大国外，近年来，韩国、东盟国家、中国、印度等国的汽车工业发展也十分迅速。2013 年在世界十大汽车生产国中，亚洲占 5 个，分别是中国、日本、韩国、印度和泰国，共产汽车 4 268 万辆，占世界总产量的 48.9%。亚洲造船业发展迅速，韩国、日本、中国是世界三大船舶生产国，其产量占世界的 80% 以上。亚洲机床产量大，日本、韩国、印度和中国内地、中国台湾省是主要的机床生产者，2000 年机床产值为142.5 亿美元，占世界总产值的 38%，仅次于欧洲，居世界第二位。亚洲也是世界上重要的机床出口地区，机床出口值约占世界的1/3。

4. 电子电器工业。亚洲的电子工业发展非常迅速，日本、韩国、东盟诸国及中国的电子电器产量，在世界上占重要地位。2011 年，亚洲主要国家（不含中国，下同）的电子工业产值为 4 854 亿美元，占世界的 44.15%，电子产品的贸易总额占世界的 39.4%。2011 年，在电子产品进口额最大的 5 个国家和地区中，亚洲占 3 个，即日本、新加坡和中国香港;在电子产品出口额最大的5个国家和地区中,也有亚洲3个,分别是日本、新加坡和中国香港。在高新技术电子产品方面,日本和韩国占有优势,当年两国计算机类产品的产量占世界的23.2%,无线电通信产品的产量占世界的31%。在消费类电子产品的生产方面,仅日本、马来西亚、韩国3国的产量就占世界的46.7%。可见,亚洲已成为世界电子产品的重要生产基地。

5. 纺织工业。纺织工业是亚洲国家的传统工业部门。自20世纪70年代以来,世界纺织工业生产重心转移,因此,除日本外,其他亚洲国家和地区的纺织工业均发展较快,并成为出口创汇的一个重要部门。亚洲纺织品和服装的出口额占世界的40%以上,居各洲之首。目前,中国是世界上最大的纺织品和服装出口国。

亚洲纺织工业门类齐全,棉、毛、丝、麻及化纤、印染等产品均在世界市场上占重要地位。中国、巴基斯坦、印度、土耳其等均是世界重要的产棉国,中国和印度是产棉布最多的国家,棉纺业十分发达。印度、孟加拉国生产的黄麻占世界总产量的90%,两国的麻纺工业较发达。在全球化学纤维生产不景气的情况下,亚洲成为化学纤维的重要生产基地。2000年,亚洲化学纤维产量为1 400多万吨,占全球产量的1/2以上。韩国、日本和中国内地、中国台湾省是化学纤维的主要生产国和地区。

(三)农业

亚洲各国农业发展历史悠久,至今,农业生产在很多国家的国民经济中仍占重要地位。除日本和一些新兴工业化国家外,在多数亚洲国家中,农业人口仍占多数。亚洲农业生产在世界上占重要地位,很多农产品产量名列世界前茅。2010年,亚洲粮食产量为12.29亿吨,占世界粮食产量的49.6%。各国农业发展水平虽有所不同,但大都缺乏大规模的农场经营,而是以个体农户经营为主。耕作较精细,但农业的现代化水平不及欧美。农业内部结构也多以种植业为主,畜牧业为辅。

1. 种植业。亚洲各国大都以种植粮食作物为主来发展农业,亚洲是世界上产粮最多的一个大洲。主要粮食作物有小麦、稻谷、玉米、高粱等。2010 年,亚洲小麦产量为 29 114 万吨,占世界小麦产量的 44.56%。当年稻谷产量 63 375 万吨,占世界稻谷产量的 90.3%。小麦和稻谷产量均居各洲之首。小麦分布普遍。稻谷生产国主要有中国、印度、印度尼西亚、越南、泰国、孟加拉国、缅甸、菲律宾等,这 8 国水稻种植面积占世界的 80%。亚洲是生产稻米和出口稻米最多的地区,泰国、越南和缅甸是主要出口国。2007 年,仅泰、越两国出口的稻米就占世界稻米出口总量的 40% 以上。2011 年印度出口稻米 800 万吨,居世界第一位,越南 700 万吨,泰国 650 万吨。亚洲经济作物种类多,主要有棉花、油料作物及热带、亚热带作物。2004 年,亚洲棉花产量为 4 244 万吨,占世界的 63%(籽棉);花生产量 2 466万吨,占世界的 2/3;芝麻产量占世界的 68.7%;油菜籽产量 1 917万吨,占世界的 44%;甘蔗产量占世界的 40% 以上;天然橡胶、茶、椰干、胡椒等的产量都占世界产量的绝大部分,2004 年天然橡胶产量 772 万吨,占世界的 92.6%。此外,亚洲还盛产多种热带、亚热带水果。

2. 畜牧业。亚洲各类牲畜头数均很可观,以养猪业最发达,2004 年有猪 51 418 万头,占世界的 60% 以上,中国是世界上养猪最多的国家。印度是世界上养牛最多的国家。随着畜牧业的发展,亚洲各种畜产品产量不断增加,其肉类产量占世界的 41%。2009 年,中国各种肉类产量达 7 821.4 万吨,占世界的 27.8%,是肉类产量最多的国家。亚洲捕鱼量占世界的 60% 以上,中国、印度和日本是世界鱼类产量最多的国家。

(四)对外贸易

20 世纪 60 年代后,亚洲的对外贸易发展迅速。2012 年,亚洲(不含中东)对外商品贸易总额达 114 350 亿美元,其中出口56 400 亿美元,占世界出口总额的 31.6%,进口 57 950 亿美元,占世界进口总额的 31.9%,当年贸易逆差 1 550 亿美元。亚洲在世界贸易中的地位越来越重要,东亚地区尤为突出。据统计,东亚在世界出口贸易中的比重已从20世纪70年代的7%上升到目前的1/3以上。中国已成为亚洲和世界最大的商品贸易国。日本则居亚洲第二位和世界第四位。1980年,在世界最大的20个出口国家和地区中,亚洲仅占4个,1994年升至7个,2012年为8个,分别是中国内地(1)、日本(4)、韩国(7)、中国香港(10)、新加坡(14)、沙特阿拉伯(15)、中国台湾省(17)和印度(19)。亚洲各国(除日本外)对外出口商品过去多以初级产品为主,近30年来,制成品出口比重大幅上升,特别是高新技术、高附加值的产品出口比重明显增加。但亚洲仍是世界上纺织品和服装、鞋等劳动密集型产品的最大供应地,也是世界能源的最大供应地。近年来,亚洲服务贸易发展迅速,2012年服务贸易总额23 400亿美元。其中:出口11 600亿美元,占世界的26.7%;进口11 800亿美元,占世界的30.5%。日本、印度、韩国和中国内地、中国香港是亚洲服务贸易最发达的国家和地区。

亚洲进出口贸易约有1/2是在亚洲国家和地区间进行的。日本对亚洲的进出口比重都在50%以上,中国香港对亚洲的进出口比重更分别为82.2%和63.4%。亚洲另一大贸易伙伴是美国。美国对亚洲的出口早已超过欧洲,占其出口总额的1/4以上,自亚洲的商品进口更占1/3以上,美国对亚洲的依赖程度正迅速增加。此外,欧盟与亚洲的贸易发展也很快。作为亚洲国家,中国与亚洲的贸易额增长迅速。2007年,中国与亚洲贸易额达11 879亿美元,占中国贸易额的54%以上。其中:中国对亚洲出口5 680亿美元,占中国出口额的46.6%;自亚洲进口6 199亿美元,占中国进口额的64.8%。中国与亚洲的贸易为逆差。

第二节 韩 国

韩国位于亚洲大陆东部的朝鲜半岛南半部(北纬38度线以南),北与朝鲜为邻,东南部隔朝鲜海峡与日本相望,西隔黄海与中国相望,东濒日本海,总面积9.96万平方公里,约占朝鲜半岛面积的45%。

一、自然条件

韩国地势东高西低，北高南低，山脉多，平原少，主要山脉有太白山脉、庆尚山脉、东岭山脉及小白山脉等，海拔均不高。南部济州岛的汉拿山，海拔1 950米，为韩国最高峰。平原大多分布在西海岸和南部河流的下游地带，以洛东江河口三角洲的金海平原面积最大，土地最肥沃，但水害较多。汉江是北部最重要的河流，南部有洛东江。韩国三面环海，海岸线漫长曲折，多海湾、半岛和岛屿，因受海洋影响，气候呈明显的海洋性，具有亚热带季风气候特点，降水丰沛，年均降水量1 100毫米。韩国自然资源贫乏，有少量银、铅、钨、铀等。

二、居民

2013年，韩国人口4 926万，人口密度大，平均每平方公里495人，绝大多数是朝鲜族。城市人口比重高，占81%。人口日益集中于大城市，百万人口以上城市的人口占总人口的47%，首都首尔人口约1 000万，占韩国总人口的1/5左右。韩国的宗教活动十分活跃，宗教人口增加迅速，各种宗教都有传播。其中，基督教的传播速度最快，其次为佛教。佛教是韩国传播历史最久的一种宗教。此外，还有伊斯兰教、天道教、大宗教等。韩国多种宗教并存，故常被称为“多宗教之域”。

三、经济概况

（一）概述

20世纪60年代后，韩国开始推行外向型的经济发展战略，用了40多年的时间，把人均国民收入从60多美元提高到2005年的16 290美元，成为令世人瞩目的新兴工业化国家。韩国从1962年起实施5年经济开发计划，提出了“贸易立国”的方针，走上了“出口主导型”经济发展道路。70年代，韩国将产业发展重点转向重化工业。1973年，韩国确定了十大战略工业部门，加快重工业发展步伐，创造了“汉江奇迹”。80年代，韩国对经济结构进行了重大调整，提出以“科技立国”战略取代之前的“贸易立国”和“重化工业战略”，目标就是把劳动密集型和资本密集型产业升级成为知识密集型产业，促进经济发展。进入90年代，韩国大力推动信息革命，重点提升半导体、移动通信设备、计算机产品和汽车的竞争力。进入21世纪，韩国政府又提出“第二次科技立国”战略，以加快产业结构的调整和升级。2013年，韩国国内生产总值达13 045.5亿美元，居世界第十四位。目前，在韩国国内生产总值中，农林渔业占2.6%，工矿业占31.3%，水电煤气占2.1%，建筑业占5.8%，服务业占58.2%。

（二）工业

韩国工业发达，工业是其国民经济的主导部门，工业产值约占国内生产总值的31.3%，现已形成门类齐全、规模庞大、技术先进的完整工业体系。韩国国内矿产资源贫乏，发展工业所需的能源、原材料以及工业品多依赖国外市场，经济带有明显的外向型特点。经过多年的发展，韩国已形成南、北两大工业地带，北部是以首尔、仁川为中心的京仁工业区，南部是以釜山为中心的东南沿海工业区，它们的工业产值约占全国的80%，主要工业部门有钢铁、机械、汽车、电子、造船、纺织等。

1. 能源工业。韩国是世界第七大能源消费国，2011年的能源消费总量为26 310万吨油当量。但韩国能源资源贫乏，2012年的能源产量仅为4 729万吨油当量，其能源自给率仅约为18%。韩国2011年的能源消费结构为：石油占40.3%，天然气占15.93%，煤占30.18%，核能占12.43%，水电占0.46%，可再生能源占0.23%。2012年韩国日消费原油246万桶，占世界的2.6%，全部依赖从中东等地区进口，韩国是世界第八大原油消费国。韩国天然气几乎全部依赖进口，2012年液化天然气进口量达497亿立方米，仅次于日本，居世界第二位。2012年韩国煤炭消费量8 200万吨油当量，占世界的2.2%，韩国是世界第七大煤炭消费国。韩国本国煤炭资源仅1.33亿吨，产量很少，因此大量从澳大利亚、中国等地进口。为此，韩国大力开发可再生能源和核能利用，2012 年，核能消费已达 3 400 万吨油当量，占世界核能消费的 6.1%，次于美、法、俄，居世界第四位。1978 年，韩国第一台核能机组——古里原子能 1 号机组投入商业运行，目前正在运行的核反应堆有 20 座，另有 8 座正在建设之中。这些核电大多集中于庆尚北道、釜山、蔚山等工业区。2012 年，在韩国能源使用结构中，核能和可替代能源已占 15.57%。

2. 钢铁工业。韩国钢铁工业的发展，起步于朝鲜战争之后，但到 20 世纪 60 年代初，韩国的钢铁产量不到 20 万吨。韩国于 1970 年成立浦项钢铁联合企业，标志着韩国正式开始发展现代化钢铁工业。70 年代以后，韩国的钢铁工业以惊人的速度向前发展。2002 年以来，韩国钢产量曾多年居世界第五位。2011 年钢产量 6 850 万吨，占世界总产量的 4.5%，居世界第六位。2012 年产钢 6 960 万吨，仍居世界第六位，当年出口钢 3 020 万吨，其出口量次于中国、欧盟和日本，居世界第四位，韩国已成为世界重要的钢铁出口国。韩国钢铁工业是建立在进口原料和燃料基础之上的，铁矿石主要来自澳大利亚和印度，煤主要来自澳大利亚和中国。钢铁厂主要分布在沿海地区。东南沿海的浦项钢铁联合企业是全国最大的钢铁企业，2012 年钢产量达 3 990 万吨，约占全国钢产量的 57.7%，是全球第五大钢铁企业。

3. 机械工业。机械工业是韩国经济的重要支柱产业之一。韩国具备成套设备的制造能力，是亚洲国家中仅次于日本的成套设备出口大国，一般机械与运输机械在生产和出口中占重要地位。韩国也是世界上重要的机床生产国和消费国，其机床生产量和消费量分别居世界第七位和第六位。韩国不仅向发展中国家出口机械产品，也向发达国家出口具有较强竞争力的产品，如船舶用低速、高速柴油机产品，大中型船舶主机，火电厂和水电站的发电机组等。

汽车工业是韩国支柱产业之一，其产值占韩国国内生产总值的 10%左右。韩国原有汽车工业基础十分薄弱，1970 年仅生产了 2.8 万辆汽车。始建于 1944 年 12 月的起亚汽车公司是韩国第一家汽车企业，该企业 20 世纪 50 年代后才获真正发展。20 世纪 80 年代后，汽车工业发展迅猛。2005 年,汽车产量达 369.9 万辆,居世界第五位。当年出口汽车 258.5 万辆,约占产量的 70%,在出口总额中占 13.3%。韩国从 1976 年开始出口汽车,到 1999 年 5 月 12 日共出口汽车1 000万辆,此日被定为“汽车日”。目前,韩国生产的汽车已远销世界 100 多个国家和地区,并早已打入欧美市场。2012 年,韩国汽车产量达 456.2 万辆,占全球产量的 5.4%,连续八年居世界第五位。当年出口汽车 317.1 万辆,占产量的 70%。目前,韩国国内最大的汽车制造企业是现代汽车公司,其在韩国私人轿车市场上的占有率为 47.3%,居韩国各汽车企业首位。2002 年现代开始进军中国,目前在中国、印度、美国、欧洲等都有工厂。

4. 造船工业。韩国造船工业发达。当今世界造船业主要集中在亚洲。日本的造船工业曾多年称霸世界,但 1993 年首次被韩国超过,之后韩、日两国轮流称雄,到 2003 年韩国再次超越日本。韩国在 2011 年共完成 426 艘船、计 1 355.9 万 CTG(标准货物换算吨数)的指标,出口额达 545 亿美元,创历史新高,船舶出口居出口商品前列。但随后产量有所下降。目前在世界造船业领域,形成了中、韩竞争局面。面对被中国赶超的现实,韩国造船业正加快向高附加值船舶制造升级。目前,韩国建造的浮式生产储油船、集装箱船、液化天然气船以及豪华客船等,均处于世界领先水平。欧洲国家是韩国造船企业的重要客户。现代重工、三星重工、大宇造船等均是世界上重要的造船企业。韩国最大造船中心是蔚山。

5. 电子工业。韩国电子工业起步较晚,但发展非常快,现已成为世界十大电子工业国之一。2011 年,电子工业产值为 1 087.31 亿美元,次于美、日,居世界第三位。韩国从消费电子生产起步,20 世纪 80 年代后大力发展电子计算机、通信设备、半导体、集成电路等产业用电子和电子元器件行业,开始在尖端领域与发达国家展开竞争,其中多种主要电子产品在国际市场上已占举足轻重的地位。在亚洲,韩国是仅次于日本的第二大半导体生产国,但半导体生产设备主要靠进口。在高智能神经网络芯片市场上,韩国已成为该芯片世界主要供应国之一。电子工业产品是韩国出口创汇的主要产品,2011

年,其出口额达 1 086.81 亿美元,在出口创汇产品中名列第一位。截至 2014 年,韩国网络商业化已进行整整 20 年。20 年间,韩国从一片数字沙漠发展成世界领先的网络大国,其宽带网普及率已达 82%(2013 年)。就信息技术水平看,韩国位居全球第一位。

6. 纺织工业。纺织工业是韩国的传统工业部门,纺织工业产品的出口额曾多年居韩国出口额的第一位,后被电子工业超过。韩国纺织产品门类多,近年来化学纤维发展快,总产量居亚洲第三位。大邱市是韩国最大的纺织中心。近年来,韩国制订了重振纺织计划,以提高竞争力,并将开发高性能、特殊性能纤维列为重点,加大对半导体、环保、宇航等高科技领域所需尖端特殊纤维的开发研究力度,大力开发高档时装产业,将大邱市建成韩国的高级纤维和高档服装开发设计与生产中心。

(三)农业

在韩国国内生产总值中,农业约占 2.6%。农业人口约占就业人口的 6.8%。韩国现有耕地面积 172.99 万公顷,主要分布在西部和南部的平原和丘陵地区。在亚洲,韩国是继日本之后率先实现农业精细化种植和农业机械化的国家。韩国农业生产率较高,但农产品不能自给,粮食和其他农畜产品均需进口,是世界主要农产品进口国之一。

韩国农业生产以种植业为主,其产值约占农业总产值的 60.80%。种植业以粮食作物为主,主要作物有水稻、小麦、玉米、水果、蔬菜等。在耕地面积中,水田约占 6 成。水稻是韩国最重要的农作物。2008 年,粮食产量 720 万吨,其中稻米产量 691.9 万吨,约占粮食产量的 96%。水稻产值和收入占农业产值和农民收入的 30% 以上,是其农业生产的支柱,水稻生产状况的好坏直接关系到国计民生。韩国水稻种植面积占耕地面积的 90%。畜牧业产值约占农业产值的 34.7%,主要牲畜有猪、牛、禽等。养蚕业和水产业发达。韩国的五大类农产品是稻米、猪肉、韩国牛、鸡肉和牛奶,其产值在农业总产值中约占 44.5%,此外尚有人参、柑橘及花卉等农产品。

（四）交通运输业

韩国交通运输业十分发达，国内客货运输均以公路为重。2011年国内货运总量7.84亿吨，其中公路占80.5%，铁路占5.2%，海运占14.3%；国内客运总量134.2亿人次，其中公路占73.8%，地铁占17.6%，铁路占8.3%，航空占0.2%，海运占0.1%；国际货运总量10.7亿吨，其中海运占99.7%，空运占0.3%；国际客运总量4 530.9万人次，其中海运占5.9%，空运占94.1%。

韩国现有铁路3 558.9公里（2011年）。连接首尔与釜山的京釜高铁与连接首尔与木浦的湖南高铁，均于2004年开通。韩国地铁总长487.8公里，其中首都首尔地铁总长304公里，其他如釜山、大丘、仁川、光州等均有地铁。韩国公路总长10.59万公里，其中高速公路长3 051公里。从首尔至各道均有高速路，一日之内均可到达。首尔至仁川的高速公路，全长24公里，于1968年建成，系韩国第一条高速公路。首尔至釜山的京釜高速公路，全长425.5公里，于1970年建成，是韩国纵贯南北的大动脉，对促进韩国经济发展有重要作用。海运主要用于对外贸易。韩国有20多个贸易港口，以仁川、釜山、群山、本浦、浦顿、济州和丽水等最重要。2011年韩国拥有船队总量5 450万吨，占世界的3.7%，居世界第五位。韩国空运发达，与81个国家有航空协定，国内有8个国际机场，可飞往30多个国家的90多座城市。

（五）对外贸易

2013年，韩国对外商品贸易总额10 752.27亿美元，居世界第九位，其中出口5 596.37亿美元，进口5 155.9亿美元，外贸顺差440.47亿美元，上述数字均创历史新高。对外贸易在韩国经济中占有十分重要的地位，外贸总额占国内生产总值的80%以上。韩国外贸发展速度惊人，1964年出口额仅1亿美元，1980年增至200亿美元，1996年突破1 000亿美元，2005年达2 847亿美元，2013年又创新的纪录。这种发展速度在世界上是罕见的，关键在于韩国对国内生产和贸易结构的适时调整和不断优化。在发展初期,韩国利用进口原材料和本国廉价劳动力,建立了劳动密集型产业,因此该类产品的出口额占韩国出口总额的70%以上。随着国内产业结构的不断调整,出口产品随之转为重工业产品以至更具附加值的产品。目前,制成品占韩国出口商品的90%以上,主要是电子产品、汽车、船舶、钢材、纺织品和服装等。其中,半导体、计算机、无线电通信器材等电子产品2011年出口值达1 064亿美元,占当年出口额的近1/5。在进口商品中,制成品约占60%,石油、天然气、铁矿石、煤等产品占38.4%。韩国与世界上180多个国家和地区有贸易往来。中国、美国和日本是韩国最主要的贸易伙伴,双边贸易额均在900亿美元以上。另外,中东地区、欧盟和中国香港、中国台湾等也是韩国重要的贸易伙伴。

2013年,韩国服务贸易总额2 177.05美元,其中出口1 117.83亿美元,进口1 059.22亿美元,顺差58.61亿美元。

韩国与中国自20世纪70年代中期开始民间贸易往来,1980年双边贸易额突破1亿美元。1992年中韩建交后,贸易获迅速发展,当年双边贸易额63.7亿美元。经过20多年的发展,到2013年双边贸易额已达2 289.2亿美元,其中韩国出口1 458.7亿美元,占韩国出口总额的26%,自中国进口830.5亿美元,占韩国进口总额的16%,韩国顺差达628.2亿美元。韩国对中国主要出口机电产品、光学医疗设备、化工产品、汽车及配件、船舶、石油制品等,自中国进口机电产品、贱金属及制品、化工制品、家具和玩具等。中国已连续多年是韩国最大的贸易伙伴国、最大的出口市场、最大的进口来源地和最大的商品贸易顺差来源地,韩国则成为中国第三大贸易伙伴国、第三大出口市场。到2014年4月,韩国对华投资已达577.3亿美元。中国是韩国最大的投资对象国之一,韩国是中国第四大外商直接投资来源国。

第三节 日 本

日本是亚洲大陆东部太平洋中的一个群岛国家,东临太平洋,西隔日本海、朝鲜海峡、黄海、东海,与俄罗斯、朝鲜、韩国及中国等国相望。日本领土由北海道、本州、四国及九州4个大岛和周围3 000多个小岛组成，总面积为37.78万平方公里，其中4个大岛面积约占95.3%。

一、自然条件

日本领土南北狭长，海岸线漫长曲折，多优良港湾，境内地表崎岖，山脉纵横，多火山和地震。山地和丘陵约占全国面积的3/4，平原面积狭小，且分布零散，主要分布在河流下游及沿海地区。南北走向的北湾山系与东西走向的南湾山系相会于本州中部，称中央山脉，为全国地势最高的地区。位于这里的富士山，海拔3 776米，是日本第一高峰，也是著名的火山。日本大小火山有200多座，其中活火山占1/3。位于本州东南的关东平原，是日本最大的平原，也是日本农业最发达的地区。日本的河流短小，但水量充沛，水力资源丰富。

日本的气候属温带海洋性季风气候，终年温和湿润，冬无严寒，夏无酷暑，年均降水量1 700～1 800毫米。因为国土狭长，所以日本各地气候差异较大，北部属亚寒带，中部属温带，南部属亚热带。就东西两侧来看，东部太平洋沿岸偏重海洋性气候，西部日本海沿岸则偏重大陆性季风气候。

日本境内矿产资源贫乏，主要有石灰石、硫黄、铜、铋等矿产。日本森林资源丰富，森林总面积2 512万公顷，人均林地约0.2公顷，森林覆盖率高达66.67%，是世界森林覆盖率最高的国家之一。

二、居民

2013年，日本总人口为1.27亿，居世界第十位。历史上，日本人口增长较快，1872年总人口仅3 480万，1967年就突破了1亿。第二次世界大战后，日本经历了两次生育高峰时期：1947～1949年和1971～1973年。此后，人口增长趋于稳定，并呈下降趋势。日本人口老龄化严重，2014年65岁以上老龄人口已占总人口的25.9%。日本人口密度为平均每平方公里339人，是世界上人口密度最大的国家之一。人口分布不均衡，约有80%的人口集中在太平洋沿岸的狭窄平原地带,日本海沿岸人口较少。城市人口比重为79%,百万人口以上城市人口占总人口的38%。

日本是单一民族国家,除有极少数(约2.5万)阿伊努人外,全部为大和民族。在日本的外侨和外裔人中,以朝侨最多,约60万,其次为华侨。侨居海外的日本人主要分布在美洲,以巴西、美国、秘鲁、加拿大等国为多。在宗教信仰方面,佛教和神道教在日本是并立的两大宗教,其次为基督教新教和天主教。

三、经济概况

(一)概述

日本是当今世界上经济最发达的国家之一,2013年国内生产总值49 015.3亿美元,次于美国和中国,居世界第三位。日本工业化历史不长,但发展极快。1868年明治维新后,日本才进入资本主义发展阶段,1900年工业产值只相当于英国的5.5%,1939年提高到英国的36%。第二次世界大战后,日本经济迅速恢复与发展,到20世纪60年代中后期,相继超过英国、法国和原联邦德国,80年代又超过苏联,成为仅次于美国的世界第二经济大国。日本经济的高速发展得益于当时有利的国际环境,以及政府大力引进国外先进技术,高度重视科教和人才的培养,推行独特的企业管理制度等。进入21世纪后,由于中国经济高速发展,日本现已被中国超越。

目前,日本经济具有以下特征:

第一,经济规模庞大,部门结构完整,发展水平高,工业品产量大,很多产品产量名列世界前茅。日本生产密度大,每平方公里创造产值达1 211万美元,远远超过美国133万美元的生产密度。至2012年,日本拥有约2.93万亿美元的海外资产,连续22年保持全球最大的债权国地位。

第二,垄断性强。战前,日本四大财团占据最高统治地位。战后,日本由六大财团控制着全国资本的70%,实际控制着日本的产业社会,掌握了日本主要的经济命脉。

第三，具有强烈的对外依赖性。日本国内资源贫乏，90%以上原料靠进口，是世界上进口工业原料最多、对国外资源依赖程度最大的国家；同时，日本工业品大量出口，因而也是对国际市场依赖程度最大的国家之一。

第四，经济地域差异明显。日本工业生产集中于三湾一海地区，即在京滨（以东京为中心，包括东京与神奈川）、阪神（以大阪为中心，包括大阪与兵库县）、中京（以名古屋为中心，包括爱知县与三重县）三大工业带。总之，以东京为中心的太平洋沿岸的“表日本”，是日本经济最发达的地区，这里集中了全国60%以上的工业企业、工人人数和近2/3的工业产值；而日本海沿岸的“里日本”，则发展相对缓慢，这里是日本传统的农业区，是日本的水稻和商品粮基地。

（二）工业

日本工业高度发达，在其国民经济中，工业占绝对优势。2009年，工业产值占国内生产总值的23.8%，工业从业人员占总就业人口的24.7%。第二次世界大战后，日本是靠发展工业发家致富的，工业是日本的生命线。日本拥有世界一流的制造业，在微电子、半导体、节能环保等许多高科技领域处于世界领先地位。日本工业品产量多，质量好，在国际市场上有很强的竞争力。

1. 能源工业。日本是世界能源消费大国，2011年能源消费达4 779亿吨油当量，居世界第五位。但日本能源资源贫乏，约93%以上能源依赖进口。2011年，日本能源的消费构成为：石油占42.14%，天然气占19.88%，煤炭占24.63%，核能占7.72%，水电占4.02%，可再生能源占1.55%。2012年日本日均消费原油471万桶，占世界日均消费量的5.3%，次于美国和中国，居世界第三位。日本石油资源贫乏，除在日本海沿岸的新潟有一小油田外，其余地区尚未发现新油田。2012年日本日均进口原油474万桶，占世界的8.6%，次于美国和欧洲国家，居第三位。进口的石油主要来自中东地区和非洲。日本自20世纪60年代建立第一座核电站以来，迄今共建有55座核电站，但自2011年福岛核事故发生后，日本陆续关闭了53座核电站，核能的利用也发生了巨大变化。2011年，日本核能消费为3 690万吨油当量，占世界的6.2%，在美、法、俄之后，居世界第四位。2012年，日本核能消费降至410万吨油当量，减少了89%，只占世界的0.7%。也因此，日本进口的液化天然气从2011年的107亿立方米，暴增至2012年的1 188亿立方米，是世界上进口液化天然气最多的国家，其进口的天然气主要来自东南亚国家和中东地区。2012年，日本消费煤炭1.24亿吨油当量，占世界总消费量的3.3%，是世界上第四大煤炭消费国，煤炭主要从澳大利亚、印度尼西亚、中国及加拿大等国进口。日本重视可再生能源的开发和利用，瑞光伏太阳能装机容量占世界的7.1%，次于德国和意大利，居世界第三位。同时，日本正加快近海能源的开发，力求尽快摆脱依赖进口的局面，打造日本的"国产能源"。

2. 钢铁工业。钢铁工业是日本的基础工业之一。日本的钢铁产量、质量和出口竞争力均名列世界前茅。1973年，日本钢产量突破1亿吨，达1.193 2亿吨，成为历史上钢产量的最高纪录。20世纪90年代后，日本钢产量一度居世界第一位，1996年被中国超过。2012年，日本钢产量1.072亿吨，居世界第二位。日本钢铁工业的现代化水平、劳动生产率、生产技术均居世界领先地位。钢铁是日本重要的出口物资，自1969年起，日本一度是世界最大的钢铁出口国，后被中国超过，2012年日本出口钢铁4 150万吨，占产量的38.7%（中国出口钢铁5 480万吨）。亚洲是日本最大的钢铁出口目的地，占70%以上，其次是美国。

日本钢铁工业是建立在进口资源基础之上的，约80%的铁矿石来自澳大利亚、巴西和印度，90%的焦煤来自澳大利亚、加拿大、美国和中国等。新日本制铁公司（以下简称"新日铁"）曾多年位居世界钢铁企业之首，后先后被卢森堡和中国的多家企业超过。新日铁与日本住友金属工业公司重组成为全球第二大钢铁企业，2012年钢产量达4 790万吨，次于安塞尔米塔尔公司（钢产量9 360万吨）。日本的JFE公司，钢产量3 040万吨，居世界第九位。战前，日本的钢厂多位于北九州，战后多移往太平洋沿岸一带。日本钢铁联合骨干企业有21个,其中19个集中在太平洋沿岸带状工业地带内,形成一条长约1 000公里的钢铁工业地带,主要中心在阪神、京滨、濑户内海沿岸和北九州等地。

3. 机械工业。机械工业是日本工业的支柱产业,2006年的产值占制造业总产值的47%,企业数占24%,从业人数占41%,2008年的出口值占66%。机械工业门类繁多,包括机床、一般机械、电气机械、精密机械、运输机械等。其中,机床工业是衡量一个国家工业化发展水平的重要标准。日本机床业自20世纪50年代起步以来,发展迅速。1970年,日本成为世界四大机床生产国之一,1982年机床产量跃居世界首位。此后连续多年,日本的机床生产总值和出口总额都稳居全球第一,直至2009年被中国和德国超过,现居世界第二。日本的机床普遍采用电脑和数控装置,现约98%为数控机床,其数控水平超过美国,实现了机床生产的高效率、多功能,有力促进了生产技术革新。由微电子计算机控制的产业用机器人,在日本的生产、使用和出口均居世界榜首。日本工业机器人密度居世界之冠,日本有“机器人王国”之称。据统计,目前全球投入使用的机器人约100万台,其中40%在日本。川崎重工业和安川电机制作所是生产机器人最多的厂家。日本的电气机械和精密机械十分发达,手表产量多年来居全球第一。手表、照相机等产品在国际市场上颇具竞争力,已成为日本出口的主要产品之一。

4. 汽车工业。汽车工业是日本经济支柱产业之一,也是日本最大的出口产业之一。日本从1936年开始批量生产汽车,但战前主要以生产军用卡车为主,战后开始生产轿车。1960年,日本汽车产量仅19万辆,其后发展迅速,1980年即超过美国,成为世界第一,并一直延续到1992年。其中,1985年出口汽车达673万辆,创日本汽车出口历史纪录。汽车工业成为战后日本发展最快、出口最多、影响最大的工业部门,是战后日本经济高速发展的缩影。1993年,在汽车产量上,日本被美国超过,但2007年日本又重返世界第一。2009年受金融危机影响,日本汽车产量为795.45万辆,这是自1976年以来首次跌破800万辆。2013年日本汽车产量为963万辆,次于中国、美国,居世界第三位。

多年来,日本汽车以低价、低耗油量、少故障等优势,在国际市场上保持着20%的份额,自1997年起,日本成为世界上最大的汽车出口国,至今未变。日本汽车畅销100多个国家和地区,其中在美国市场上的占有率约30%,在东南亚的泰国、菲律宾等国占有率更高。生产汽车的著名企业有丰田、本田、日产、马自达、三菱等,这五家企业控制了日本汽车产量的80%以上。其中,丰田成立于1937年,是日本最大的汽车制造厂和最大的工业企业。2008年丰田汽车销量首超美国通用,此后连续三年居全球第一位。2011年因地震和海啸丰田汽车减产,被通用超过。2012年后丰田又重夺桂冠,2013年蝉联第一。

20世纪80年代以来,日本汽车工业开始向海外扩张,在国外建厂销货。1998年日本有11家汽车企业在22个国家生产汽车。在1999年生产的990万辆汽车中,有587万辆是在海外生产的,占59%。另一方面,近年来为扩大经营规模,开发下一代汽车所需技术并积累资金,世界各国汽车大企业纷纷通过合并、重组,形成富有竞争力的大企业集团,如日产－雷诺,铃木－通用等。目前在日本国内保持资本独立的汽车企业仅剩2家,即丰田和本田,是“纯日本”的企业。

日本汽车工业大多分布在太平洋沿岸带状地区,尤其以京滨和中京工业区最为集中。丰田市是日本的汽车城,是丰田公司总部所在地。丰田市出口港名古屋建有世界第一个最大容量5万辆的丰田汽车专用码头。琦玉的本田和静冈的铃木是日本摩托车生产基地。

5. 电子工业。电子工业是战后日本新兴的工业部门,是日本出口主导型高新技术产业之一。日本的电子工业是典型的“出口工业”,电子产品是日本在国际市场上竞争力最强、销量最大的王牌产品之一。带动日本电子工业发展的是半导体和集成电路,这两项产品的研制开发、生产应用和市场销售,一直处于世界领先地位。在世界十大半导体生产企业中,日本占3家,其中东芝居世界第三位。

消费电子产品、产业用电子产品和电子元器件是构成日本电子工业的三大部分。日本的消费电子产品在世界上一直占重要地位。

在产业用电子产品方面，日本的计算机生产比欧美晚约 10 年，但到 1968 年已超过德、英两国。20 世纪 70 年代以来，日本开始研制微电子计算机并大量生产。以微电子为中心的新技术、新产品，已广泛应用于日本的生产领域。日本还曾研制出全球运算速度最快的电脑，但其总体水平仍不如美国。2011 年，日本电子工业产值达 1 898.5 亿美元，次于美国，居世界第二位。当年，日本电子产品出口额约占电子工业产值的 66.24%，出口额居世界第三位，电子产品贸易顺差达 139.9 亿美元。日本电子工业分布较分散，从北海道到九州，从沿海到内地都有分布，但主要集中于关东和九州地区，九州岛已成为半导体工业基地，被称为日本的“硅岛”。

6. 造船工业。日本的造船工业发展历史悠久，是日本资本主义发展的先驱部门，也是推动日本工业化的动力。自 1956 年超过英国后，日本造船量一直居世界首位，20 世纪 80 年代造船量曾占世界的一半，日本被誉为“造船王国”，但 1993 年日本首次被韩国超过，随后，1999 年和 2000 年韩国又两次夺冠。21 世纪初期，日本造船业曾短期领先，但 2003 年后形成中、韩争冠局面。在 2008 年亚洲的造船订单中，日本占 16.8%，中国占 33.4%，韩国占 40.5%。船舶是日本重要的出口商品，其建造量的一半以上供出口。日本造船技术处于世界领先水平。近年来，日本船舶向大型化、高速化、专业化和自动化方向发展，且以建造商船和油轮为主，兼营各种专业船舶的制造。日本的主要造船企业有石川岛播磨重工、川崎重工、三井造船等。日本著名企业三菱重工便是以造船业起家的。日本的造船工业主要集中在太平洋带状工业区的港口。长崎造船厂历史悠久，是日本乃至世界最大的造船中心之一。

（三）农业

日本农业现代化水平极高，但农业在日本经济中不占重要地位。1990 年日本农业生产总值曾高达 1 356.44 亿美元，此后不断下降，2011 年仅为 940.59 亿美元。日本全国耕地面积为 477 万公顷，占土地面积的 12.6%。

1. 农业生产的特点。日本的农业生产有以下一些特点：

第一，农业规模小，个体经营在农业中占主要地位，即以小农经营为主，缺乏资本主义大农场。农户耕地面积少。2008 年，耕地面积不足 1 公顷的农户比例仍高达 56% 以上。

第二，农业经营中的专业农户减少，兼业农户增多，占 70% 左右。在兼业农户中，以农业为主的第一类兼业农户数量越来越少，到 2008 年只占 20%。另外，农业劳动力的老龄化明显。据统计，65 岁以上农业就业人口比重高达 60% 以上。

第三，农业集约化程度高，精耕细作，单产高。在每公顷粮食产量、每百公顷可耕地拥有的拖拉机数量上，日本都是世界上最高的国家之一。在品种改良、栽培技术、农药和肥料的合理使用及水利灌溉等方面，日本农业都达到了世界先进水平。自 2009 年以来，一种叫“植物工厂”的耕作方法正走俏日本。所谓“植物工厂”，就是在封闭环境下，对光、温度、湿度、二氧化碳浓度、水分和养分等进行全程控制的技术。其最大特点是不受气候影响，以及高效利用水和土地。产量可达自然栽培的 100 倍，用水量却不到 1%。2013 年，日本这种植物工厂已达 304 家。

第四，农产品自给率低，进口量不断增加。日本已成为世界上最大的农产品进口国之一。其中，水产品进口额最多，其次为肉类和谷物。从数量上看，则以谷物最多。日本是发达国家中粮食自给率（包括食用和饲料用）最低的国家，其自给率仅为 27%，其中小麦为 14%，大豆为 5%，猪肉为 50%，牛奶及奶制品为 67%，水产品为 50%，蔬菜为 79%，但稻米基本自给，为 95%。美国是日本进口食品的最大供应国，其次为中国以及澳大利亚、加拿大等国。

2. 主要农业部门。水稻、蔬菜和水果、畜牧业是日本农业的三大支柱。水稻是日本的主要粮食作物，播种面积为 167.3 万公顷。2009 年，日本粮食产量1 146万吨，其中稻米产量 1 059.3 万吨，占粮食产量的 92.4%，基本满足内需。日本的其他粮食作物有小麦、大麦、马铃薯等，但产量很少，每年需大量进口。20 世纪 60 年代以来，日本蔬菜种植面积和产量都有大幅增长；水果生产增长也很快，大体以关东平原为界,北部盛产温带水果,南部盛产亚热带水果。日本的蔬菜、水果及花卉均不能满足需要,每年需大量进口。日本茶叶产量较多,2009 年产量为 8.6 万吨,居世界前列。畜牧业是日本农业的主要部门之一,但其经营规模远落后于欧美各国。畜牧业产值约占农业总产值的 30%,其特点是实行工业化的经营和管理,以饲养奶牛、肉牛、猪和家禽为主,所用饲料靠进口。2009 年日本肉类产量 323.2 万吨,其中牛肉产量 51.7 万吨。日本的奶牛饲养地主要在北海道和本州岛的东北部地区,肉牛主要在南九州饲养,猪和家禽饲养地分布广泛。2007 年,日本有牛 439.8 万头,猪 975.9 万头。日本渔业发达,但不能满足多样化需求,仍需从国外进口。

(四)交通运输业

日本交通运输业非常发达,铁路、公路、海运、航空等形成密集的交通运输网络,与国内各地相通,并与世界各地保持密切往来。日本客运以铁路和公路为主,货运则以公路和海运为主。

1. 铁路。日本现有铁路总长 20 035 公里,铁路网密度为每千平方公里有铁路 72.5 公里,其中电气化铁路占 1/2 以上。日本是世界上铁路网最稠密的国家之一。日本主要铁路线多分布在沿海地带,且与海岸线平行。日本从 20 世纪 60 年代开始修建时速 210 公里的高速铁路,称“新干线”。已运营的新干线总长 2 000 公里。已通车的新干线有 4 条,即东海新干线(东京—福冈)、东北新干线(大宫—盛冈)、上越新干线(大宫—新潟)、山阳新干线(大阪—择多)。另外,日本全国有 9 个城市有地铁。2004 年铁路客运量 218.9 亿人次,货运量 5 219.5 万吨。

2. 公路。公路是日本交通运输的骨干,约承担国内货运总量的 90% 以上和客运的 70% 左右。日本公路四通八达,现有公路总长 123 万公里,平均每千平方公里有公路 3 275 公里。日本是世界上公路网最稠密的国家之一。日本高速公路长 8 289 公里。2004 年公路客运量 583.06 亿人次,货运量 50.76 亿吨。

3. 海运。日本海运业发达,2011 年拥有商船总吨位 2.098 亿吨，占世界船队比重为14.4%，次于希腊，居世界第二位。2004年日本海运货运量为10.08亿吨，内航货运量为4.06亿吨。日本以贸易立国，99%的对外贸易通过国际海运实现。日本主要的船公司有日本邮船、商船三井、川崎汽船、太平洋海运等。日本共有港口1 084个，其中，吞吐量1亿吨以上的港口有名古屋、横滨、千叶。

4. 航空。日本航空业发达，国际定期航班往返于世界各大主要机场。其中，以飞往东南亚和横越太平洋到北美西海岸的航线最重要。此外，还有经莫斯科到欧洲以及到大洋洲、太平洋岛屿和中国的航线。2004年，国际航线客运量1 827.4万人次，货运量132.35万吨；国内定期航线客运量9 376.4万人次，货运量87.92万吨。日本大型国际机场有五个，即成田、羽田、关西、大阪和中部国际机场。

（五）对外贸易

对外贸易在日本国民经济中占有特殊重要地位，日本一向把"贸易立国"作为国策，把"出口第一"作为自己的经济纲领，没有对外贸易，日本难以生存。2013年，日本商品贸易总额达到15 478.87亿美元，居世界第四位，其中出口7 149.97亿美元，占世界的3.8%，进口8 328.9亿美元，占世界的4.4%，外贸逆差1 178.93亿美元，创历史最高纪录。多年来，大量商品贸易顺差是日本外贸的特点，但2011年福岛核泄漏事故后，核电站停运，用于火力发电的液化气和石油进口猛增，加之日元贬值导致进口额上升，因此，日本已连续3年呈现外贸逆差，日本贸易立国模式正迎来重大拐点。日本也是世界上的服务贸易大国，2013年服务贸易总额3 048.31亿美元，其中出口1 438.9亿美元，占世界的3.6%，进口1 609.41亿美元，占世界的3.70%，服务贸易逆差170.51亿美元。

日本出口产品以制成品为主，主要出口汽车及零部件、计算机、集成电路、机床、钢材、船舶、化工产品，其中机电产品约占出口的34%，运动设备占23.7%，贱金属及制品占9.4%。在进口商品中，石油、液化天然气、煤炭、铁矿石等能源、资源类产品比重很大，其次为机电产品、化工产品等。其中,矿产品约占进口总额的37.8%,机电产品占19.1%。日本的对外贸易伙伴有较大变化。从出口贸易看,过去日本过分依赖北美市场,如1999年美国占其出口市场的30.7%和进口的21.7%。目前,已形成亚洲、北美、西欧三大出口市场的格局。特别是亚洲在日本进出口贸易中的地位越来越重要。2008年,对亚洲出口占54%,进口占62.6%。2013年,日本与美国的贸易额为2 022.2亿美元,其中出口1 324.3亿美元,占日本总出口的18.5%;与中国的贸易额为3 098.8亿美元,其中出口1 291.2亿美元,占18.1%。美国再度成为日本最大的出口市场。同年,自美国进口为697.9亿美元,占总进口的8.4%;从中国进口1 807.6亿美元,占21.7%,中国仍是日本最大的进口来源地;从澳大利亚进口509.9亿美元,占6.1%。在日美贸易中,日本有626.3亿美元顺差。在日中贸易中,日本有516.4亿美元逆差。中东地区是日本石油和液化天然气的主要供应地,与中东的贸易,日本有巨额贸易逆差。此外,韩国,东盟国家,欧盟中的德、法、英、意等都是日本重要的贸易伙伴。

1972年中日外交关系恢复后,经贸关系发展迅速。2002年,双边贸易额首次突破千亿美元,达1 018.89亿美元。2008年,中国超过美国,成为日本最大贸易伙伴。2013年,中日双边贸易额达3 098.8亿美元,占日本外贸总额的1/5以上,中国仍是日本第一大贸易伙伴和第一大进口来源地(从中国进口占21.7%)和第二大出口市场。日本对中国主要出口机电产品,如汽车及零部件、机器人、通用机械等,约占39.4%;医药等化工产品,占11.6%;钢材及贱金属及其制品,占11.1%。日本自中国进口以机电产品最多,约占44.3%,纺织品及原料占16.2%,此外还进口家具、玩具等轻工产品。2010年中日双边贸易额为2 978亿美元,日本顺差556亿美元;2011年双边贸易额为3 429亿美元,日本顺差463亿美元;2012年双边贸易额为3 336亿美元,日本逆差442亿美元;2013年双边贸易额为3 098.8亿美元,日本逆差516.4亿美元。日本是中国的主要贸易伙伴,至2003年,日本曾连续11年为中国第一大贸易伙伴,2004

年被欧盟和美国超过，退居第三位，2011 年被东盟超过，现在日本是中国第四大贸易伙伴。

第四节　东盟国家

东盟全称"东南亚国家联盟"，是东南亚国家组成的一个区域性国际政治经济合作组织，于 1967 年成立。现成员有新加坡、马来西亚、泰国、印度尼西亚、菲律宾、文莱、越南、缅甸、老挝及柬埔寨 10 国，总面积 447.74 万平方公里，总人口约 5.96 亿(2011 年)，国内生产总值 2.5 万亿美元。2007 年东盟重申，在 2015 年之前建成囊括 10 个成员共 6 亿人口的东盟经济共同体(AEC)。AEC 建成后，东盟将形成统一的市场和生产基地，货物、服务、投资和技术工人将在东盟成员之间自由流动，资本往来更自由，东盟将在全球性竞争中更富有竞争力。东盟地区是世界上海外华人和华侨最集中的地区。

东盟地处亚洲、大洋洲和太平洋、印度洋的十字路口地带，南侧的马六甲海峡是连接太平洋与印度洋的捷径，是东西方交通的咽喉，战略位置十分重要。东盟地区地形多高原、山地，平原分布在河流沿岸。气候属热带、亚热带类型，大部分地区炎热多雨。自然资源丰富，矿物资源中以石油、天然气和锡最重要。植物资源种类丰富、产量大，很多产品产量名列世界前茅。例如，泰国、马来西亚和印度尼西亚三国橡胶产量占世界的 65%，东盟地区的棕榈、椰子、金鸡纳、胡椒等的产量均居世界第一位。

20 世纪 60 年代东盟成立后，各国经济面貌开始改观，特别是 80 年代后，东盟经济得到快速发展，成为世界上经济最具活力、发展速度最快的地区之一。加工工业的发展是东盟各国工业化进程的出发点和中心，以电子、炼油、汽车、木材加工、石油化工等部门的发展最为突出。目前，东盟已是世界著名的电子工业生产基地和重要的炼油中心。近年来，泰国、马来西亚、越南的钢铁工业、汽车工业，印度尼西亚的汽车、纺织业的发展都很迅速。东盟也是世界上重要的能源出口地区之一，印度尼西亚、马来西亚和文莱是东盟的石油出口国,并且是世界出口液化气最多的地区。农业是绝大多数东盟国家的基本生产部门,农产品的商品率高。东盟是世界上出口稻米最多的地区,出口量约占国际市场的1/2,同时也是热带作物最大的供应地之一。

东盟的对外贸易发展迅速,2012年商品贸易总额24 750亿美元,其中出口12 540亿美元,占世界的7%,进口12 210亿美元,占世界的6.73%,外贸顺差330亿美元。在东盟的出口货物中,制成品占60%以上,主要有半导体、集成电路、汽车、家具以及石油、液化气、棕油、稻米、硬木等;进口商品为机械及零部件、半成品和粮食等。东盟是一个巨大的新兴市场,是亚太区域经济一体化的中心。东盟已同中、日、韩、澳、新西兰和印度签订了自由贸易协议。过去东盟的贸易是以欧美为主,美国1993年在东盟的对外贸易中占比近20%,如今已降至10%以下,现在转为以东亚地区为主,尤其以中、日、韩三国为主。2010年,东盟10国内部贸易占25%,中国占11%,日本占10%,欧盟占10%,美国占9%,其他国家和地区占35%。美国十分重视东盟这一巨大市场,它是美国企业全球战略的重要组成部分,是美国通向全球的十字路口。目前东盟是美国第四大出口市场,是美国在亚洲最大的投资目的地,两者互为第四大贸易伙伴。

中国是东盟的近邻,双方有悠久的通商历史。中国与东盟间贸易结构具有很强的互补性。2010年双边贸易额2 928亿美元,其中东盟对中国出口1 546亿美元,自中国进口1 382亿美元,东盟顺差164亿美元。长期以来在与东盟的贸易中,中国是贸易逆差方,2012年有所转变,当年双边贸易额4 001亿美元,其中东盟对中国出口1 958.21亿美元,自中国进口2 042.72亿美元,中国顺差约85亿美元。2013年双边贸易额达4 436亿美元。2009年以后,中国连续五年成为东盟最大贸易伙伴、第一大出口市场、第一大进口来源地。中国台湾是东盟的第六大贸易伙伴,中国香港是东盟的第七大贸易伙伴。中国内地、中国台湾、中国香港三者与东盟的贸易额合占东盟贸易总额的20.6%,而作为东盟第三和第四大贸易伙伴的欧盟和美国与东盟的贸易额之和为17.9%。现在东盟是中国的第三大贸易伙伴、第四大出口市场和第二大进口来源地。过去10年，双方贸易最强劲的增长来自制造业产品的贸易，其中计算机、机械电器设备的增幅最大。东盟10国都已成为中国公民的旅游目的地，并成为中国工程承包和劳务合作的重要市场。

一、泰国

泰国位于亚洲南部的中南半岛南部，面积51.3万平方公里，人口6 701万(2013年)。泰国是一个多民族国家，全国有30多个民族。其中，泰族人口占总人口的40.6%，其余为老挝族、华族、马来族、高棉族等。佛教是泰国的国教，居民中94%以上信奉佛教。城市人口比重为31%。

泰国地势北高南低，从西北向东南逐渐倾斜，平原和低地占全国总面积的50%以上，主要分布在中部湄南河两岸。平原的北、东、西三面，地势急剧升高为山地和高原。泰国大部分地区属热带季风气候区。矿产资源以钾盐和锡最多，其他矿产有钨、锑、锰、铅、锌、褐煤等。森林覆盖率25%。多榕树、樟树、金鸡纳树以及柚木等珍贵树种。桂树是泰国国树。

(一)经济概述

2009年在泰国经济中，农业产值占国内生产总值的8.9%，工业占39%，服务业占52.1%。泰国是一个开放型国家，外贸出口、外国投资、旅游业被称为泰国经济发展的三大支柱。20世纪80年代后，泰国的经济发展速度加快，经济结构发生了明显变化，泰国正在从农业国向农业－工业国方向迈进。目前，泰国是世界重要的农产品出口国，也是东盟最大的汽车生产国。2013年，泰国国内生产总值为3 872.52亿美元，在东盟国家中仅次于印度尼西亚，居第二位。

(二)工矿业

在东盟国家中，泰国的工业化水平较高。20世纪70年代，泰国确立了发展出口产品的战略目标，此后建立了一批规模较大的工厂。

目前,泰国最重要的工业部门是汽车制造、纺织品和服装、电子工业和珠宝业等。

泰国汽车制造业起步于20世纪60年代,现已成为泰国经济的第一大支柱产业,总产值约占泰国国内生产总值的10%,相关出口额占泰国出口总额的50%左右。泰国已跻身世界十大汽车生产国行列。2013年,泰国汽车产量达253.26万辆,居世界第九位。泰国汽车业发展的一大优势是拥有完整的汽车配套产业链,以及经验丰富的产业工人。其生产以汽车装配和零部件制造为主。泰国几乎汇集了世界上所有著名汽车品牌生产商,包括丰田、铃木,以及奔驰、宝马、福特、通用等;拥有东南亚地区最好的14条汽车生产线,其中日本8条,欧美6条。泰国从1987年开始出口汽车,主要出口到亚、欧、美各地。目前泰国汽车产量约占东南亚地区的40%左右,是东盟最大的汽车生产基地。泰国目前最大的汽车公司是与日本合资的西蒂莲汽车公司。纺织品和服装是泰国传统的工业部门,有9 000多家中小企业,雇员约120万人。泰国服装产品在国际市场上具有较强竞争力,是出口创汇的主要产品之一,2007年出口额70.41亿美元,占出口总额的40%,名列十大创汇产业之一。目前,泰国正致力于将自己建成东南亚地区服装业中心。

泰国的电子工业发展始于20世纪60年代,80年代后发展迅速。现泰国有5家生产集成电路的公司,电脑和消费电子产品产量在不断增加。2013年,电子工业产值达316.56亿美元。2011年进出口贸易额为625亿美元,其中出口358亿美元,进口267亿美元,外贸顺差91亿美元。泰国是东南亚地区最大的家电生产基地之一,也是世界上最大的硬盘出口国之一,其生产的集成电路主要出口到美国。

泰国珠宝业是在20世纪70年代后迅速发展起来并打入国际市场的。泰国的红宝石和绿玉早已著称于世,红宝石的出口已占国际市场的80%。日本和美国是泰国红宝石的主要买主,对其出口量约占泰国出口总量的50%。

采矿业是泰国的传统产业,以锡、钨最重要。泰国锡储量约120

万吨，占世界的12.2%，产销量均居世界第三位。钨矿储量3万吨，2001年产量50吨，居世界第九位。2006年，泰国粗钢产量550万吨。泰国水泥产量大，泰国是世界主要水泥出口国之一。2007年生产水泥3 566.8万吨，出口1 864.72万吨。泰国能源不自给，至2011年，对能源进口的依赖度为60%。泰国近70%的电力能源来自天然气，泰国的天然气又大量依赖进口。泰国已决定大力发展绿色能源，目前包括水电在内的可再生能源在泰国电力结构中比重为7.7%。

（三）农业

农业在泰国国民经济中占有重要地位，农产品是泰国出口创汇的重要产品。农业人口约1 430.6万，占就业人口的39.5%。近年来，泰国的农业生产面貌发生了巨大变化，农业结构日趋多样化，历史上形成的单一稻米经济局面已得到扭转。农业生产技术水平和农产品产量均大幅提高。

种植业是农业中最重要部门，主要农作物有水稻、玉米、木薯、橡胶、甘蔗、烟草、棉、棕榈等。

2009年，泰国粮食产量为3 628万吨，其中稻米产量3 146.3万吨，占粮食产量的86.7%。泰国是世界第五大稻米生产国。泰国水稻种植历史悠久，米质优良，它的“茉莉香米”更是久负盛名，在国际市场上享有盛誉。泰国是目前世界上重要的大米出口国，2012年出口大米690万吨，比2011年减少35%。大米主要出口到非洲的尼日利亚、塞内加尔、南非，以及邻国印度尼西亚和菲律宾等。泰国稻田遍布全国各地，以湄南河两岸最多。玉米是泰国20世纪50年代后才迅速发展起来的作物，2009年产量461.6万吨。木薯是泰国重要的农作物之一，其产量和出口量均居世界前列。

橡胶和甘蔗是泰国传统的经济作物，橡胶是仅次于稻米的重要农作物，其产量和出口量均居世界第一位。2007年橡胶产量302.2万吨，当年出口量296.6万吨，占产量的98%。90%的橡胶产于泰国南部，约有600万人依赖橡胶产业为生。2001年，泰国甘蔗产量达4 907万吨,居世界第五位。泰国是世界第三大蔗糖出口国。2009年泰国茶叶产量6.37万吨,也居世界前列。此外,泰国还是著名的“水果王国”。泰国的蔬菜和花卉种植也是其国内重要产业。目前,泰国是亚洲第一大鲜花出口国,出口鲜花以兰花为主。首都曼谷有亚洲最大的兰花培育中心和独一无二的兰花图书馆。

泰国先后建立了一批拥有先进设备和技术的家禽饲养和水产养殖业,其冻虾和冻鸡出口量已跻身世界前列。泰国是全球十大渔业国之一和世界主要渔业产品的供应国之一。泰国是世界上最大的虾出口国,2007年,泰国出口冻虾和鲜虾19.74万吨,出口市场以美国为主,其次为日本,再次为亚洲其他国家和欧盟。泰国鸡肉出口量不断增长,2001年出口量达40万吨,主要出口欧盟、日本等。

(四)对外贸易

对外贸易在泰国国民经济中占重要地位,出口贸易已成为推动其经济发展的重要动力。2013年泰国对外商品贸易总额4 734.2亿美元,其中出口2 251.8亿美元,进口2 482.4亿美元,逆差230.6亿美元。泰国出口商品以制成品为主。出口最多的前三类商品是集成电路、计算机及零部件、汽车及零部件,此外还有纺织品和服装、珠宝、大米、糖、渔业产品等。进口商品以机电产品、能源和矿产品、贱金属及其制品为主,此三类的进口额约占进口总额的60%。2012年泰国进口钢材达1 360万吨,泰国是全球仅次于美国的第三大钢材进口国。泰国对进口石油依赖度高达90%。2013年,泰国服务贸易总额1 135亿美元,其中出口586亿美元,进口549亿美元。日本和美国是泰国的两大贸易伙伴,亚洲国家,特别是东盟国家是泰国主要的贸易伙伴,其中新加坡是泰国在东盟的最大贸易对象国,二者贸易额约占泰国与东盟贸易总额的60%,其次为马来西亚,占25%。

中泰两国于1975年建交,贸易往来发展很快。2013年中泰双边贸易额为644.4亿美元,其中泰国出口268.3亿美元,自中国进口376.1亿美元,泰国逆差107.8亿美元。泰国主要向中国出口塑料、橡胶、电子产品、木薯、大米、水果等,中国已成为泰国第一大水果出口市场。泰国从中国进口机电产品、化工产品、钢铁、纺织品、化肥等。目前中国是泰国第一大出口市场、第二大进口来源地,已超过日本(泰日贸易额为 629 亿美元),成为泰国第一大贸易伙伴。

二、马来西亚

马来西亚位于亚洲东南部,地处亚洲、大洋洲和太平洋、印度洋相会的十字中心,地理位置十分重要,总面积 33.02 万平方公里。全境被中国南海分隔成东、西两部分,简称东马和西马。西马位于马来半岛南部;东马位于加里曼丹岛北部,由沙捞越和沙巴地区组成。西马地势北高南低。西马中部为山地,大汉山海拔 2 190 米,为西马最高峰,这一带是世界上最大的锡矿带。东马地势以一条西南—东北走向的山脉为中心,从内地向沿海降低。马来西亚终年高温多雨,属热带雨林气候区。马来西亚自然资源丰富,锡储量居世界前列,并有石油、天然气、铁、金、钨、铝等。森林覆盖率为 58.7%,人均 0.73 公顷林地。总人口 2 972 万(2013 年),城市人口占 57%。马来西亚全国有 30 多个民族,以马来族人(占 61.5%)和华人(占 23.6%)为最多,印度人占 7%。伊斯兰教为马来西亚国教,并有佛教、印度教、基督教等。马来语为马来西亚国语,但英语使用相当普遍。

(一)经济概述

马来西亚经济发展水平居东盟国家前列,2013 年国内生产总值为 3 124.35 亿美元。马来西亚原是以种植业和林业为主的农业国家,20 世纪 70 年代后开始实施新经济政策,80 年代后又提出“以工业为主,经济多元化,面向出口”的战略方针,使经济迅速发展,经济面貌大为改观。目前,马来西亚是东盟国家中除新加坡和文莱外,人均国民生产总值最高的国家。2010 年,在马来西亚国内生产总值中,制造业占 27.9%,农业占 7.3%,服务业占 64.8%,在出口产品中,制成品的比例已升至4/5。

（二）工矿业

目前，制造业是马来西亚最大的生产部门，是马来西亚经济的重要支柱，从业人数181.2万，主要生产部门有电子工业、汽车、纺织品和服装、木材工业、炼油、采油和食品业等。其中，以电子工业最突出。马来西亚已成为世界九大电子信息产品生产国之一，以加工组装生产家电产品以及半导体晶体管、集成电路、计算机芯片等为主。2011年，马来西亚电子工业产值达616.84亿美元，居世界第五位，以彩电和音响产品为多，是世界消费电子产品的重要产地。2011年，马来西亚电子产品贸易额达1 106.46亿美元，其中出口711.12亿美元，进口395.34亿美元，顺差315.78亿美元。

马来西亚的汽车工业发展迅速，2013年汽车产量59.6万辆，在东盟国家中，次于泰国、印度尼西亚，居第三位。马来西亚国家汽车公司与日本的“三菱”“大发”合作生产的普腾系列轿车及灵鹿轿车已成为国内汽车市场上的主体，所产汽车除内销外，还出口到包括欧洲国家在内的近30个国家。目前，马来西亚正在设计能烧棕榈油的发动机。马来西亚是世界上最大的木材和木材制品出口国之一，家具制造业已成为一个现代化的产业。马来西亚已成为世界级的家具生产大国，有3/4以上的产品销往美国、日本、新加坡、英国等国。马来西亚纺织品和服装业发展迅速，是其第五大出口创汇行业。2007年粗钢产量610万吨，居东南亚国家之首。

马来西亚的采矿业以石油、天然气和锡为主。石油和天然气的开采业是其重要的经济部门之一。马来西亚原油和天然气储量分别为55亿桶和2.38万亿立方米。2009年，原油产量3 320万吨，年产天然气627亿立方米。所产天然气除本国消费外，一半以上出口到日本、韩国和中国台湾。采锡业有数百年历史，锡矿开采在世界上占重要地位，产量和出口量均居世界前列，马来西亚被称为“锡的王国”。锡矿在西马分布很广，但主要集中在西海岸和中央山地之间的“胶锡地带”。该带内不仅盛产橡胶和锡，还集中了马来西亚大部分的城镇和人口，创造了全国国民生产总值的大部分，堪称国家之精华所在。此外,马来西亚还蕴藏有铁、金、钨、煤、铝土矿等。

(三)农业

农业是马来西亚重要的经济部门之一,全国耕地面积414万公顷,占可耕地面积的30.6%。农业生产以种植油棕、橡胶、可可等经济作物为主。粮食生产长期不能自给,2009年粮食产量255万吨,其中稻米产量251万吨,粮食自给率约70%。

马来西亚是世界上最大的棕榈油生产国和出口国之一。自1966年起,棕榈油产量占世界第一位。棕榈油是马来西亚第一大出口农产品,棕榈油生产已发展成为其主要的经济支柱之一。2009年,马来西亚共生产棕榈油1 975.2万吨,次于印度尼西亚,居世界第二位。棕榈油及相关产品已出口到世界上100多个国家和地区。棕榈油主要分布在西马地区。历史上,橡胶生产曾是马来西亚的经济命脉。自1912年以来,马来西亚一直是世界上最大的橡胶生产国和出口国,但自1991年之后,先后被泰国、印度尼西亚等国超过。2010年,马来西亚天然橡胶产量为93.9万吨,位居世界第三位。所产橡胶绝大部分出口到德国、中国和美国,本国所需则从泰国大量进口。可可和胡椒生产在世界上也占重要地位。马来西亚林业发达,热带硬木资源丰富,沙捞越是木材主要产地,产量约占全国的1/2。2010年原木产量17 313万立方米。马来西亚是世界最大的锯木出口国和第二大原木出口国。由于地处热带,马来西亚盛产各种热带水果和花卉,除供应国内市场外,还大量出口。

(四)对外贸易

对外贸易在马来西亚经济中占重要地位,2013年商品外贸总额4 345.2亿美元,其中出口2 284亿美元,进口2 061.2亿美元,外贸顺差222.8亿美元。其对外贸易规模在东盟国家中次于新加坡和泰国,居第三位。1998年以后,连续16年实现外贸顺差。马来西亚出口商品以制成品为主,主要出口电子产品、半导体、集成电路、计算机及零部件,以及原油、液化气、棕榈油、木材产品和天然橡胶等。在

2013 年的进口商品中，制成品占 85%，主要是机械和运输设备、食品、粮食等。其中，电子产品约占出口总额的近 1/3，是马来西亚外贸顺差的主要来源。服务贸易总额 831.37 亿美元，其中出口 392.01 亿美元，进口 439.36 亿美元，服务贸易逆差 47.35 亿美元。旅游业是马来西亚服务出口的重要收入来源。2011 年旅游收入 123 亿美元，主要贸易伙伴有新加坡、日本、美国、泰国、印度尼西亚以及中国台湾等。

中马于 1974 年建交，是东盟国家中与中国建交最早的国家。此后贸易不断发展。2013 年双边贸易额达 645.1 亿美元，其中马来西亚对中国出口 307.7 亿美元，占马出口的 13.5%，自中国进口 337.4 亿美元，占马进口的 16.4%，马来西亚外贸逆差为 29.7 亿美元。目前，马来西亚主要向中国出口机电产品、矿物燃料、动植物油、橡胶及其制品等，自中国进口机电产品、机械设备、钢铜及其制品、光学仪器等。目前中国是马来西亚最大的贸易伙伴，是仅次于新加坡的马来西亚第二大出口市场和第一大进口来源地。机电产品占马来西亚对中国出口的 55%，占自中国进口的 53%。

三、新加坡

新加坡位于亚洲东南部的马来半岛南端，是连接太平洋与印度洋的重要通道，素有“远东十字路口”之称，是国际海运交通中心，总面积 0.7 万平方公里，总人口 541 万(2013 年)。

(一)经济概述

新加坡国土面积狭小，资源贫乏，但地处交通要道，地理环境优越。新加坡独立后，从本国实际出发，着眼于国际市场，制定了有利于吸引外资的法律和政策，大力吸引外资和技术，实现工业化。20 世纪 60 年代初期，新加坡主要发展进口替代、劳动密集型产业；60 年代中至 70 年代中，发展出口导向型工业；70 年代后，引进技术密集型产业，以电子工业为先导，经济开始起飞；80 年代后引进高科技产业，增强产品在国际市场上的竞争力，配合国际分工，扩大向外投资。经过30多年的努力,新加坡不但摆脱了贫穷落后的面貌,而且成为新兴的工业化国家。目前,其经济发展水平已达到发达国家标准,2013年国内生产总值为2 979.41亿美元。新加坡经济是外贸驱动型经济,其发展高度依赖美、日、欧盟和周边市场,外贸总额远远高于国内生产总值。从20世纪90年代,新加坡进一步推动知识经济的发展,现已形成电子、化工、生物医药、物流、金融等多个产业群。新加坡已成为世界上重要的制造业中心、金融中心、航运中心和贸易中心。

(二)工业

2011年,工业(含制造业、建筑业)产值占新加坡国内生产总值的25.1%,电子、化工、精密工程是新加坡工业的三大支柱。其中,电子工业在新加坡制造业中占主导地位。2011年,电子工业产值609.87亿美元。2012年,电子工业产值占制造业产值的27.5%,雇员占制造业雇员总数的19%,主要生产电子计算机、雷达、导航设备、高级集成电路、彩电等。如今,全球1/10的初制晶园和40%的电脑磁盘驱动器来自新加坡。2011年,电子产品贸易总额2 158.79亿美元。其中:出口额1 227.79亿美元,占世界出口总额的9.5%,居世界第四位;进口额931亿美元,居世界第五位。随着越来越多的国际高新技术和电子公司将其重心转移至此,新加坡逐渐成为东南亚的"硅谷"。

化工及石油化工是新加坡制造业核心产业之一。2012年其产值占制造业的33.9%,从业人员约2.5万人。该工业部门的发展与裕廊岛的开发密切相关。目前裕廊工业园区是一个囊括了众多世界领先能源和化工公司的综合基地。新加坡是仅次于美国休斯敦、荷兰鹿特丹的世界第三大炼油中心,是亚洲石油工业的重要枢纽。原油主要来自中东、马来西亚、文莱等地。石油产品70%供出口。现在,新加坡是东南亚地区的炼油中心、分销中心和储存中心。2013年,燃料油销售量超过4 200万吨。

精密机械工业是航空航天、电子、医疗设备等多种产业的基础。

目前该行业已发展到拥有2 700家精密工程业公司。2012年该部门产值约占制造业的11.2%，从业人员约占就业人员的22%。

新加坡的船舶修造业历史悠久，包括修船、造船和海上钻井平台建造三个部分。新加坡还是世界上重要的生产钻井平台的国家之一。

此外，新加坡的工业部门还有生物医药、食品加工业等。

（三）农业及其他

新加坡是个城市型国家，农业人口仅占0.1%，农业在国内生产总值中的比重不到0.1%，除了少量家禽饲养、园艺种植、水产养殖、蔬菜种植外，新加坡所需的蔬菜、水果等农产品大量依赖外国供应，粮食则全部靠进口。其主要进口来源地为马来西亚等东盟国家、中国、以色列、澳大利亚、西欧国家、美国、加拿大等。新加坡的花卉和观赏鱼可出口。新加坡金融业发达，已成为亚洲最大的金融中心之一。

（四）交通运输业

交通运输业在新加坡国民经济中占重要地位。新加坡位于欧亚大陆最南端，地处东南亚中心，扼守太平洋与印度洋的咽喉，是马六甲海峡的出入口和连接欧、亚、非、大洋四大洲的海上交通枢纽，也是国际海运主要的转运中心。至2013年，全球共有130多家航运公司在此设立总部。新加坡从事航运的人数达17万人。航运业产值约占新加坡国内生产总值的7.3%。新加坡1819年开港，港口水深港阔，十分优良，现有7个现代化港口码头，有200多条航线与全球600多个港口连接。2012年年底共有登记船只4 232艘，总吨位6 501.8万吨。2012年客运量达637.4万人次，货物吞吐量5.4亿吨，集装箱3 164.9万标箱。新加坡全球第一大集装箱港口的地位，在2010年被上海取代，但新加坡仍是世界最繁忙的港口之一，是亚洲主要转口枢纽之一，是世界最大燃油供应港。2013年，新加坡仍是全球干散货运量最大的港口，全年干散货吞吐量4 250万吨。

新加坡航空业发达,与60个国家的188座城市辟有航线。在新加坡,81家来自不同国家的航空公司平均每周提供4 400班次定期飞行服务。2012年航班起降16.7万架次,客运4 993万人次,货运181.1万吨。新加坡于20世纪80年代建造的樟宜机场,是国际著名的航空站,曾连续多年被评为世界最佳机场。

新加坡陆上运输以公路和铁路为主。公路总长3 426公里,其中高速公路长161公里。铁路则以地铁为主,全长109.4公里,另有一条长28.8公里的轻轨与各铁路相连。

(五)对外贸易

对外贸易是新加坡国民经济的重要支柱,对外贸易总额占国内生产总值的262.9%。2013年商品外贸总额7 834.9亿美元,占新加坡国内生产总值的26.3%,其中出口4 103.7亿美元,进口3 731.2亿美元,外贸顺差372.5亿美元。新加坡外贸额占东盟贸易总额的31.8%,是东盟国家中对外贸易规模最大的国家。新加坡是自由港,除对汽车、烟、酒及石油产品收取进口关税外,其他货物可自由进出,不构筑关税壁垒,也不实行外汇管制和国内价格控制。新加坡出口(含转口)的商品中,机电产品约占43.9%,矿产品约占17.4%,还包括化工产品等;进口的商品中,机电产品约占38.5%,矿产品约占31.7%,还包括机械设备、农产品等。在东盟国家中,新加坡是服务贸易最发达的国家。2013年,新加坡服务贸易总额2 388.78亿美元,其中出口1 165.57亿美元,进口1 223.21亿美元,逆差57.64亿美元。2013年,中国超过马来西亚,成为新加坡最大贸易伙伴。新加坡的其他贸易伙伴还有欧盟、印度尼西亚、美国、日本和中国香港等。

新加坡与中国于1990年建交,2013年双边贸易额为920.6亿美元,其中,新加坡出口483.7亿美元,从中国进口436.9亿美元,新加坡顺差46.8亿美元。新加坡已成为中国在东盟的第一大贸易伙伴。新加坡主要向中国出口机电产品,约占出口的55.2%,矿产品,约占11.6%,此外还出口塑料、橡胶和化工产品等。新加坡从中国进口的商品中，机电产品占61.2%，矿产品占9.7%。中国是新加坡机电产品进口的最大来源地。新加坡是东盟国家中最早与中国开展经济合作的国家，是中国外资的重要来源地。新加坡在中国的重要投资项目有苏州工业园、天津中新生态城等。

四、印度尼西亚

印度尼西亚位于亚洲东南部，地跨赤道，国土由散布在太平洋和印度洋间的13 667个大小岛屿组成，总面积190.44万平方公里，是东盟面积最大的国家。其海域附近的马六甲海峡、龙目海峡、巽他海峡、望加锡海峡皆为连接太平洋与印度洋的重要通道，具有重要的战略地位。2013年，印度尼西亚总人口为2.5亿，居世界第四位。城市人口比重为39%。人口分布不均：爪哇岛面积不到全国面积的7%，却聚集了全国人口的65%；中苏门答腊某些地区和伊里安查亚省内地，平均每平方公里不到1人。印度尼西亚是多民族国家，全国有100多个民族，以爪哇族人（占45%）、巽他族人（占14%）为最多。居民中约88%信奉伊斯兰教，印度尼西亚是世界上最大的伊斯兰教国家。

印度尼西亚地形以山地和高原为主，仅沿海地区有平原。境内多火山、地震，是世界上活火山最多的国家之一。气候炎热多雨，大部分地区属热带雨林气候区。2005年森林面积1.27亿公顷，覆盖率53%。自然资源丰富，主要矿产有石油、天然气、锡、镍、铀、铜等。热带植物资源种类繁多，有“热带宝岛”之称。

（一）经济概述

20世纪60年代中期以来，印度尼西亚实行对外开放政策，其后相继施行了几个五年计划，使工农业生产迅速发展。2013年，国内生产总值8 683.46亿美元，是东盟经济规模最大的国家。经济结构也发生了显著变化。在国内生产总值中，农业占比从1986年的24.2%降至2006年的14.1%，工业为27.8%。国内各地生产力发展水平有明显差异。爪哇岛是全国经济发展水平最高的地区，农业发达，集中了全国65%以上的稻谷和90%以上的甘蔗、烟草、木棉、奎宁等的生产，其制造业产值占全国的83%。苏门答腊是全国热带作物的主要产区和最大的石油产区，也是重要的锡产区，制造业约占全国的10%。加里曼丹林业发达，也是全国最大的液化天然气出口区。其他地区大多开发不足，经济较落后。此外，印度尼西亚旅游业较发达，旅游业是国内第三大外汇来源，2009年旅游收入为63亿美元。

（二）农业

农业是印度尼西亚的主要经济部门，是国民收入的主要来源之一，农业人口占全国人口的59%。全国耕地面积8 000万公顷。农业生产以种植业为主，粮食生产在农业中占重要地位，水稻是主要粮食作物，此外还有玉米、大豆等。2008年印度尼西亚实现了粮食自给。2009年，粮食产量8 203万吨，居世界第五位。其中，稻谷产量6 439.9万吨，仅次于中国和印度，居世界第三位，稻谷产量占其粮食产量的78.5%。2011年，玉米产量1 802万吨，大豆产量92.7万吨。经济作物大部分在种植园种植，种植面积仅次于巴西。2009年，棕榈油产量2 020万吨。印度尼西亚是世界最大的棕榈油生产国和出口国，产量的70%以上用于出口。橡胶产量260万吨，居世界前列。咖啡产量70.5万吨，居世界第四位。可可产量75.8万吨，居世界第二位。茶叶产量16万吨。其他如胡椒、丁香、椰子、奎宁等产品的出口均居世界前列。这些产品的出口，是印度尼西亚外汇收入的重要来源。

印度尼西亚全境森林茂密，林地面积1.37亿公顷，覆盖率达60%，是世界上热带森林面积最大的国家之一，盛产铁木、樟木、檀木等各种珍贵木材。2008年，原木产量806万立方米。印度尼西亚自2002年起禁止原木出口，是世界最大的胶合板生产国和出口国。畜牧业不发达，畜产品多需进口。2004年有牛1 150万头、羊2 170万只、猪640万头，肉类总产量213万吨。渔业资源丰富，2008年捕捞量520万吨，2011年渔业产品出口额32亿美元。

（三）工矿业

近年来，印度尼西亚工矿业发展较快，在国民经济中的地位大为提高。印度尼西亚自然资源丰富，石油、天然气、煤、铁、锡、铝土矿、镍、钢、金、银等很重要，其中镍储量居世界第四位，铝土矿居世界第七位。目前，采矿业产值约占国内生产总值的10%。在工业中，以石油和天然气的开采最重要，它们已成为印度尼西亚国民经济的重要支柱和外汇收入的主要来源之一。在东盟地区，印度尼西亚是唯一的欧佩克成员方，它既是东盟最大的原油生产国，也是东盟最大的原油产品出口国及最大的液化天然气产品出口国。印度尼西亚已探明的石油储量为97亿桶，2011年日均产量89.8万桶。印度尼西亚的原油含硫低，有“芳香原油”的美名，在国际市场上有较强竞争力。天然气工业是印度尼西亚20世纪70年代迅速发展起来的一个新兴工业部门，已探明天然气储量约4.8万亿立方米。2011年印度尼西亚天然气产量711亿立方米，占世界总产量的2%，居世界第十位。印度尼西亚是东盟地区天然气出口大国。2012年通过管道出口天然气102亿立方米，并出口液化天然气250亿立方米。煤炭资源丰富，已探明储量193亿吨。2012年煤炭产量2.37亿吨油当量，占世界总产量的6.2%，居世界第五位。印度尼西亚不仅是东盟，也是世界能源生产大国，2011年，各种能源产量达39 457万吨油当量，居世界第七位。每年除本国消费外，尚有近90%的能源可供出口。但随着经济不断发展，对石油需求大量增加，印度尼西亚逐渐从石油出口国变成石油净进口国，但是煤炭和天然气仍大量出口。除能源之外，2009年，印度尼西亚产锡4.6万吨，镍580.2万吨，金127.7吨，银326.7吨，2012年产铁矿石1 400万吨。

制造业是印度尼西亚最大的生产部门，占国内生产总值的25.2%。纺织工业是印度尼西亚的传统工业部门，也是其第二大经济产业，为其提供大量就业机会。纺织品和服装是印度尼西亚的主要出口产品，2011年出口创汇100亿美元。机械工业中较重要的有汽车装配业。汽车工业中外资比重大,其中日资约占 90%。2013 年,印度尼西亚汽车产量 120.8 万辆,是东盟国家中仅次于泰国的第二汽车生产大国,汽车除内销外,尚有少量出口。钢铁工业规模较小,2007 年全国粗钢产量 390 万吨,最大钢铁企业是克拉卡陶公司。印度尼西亚国内钢材年需求量约 400 万吨,每年均需进口。近几年,化学工业特别是石油化工发展迅速,已成为印度尼西亚出口创汇的主要工业部门之一。另外,电子工业、食品业、造船业、家具制造业、机械设备制造业等均具有一定规模。藤制品产量更占全球的 85%。电子工业较为突出,2011 年产值为 108.6 亿美元,出口额为 96.2 亿美元。

(四)对外贸易

2013 年,印度尼西亚对外商品贸易总额为 3 691.78 亿美元,其中出口 1 825.48 亿美元,进口 1 866.3 亿美元,外贸逆差 40.82 亿美元。印度尼西亚主要出口纺织品和服装、石油和天然气、木材制品、棕榈油、橡胶及制品、电子产品、纸浆等,主要进口机械设备、汽车及零部件、发电设备、钢材、棉花、食品、活畜等。目前印度尼西亚是世界第三大钢材进口国,2012 年进口钢材 1 130 万吨。印度尼西亚是全球第五大棉花进口国。印度尼西亚的主要出口市场是日本、中国、新加坡、美国、印度和韩国,主要进口来源地是中国、新加坡、日本、马来西亚、韩国和泰国。2013 年服务贸易总额 557.9 亿美元,其中出口 219.48 亿美元,进口 338.42 亿美元,逆差 118.94 亿美元。

印度尼西亚与中国于 1950 年建交,后于 1967 年断交,于 1990 年恢复外交关系。1985 年后双方贸易发展较快,2013 年双边贸易额 524.5 亿美元,其中印度尼西亚出口 226 亿美元,自中国进口 298.5 亿美元,印度尼西亚逆差 72.5 亿美元。印度尼西亚向中国主要出口矿物燃料、矿砂、棕榈油、橡胶及制品、木浆及纸浆等,上述五类产品约占印度尼西亚出口的 75% 以上;自中国主要进口机械设备、机电产品、钢材、贱金属及制品、有机化学产品等,上述五类产品约占印度尼西亚进口的 60%。目前中国是印度尼西亚第二大出口市场(仅次于日本)和第一大进口来源地。

第五节 印 度

印度位于亚洲南部，地处南亚次大陆中心，东南濒临孟加拉湾，西南临阿拉伯海，南面是印度洋，为亚洲、非洲、欧洲和大洋洲的海上交通要道，地理位置十分重要。印度总面积为298万平方公里。

一、自然条件

印度全境大部分地区地势低平，平原面积广大，按其地表结构可分成三种地形，即北部高山区、中部平原区和南部高原区。北部山区地处喜马拉雅山南麓，成为隔绝亚洲内陆与次大陆的一道天然屏障，平均海拔4 000米以上，这里水力和森林资源十分丰富。印度森林覆盖率20.6%。中部是恒河平原区，恒河平原是世界上最大的冲积平原之一，约占印度面积的1/4，是印度的主要农业区和产粮区。南部是德干高原，地势西高东低，约占全国面积的1/2，这里资源丰富，主要有优质铁矿、锰矿和云母矿，是世界著名的矿产区之一，又是印度最重要的植棉区。印度气候属典型的热带季风气候，除北部高山区经常下雪、气温较低外，各地气候温和，降水丰沛，对农业生产十分有利。

二、居民

2013年，印度人口12.52亿，仅次于中国，居世界第二位。城市人口比重为28%。人口密度为每平方公里380人。人口分布极不均衡，以恒河平原东部人口最稠密，而在气候干燥的西北部、北部高山区及德干高原中部则人烟稀少。印度是亚洲的“民族大熔炉”，人种繁多，民族复杂，全国共有大小民族几十个，其中有十个民族人数较多。印度斯坦族是印度最大的民族，其人口约占全国的46.3%；其次为泰卢固族，约占8.6%；此外还有孟加拉族、马拉地族、泰米尔族等，分别占7%左右。印度语言复杂，全国使用的语言有180多种，基本分属四大语系，即印欧语系、达罗毗荼语系、汉藏语系和南亚语系。目前,全国官方用语为印地语和英语。印度宗教信仰复杂,居民主要信仰印度教、伊斯兰教、基督教、锡克教等。

三、经济概况

印度独立后,经济获得较快发展,经济结构也发生了较大变化。特别是 20 世纪 90 年代后,印度实行了大规模经济改革,大力引进外资,成效显著。2013 年,印度国内生产总值达 1.868 万亿美元,居世界第十位。印度土地资源辽阔,可耕地面积约占国土面积的近一半,加上属热带季风气候区,土壤肥沃,很多地区可实现粮食一年两熟或三熟。印度矿产资源十分丰富,已开采的矿产有 84 种,很多矿产产量位居世界前列。印度是仅次于中国的人口超级大国,25 岁以下人口占总人口的 50% 以上,为经济发展提供了足够劳动力。经过独立后多年的发展,特别是 20 世纪 90 年代实施经济自由化以来,印度大力引进外资,在各个领域都取得了令人瞩目的成就。目前,在印度国内生产总值中,农业占 13.7%,工业占 18.9%,服务业占 67.4%。

(一)工业

经过多年发展,印度已建成包括能源、钢铁、机械、电子、汽车、航空、纺织、食品等在内的相当完整的工业体系。工业结构从独立初期的以轻纺工业为主,转变为重工业、国防工业、尖端工业和轻工业齐全的结构。机械设备自给率已达 90% 以上。许多工业品和技术已打入国际市场。印度不仅能制造和生产各种机床、精密仪器、汽车、飞机、远洋海轮和电子产品,而且在原子能、航天、计算机等尖端工业领域也达到了世界先进水平,并且具备生产核武器的能力。

1. 能源工业。印度是能源消费大国。2011 年能源消费量 5.59 亿吨油当量,次于中、美、俄,居世界第四位。印度一次性能源的消费构成是:石油 29.03%,天然气 9.84%,煤 52.87%,核能 1.31%,水电 5.33%,可再生能源 1.65%。印度是能源短缺(除煤炭外)国家,能源自给率约 85%。印度煤炭资源丰富,2009 年探明储量 586 亿吨,居世界第五位。2012 年印度煤炭产量 2.29 亿吨油当量,占世界的6%，次于中、美、澳，居世界第四位。煤炭仍是当今印度消费的主要能源，其消费量约占世界的8%，仅次于中、美，居世界第三位。石油和天然气探明储量仅分别为58亿桶和1.12万亿立方米。印度是世界石油消费大国，2012年日消费石油365万桶，占世界的4.2%，次于美、中、日，居世界第四位。当年日进口石油达387万桶，占世界总进口量的7%，石油从中东、非洲等国进口。印度石油主要产在孟买近海地区，海上石油占75%。天然气自给率约3/4，主要产在印度西海岸达布蒂天然气田。印度目前的发电装机容量仍以火电为主，水电次之。2012年水电消费总量为2 620万吨油当量，占世界总消费量的3.1%，居世界第七位。印度有16座核电站，约占发电总量的2.8%。印度正积极开发风能、太阳能等可再生能源。

2. 钢铁工业。印度发展钢铁工业的资源条件十分优越，有丰富的铁、锰、铬、石灰石等矿藏。其中，铁矿储量约134.6亿吨，居世界前列，且多高品位矿石，除满足内需外，还大量出口。近年来，印度钢铁工业发展很快，2011年粗钢产量7 130万吨，居亚洲第三位、世界第四位。印度也是世界铁矿石的主要生产国和出口国，2011年出口铁矿石达7 900万吨，居世界第三位。印度有7家大钢铁企业，其中的5家企业已达成协议，组建“印度钢铁联合公司”，以提高竞争力并合作开发高附加值产品。塔塔钢铁公司是印度最大的私营钢铁公司，创建于1907年，炼钢生产能力2011～2012年已达1.24亿吨。印度的钢铁工业分布相对集中，绝大部分聚集在东起加尔各答，西至比莱，横贯焦达讷格布尔高原的狭长带状地域。

3. 机械工业是印度最大的工业部门，其产值约占工业总产值的30%，是印度发展最快、最有成效的工业部门之一。机器设备自给率已从独立初期的10%上升到90%以上。目前印度的通用机械设备、电机电器、汽车、摩托车、机车等均能自给，某些产品还大量出口。自20世纪90年代日本铃木公司与印度国营的马鲁蒂公司合资后，马鲁蒂工业公司成为印度最大的汽车制造商。印度汽车工业发展迅速。现在印度国内行驶的汽车，约有一半是印度马鲁蒂工业公司生产的。2013年，印度汽车产量达388多万辆，居世界第六位，其中轿车约占 3/4,商用车占 1/4。塔塔汽车公司已成为世界十大商用车制造商之一,产品远销世界 50 多个国家和地区。汽车工业主要集中在孟买、加尔各答和班加罗尔等城市。印度的飞机制造业以班加罗尔为基地,造船业主要集中在孟买、加尔各答等沿海港口城市。

4. 纺织工业。纺织工业是印度的传统工业部门,是印度历史最悠久和就业人数最多的工业部门,印度的工业史就是从纺织工业开始的。印度也是世界上重要的纺织品生产大国和出口大国。纺织工业门类齐全,包括棉、毛、麻、丝以及服装等,以棉纺最突出。2005～2006 年,印度棉布产量 495.77 亿米,居世界第一位。印度向美国出口的劳动布数量巨大。印度不仅出口成品,也出口原料。2011 年印度出口棉花 217.7 万吨,占世界棉花出口总量的 23%,次于美国,是世界第二大棉花出口大国。同时印度也是世界第二大棉花消费国,约占世界棉花消费总量的 18.9%。印度是世界最大的棉纱出口国。其棉纺业的规模居世界第二位。纺织业主要分布在以德干高原为主体的棉花产区,孟买和艾哈迈达巴德是印度最大的棉纺织中心。以黄麻为原料的麻纺业在世界上享有盛誉,规模居世界之首,主要集中在加尔各答附近的胡格利河沿岸地区。

5. 电子工业。电子工业是印度新兴的工业部门,以软件业的开发为中心,软件产业已成为印度增长速度和出口增幅最大的产业之一。20 世纪 80 年代以后,印度的软件业发展迅速,印度已成为世界性软件开发基地。1990 年,印度软件产业年产值仅 1.9 亿美元,到 2008 年已增至 521 亿美元。2009 年虽受金融危机影响,其产业规模仍达 588 亿美元。美国是印度信息技术出口的最大市场,对美国的出口额占印度出口总额的 62%,欧洲占 23.5%。印度生产的计算机软件产品已远销世界 70 多个国家,印度成为仅次于美国的全球第二大软件生产国。印度软件产品的 2/3 来自软件技术园。印度在东南部地区兴建了 15 个高科技园,以发展电脑软件工业。其中,最重要的是班加罗尔,这里建有全国第一个计算机软件技术园区,其产业规模占印度产业总规模的 36%,其产品出口额占印度软件出口总额的 26.3%,吸引了海内外 400 多家著名的信息技术公司来此驻扎。这里已成为印度的“计算机软件王国”，被誉为亚洲的“硅谷”。近年来，印度开始培植硬件企业，外国计算机和手机等零部件公司相继进入印度，印度将成为其软件开发和硬件制造的重要基地之一。

此外，印度化学工业发达，是世界第三大氮肥生产国，化工产品出口连年增加。印度制药业发达，产值约占全球的10%。印度是全球最大的钻石切割和琢磨中心，钻石加工稳居世界之首。2000年，印度钻石出口值达61.7亿美元，占世界市场的55%，主要出口到美国和中国香港等地。印度矿产资源十分丰富，有100多种矿藏。采矿业发达，云母产量居世界第一位，其出口量约占世界总出口量的60%，重晶石产量居世界第三位，此外还开采铁、锰、铝土矿、锌、铜和铅等。

（二）农业

自古以来，印度以农立国，农业在国民经济中起着举足轻重的作用。2012～2013年，农业产值占国内生产总值的13.7%，吸收了52%的就业人口，农产品出口占整个出口的10%。农村人口比重更高达72%。20世纪六七十年代，印度先后进行了发展农牧业生产的“绿色革命”和“白色革命”，80年代中后期又开展了向江河湖海要食品的“蓝色革命”，使印度的农牧渔业生产获得了很大发展，实现了粮食自给有余，并有部分粮食出口。

印度全国现有耕地面积约1.6亿公顷，占世界可耕地面积的1/10，其中灌溉面积占40%。种植业是主要生产部门，且以粮食作物为主。印度是世界最大产粮国之一。2011～2012年印度粮食产量2.59亿吨，创历史纪录，次于中国、美国，居世界第三位。水稻和小麦是印度的主要粮食作物，其次为玉米和豆类。2011～2012年，印度稻谷产量为1.053万吨，居世界第二位，出口稻米800万吨，居世界第一位，小麦产量为8 590万吨，粗粮产量为4 208万吨。经济作物在农业中占重要地位，是印度出口创汇的重要产品。经济作物品种多、产量大，主要有棉花、黄麻、甘蔗、花生、芝麻、茶、烟草、腰果等，其产量均居世界前列。其中，2011～2012年棉花产量3 409万包，次于中、美,居世界第三位。印度是世界最大的茶叶和麻生产国。印度茶叶产量为 84.5 万吨,占世界茶叶产量的 26.4%;黄麻产量 1 161 万包,占世界的 60% 以上;花生、芝麻、甘蔗等的产量均居世界第二位;腰果产量占世界的 40%。印度热带、亚热带水果产量大,杧果产量占世界的 60% 以上。

印度畜牧业产值约占农业总产值的 1/4,以养牛业最重要。印度有牛 28 320 万头,居世界第一位。自开展"白色革命"以来,牛奶产量迅速增加,2010 ~ 2011 年产量达 1.2 亿吨。印度现已成为世界第一大产奶国,牛奶不仅自给,还可出口。但肉类产量不多,2009 年为 440 万吨,其中牛肉 213.3 万吨。印度海岸线长5 560公里,海洋渔业资源丰富,2010 ~ 2011 年渔类产品产量达 829 万吨。水产品养殖业也发展很快。

(三)交通运输业

印度交通运输业比较发达,发展历史悠久,是亚洲最早开通铁路的国家,也是 20 世纪 90 年代前铁路里程最长的亚洲国家。

1. 铁路。印度铁路有 160 多年的发展史。2011 年,铁路总长 6.52 万公里,次于美、俄、中,居世界第四位。现约 28% 的线路实现了电气化。铁路轨距不统一,由宽轨、米轨、窄轨组成。2008 ~ 2009 年,铁路货运量 8.33 亿吨,约占全部货运量的 40%。目前,铁路在国内运营中的地位呈下降趋势。

2. 公路。2011 年,公路总长 330 万公里,约承担国内 85% 的客运和 70% 的货运。印度公路里程居世界第三位,但国家级公路仅 5.77 万公里,尚不足 2%,有 1/2 道路未铺路面。印度至今有 1/3 以上村庄无道路相连,约 70% 的公路不能全天候通车。

3. 水路。印度内河航道长 1.45 万公里,其中 3 700 公里可通航,但仅 900 公里可通轮船。内河航运在国内运输中不占重要地位,但海运较发达。印度地处亚、大、非三大洲海上交通要道,发展海运有优越的地理条件。印度沿海有约 200 个小港口和 11 个大港口。其中:6 个大港口在西部,以孟买为最大;5 个大港口在东部,以加尔各答为最大。印度有远洋船只 1 158 艘，有约 1 045 万吨位。海运承担 95% 的对外贸易货运量，港口吞吐量为 4. 56 亿吨。

4. 航空。印度有 14 家航空公司，国内机场有 345 个，国际机场有 6 个，以德里机场为最大。

（四）对外贸易

2013 年，印度商品进出口贸易总额为 7 800. 3 亿美元，其中出口 3 124. 7亿美元，进口 4 675. 6 亿美元，逆差 1 550. 9 亿美元。印度贸易已连续多年存在逆差。印度主要出口机械产品、纺织品和服装、电脑软件、珠宝、茶、黄麻、大米等农产品，以及海产品、铁矿石等。其中纺织品和服装是印度传统出口产品，21 世纪初其出口额曾占印度出口总额的 1/4，现虽下降，但仍占 10% 左右。同时，电脑软件的出口增长迅速。印度主要进口商品有石油及其制品、机械设备、化肥、钢铁、纸制品、宝石及贵金属制品、植物油等。其中，石油及其制品为进口最大宗产品，2008 ~2009 年曾占进口总额的 1/3 以上。2013 年，印度服务贸易总额为 2 793. 6 亿美元，其中出口1 525. 9亿美元，进口 1 267. 7 亿美元，服务贸易顺差 258. 2 亿美元。在印度，劳务输出占重要地位，每年有近百万人在中东国家从事医务、建筑、保姆等工作，年创汇近 40 亿美元。旅游业也是重要创汇来源。印度与全球 140 多个国家和地区有贸易往来。印度的主要贸易伙伴有美国、阿联酋、中国、沙特阿拉伯、新加坡、瑞士等。近年来，印度与非洲国家贸易发展迅速，1991 年双边贸易额仅 9. 65 亿美元，2008 年已达 350 亿美元。

印中两国于 1950 年建交，20 世纪双方贸易发展迟缓，2000 年贸易额仅 29. 4 亿美元。进入 21 世纪后双边贸易发展迅速，2013 年贸易额 659. 5 亿美元，其中印度对中国出口 145. 6 亿美元，自中国进口 513. 9 亿美元。印度向中国主要出口铁矿石、铬矿石、铜及制品、棉、茶、咖啡、珠宝、电脑软件、电子零部件、有机化学制品等，从中国进口电机、电气、音像设备及附件、机械、医药、石化产品、轻工产品等。目前中国是印度第三大出口市场和第一大进口来源地。从贸易额看，中国已超过美国成为印度第一大贸易伙伴。

第六节 西亚石油输出国

西亚位于亚洲西部，地处亚、欧、非三大洲交界地带，三面环海，自古以来就是连接东西方的国际交通要道。著名的“丝绸之路”就是横贯西亚，将中国与欧洲连接起来的一条商业通道。随着苏伊士运河的开通和波斯湾地区丰富石油资源的开采，西亚地区在世界经济中的地位进一步提高。目前，中东地区的第二条大运河“阿拉伯运河”已在迪拜开工，它将成为继苏伊士运河之后的中东地区的又一条重要运河。

西亚地势北高南低，地形以高原为主，气候炎热干燥，大多属热带、亚热带干旱、半干旱气候，内陆地区有大片沙漠。西亚总面积720多万平方公里，总人口3.39亿(2006年)，共有20个国家。民族和宗教信仰复杂，其中绝大多数是阿拉伯民族，信奉伊斯兰教。按各国不同的经济特点，可将其分为石油输出国和非石油输出国。前者包括伊朗、伊拉克、科威特、沙特阿拉伯、巴林、卡塔尔、阿联酋和阿曼8个波斯湾沿岸国家，人口1.48亿，占西亚总人口的43.65%，其余则为非石油输出国。

西亚是世界上石油储量和产量最大又最为集中的地区，被称为“世界石油宝库”，已探明石油储量达6 610亿桶。石油储量的99%集中在波斯湾及其周围100万平方公里的地区内。西亚面积仅占全球陆地面积的4.8%，却拥有全球石油探明储量的65%。这里不仅石油藏量丰富，而且油田规模大。目前，世界上储量超过50亿桶的大油田有20个，海湾地区就占14个。而且，这里地质情况良好，石油自喷率高，运输方便，油田距海岸均不超过100公里。西亚地区也是世界上天然气资源最丰富的地区之一，探明储量约占世界的1/3。

海湾各国均采取以石油和天然气开采为主的经济结构，石油和天然气的出口额在各国出口总额中占77%以上，是各国外汇收入的主要来源。20世纪70年代以来，这些国家开始改变单一经济结构，向多元化发展，并取得了明显效果。石油提炼、石油化工、冶金、汽车装配等制造业，以及农业生产都得到了迅速发展，特别是炼铝工业发展水平最高。铝的生产已成为该地区重要的生产部门，巴林的“阿勒巴”公司是海湾地区最大的炼铝企业。同时，农业生产获得惊人进展，农产品自给率已大大提高。

随着海湾地区石油产量和出口量的增加，它在世界进出口贸易中的地位日益提高。2004 年，海湾 8 国外贸总额 6 462.15 亿美元（占中东地区的 67.3%），其中出口 4 454.04 亿美元，进口 2 008.11 亿美元，顺差 2 445.93 亿美元。石油和天然气是大宗出口商品，在对外贸易中一直存在大量顺差，大量石油美元的流入，对促进该地区经济发展起到了巨大推动作用。日本、美国和西欧国家是海湾国家的主要贸易伙伴，海湾国家是其石油的主要供应者。近年来，海湾各国同中国的贸易持续发展，向中国主要出口石油和化肥等，从中国进口纺织品和服装、鞋、玩具、机械和电子产品等。随着中国原油消费量的不断增加，中国日益成为海湾国家石油出口的重要市场。

1981 年 5 月，海湾一些国家成立了海湾合作委员会，成员包括阿联酋、阿曼、巴林、卡塔尔、科威特和沙特阿拉伯。这 6 国的石油储量约 4 740 亿桶，占世界的 45.8%；天然气储量约 25.6 万亿立方米，占世界的 16.5%。

一、伊朗

伊朗位于亚洲西部，南濒波斯湾及阿曼湾，地处西亚心脏地带，是东亚诸国通往西亚和欧洲的陆上必经之路，有“欧亚陆桥”之称。伊朗总面积 163.6 万平方公里，人口 7 745 万（2013 年）。伊朗是多民族国家，其中波斯人约占全国人口的 51%，阿塞拜疆人约占 20%，库尔德人约占 10%。伊斯兰教是其国教。

伊朗的地形以高原山地为主，国土大部分是高原，海拔 900～1 500米。中部偏东是中央高原，地势平坦，四周为高山环绕，成一巨大的内流盆地，使中央高原气候非常干燥。西南部有全国最大的山脉——扎格罗斯山。北部黑海沿岸和南部波斯湾沿岸是平原。伊朗气候的特点是大陆性强,降水稀少。西部山地属亚热带半湿润山地气候。矿产资源有石油、天然气、煤、铁、铜、锌、铬、黄金等。

(一)经济概述

第二次世界大战后,伊朗采取各种措施,大力促进民族经济的发展,先后建立了一批现代化的化工、钢铁、机械、食品等工业,逐步改变了原有的畸形经济结构。2013 年,伊朗国内生产总值3 689亿美元,是西亚国家中经济发展水平最高的国家之一。伊朗的制造业和农业不管是规模还是相对比重,都在西亚占重要地位。在伊朗国内生产总值中,工业占 37.7%,农业占 10.4%,服务业占 51.8%。

(二)工业

伊朗是西亚工业比较发达的国家,2008 年,工矿业在国内生产总值中占 41.9%。工业以石油开采业为主,并有炼油、纺织、钢铁、机械制药、汽车等工业。石油工业是伊朗的经济命脉,约贡献外汇收入的 80% 以上。伊朗石油和天然气资源非常丰富,已探明石油储量 1 548 亿桶,次于委内瑞拉、沙特阿拉伯,居世界第三位;天然气储量 33.7 万亿立方米,占世界的 17%,仅次于俄罗斯,居世界第二位。2012 年伊朗日产原油 368 万桶,占世界的 4.2%,是世界第四大产油国和欧佩克第二大产油国和重要石油出口国。伊朗有两大石油产区,即扎格罗斯西南山麓丘陵平原和波斯湾海域。前者即著名的胡齐斯坦产油区,产量占全国的绝大部分,除少量供本国炼油厂加工外,大部分经输油管汇集到哈尔克岛出口。哈尔克岛距陆地 40 公里,20 世纪 60 年代后建成为巨大的深水石油输出港,为世界第二大石油输出港。波斯湾海域有十几个海底油田,所产原油大多就近从海上出口。伊朗在阿巴丹附近的波斯湾沿岸又发现了一座大型油田,其储量约为 260 亿桶。2012 年伊朗天然气产量 1 605 亿立方米,占世界的 4.8%,次于美、俄,居世界第三位。

伊朗是西亚最早建立炼油工业的国家,早在 1913 年就建成了阿巴丹炼油厂,是中东地区第三大石化产品生产国。伊朗现有炼油厂

20多座,产品除满足本国需要外,尚有部分出口。伊朗的石油化工多以天然气为原料,虽起步晚,但发展快、规模大,主要生产化肥等,并大量出口。此外,伊朗还有丰富的锌(储量2.3亿吨,居世界第一位)、铜(储量30亿吨,约占世界的5%,居世界第三位)、铁(储量47亿吨),以及铬、金等,已开采矿产50多种。

纺织工业是伊朗仅次于石油工业的第二大工业部门,全国有10%的人从事与此有关的工作。伊斯法罕是最大的棉、毛纺织中心。地毯生产工业是伊朗的传统手工业,有上千年历史,手工地毯出口约占全球地毯出口的40%。地毯出口占伊朗非石油产品出口的20%~25%。全国每年羊毛产量的90%和蚕丝产量的99%用于地毯编织。伊朗于20世纪70年代后建立了钢铁工业、汽车工业及电子工业等。2008年粗钢产量1 580万吨。伊朗是中东地区第二大钢铁生产国。2012年出口铁矿石1 800万吨,居世界第十位。伊朗是中东地区铝锭的主要生产国。2013年,汽车产量74.4万辆。伊朗是中东地区第一大汽车生产国。霍德鲁汽车制造厂是中东地区最大的汽车厂。采矿业发达,已开采矿产有50多种,铁、钢、锌、铬、铝等储量均居世界前列,其中锌矿储量2.3亿吨,居世界第一位。

(三)农业

农业在伊朗国民经济中占重要地位,其产值约占国内生产总值的10.4%,农业人口占全国人口的43%。耕地面积1 800万公顷,主要集中在里海和波斯湾沿岸的平原地带。农业生产以种植业为主,主要种植小麦、大麦、水稻、甜菜、棉花、烟草等。2010年粮食产量约2 226万吨,其中小麦产量1 502.8万吨,稻米产量229万吨。但粮食不能自给,每年需大量进口。畜牧业产值约占农业产值的1/3,主要饲养山羊和绵羊。2010年羊的总数为7 950万只,其数量仅次于土耳其,居西亚第二位。里海沿岸渔业发达,是鱼子酱的集散地及加工中心。波斯湾沿岸是沙丁鱼罐头的加工中心。鱼子酱和鲟鱼是主要出口的水产品。珍珠产量也很高。此外,伊朗是中东海湾地区主要的干鲜果品的生产和出口国,如石榴、开心果、椰枣、核桃等都名列世界前茅。伊朗是世界最大的藏红花生产国。伊朗的开心果年产量30万吨,占全球的38%。

(四)对外贸易

对外贸易在伊朗经济中占重要地位,其贸易额约占国内生产总值的35.5%。2013年,伊朗对外商品贸易总额1 310亿美元,其中出口820亿美元,进口490亿美元,外贸顺差330亿美元。出口货物主要是石油、天然气、石油制品、地毯、矿石、鱼子酱等,进口货物有运输工具、钢铁、医药、食品、粮食等。2011年在伊朗出口中,中国占21%,其次为印度,占9.3%,日本占8.9%,土耳其占8.7%。在伊朗进口中,阿联酋占30.6%,中国占17.2%,韩国占8.4%,德国占4.8%。

中伊贸易始于1950年。伊朗和中国于1971年建交,此后双边贸易有了进一步发展。2011年贸易额达451.1亿美元,其中伊朗出口303.5亿美元,自中国进口147.6亿美元,伊朗顺差155.9亿美元。伊朗向中国主要出口原油、钢材、初级塑料、铬矿石、干果等。2013年中国购买了伊朗出口石油的约50%,是伊朗石油的最大买家。伊朗自中国进口机械设备、轻工产品、五金矿产、纺织品和服装、仪器仪表、粮油食品等。

二、伊拉克

伊拉克位于西亚中央,东南临波斯湾,面积为44.18万平方公里,人口3 377万(2013年),其中79%为阿拉伯人,20%为库尔德人,另有少量伊朗人、土耳其人等。居民中有96%信奉伊斯兰教。

伊拉克地形以平原为主。美索不达米亚平原占全国面积的1/2以上,是伊拉克农业最发达的地区。西部为荒漠,东北部是山地。全国大部分地区属热带沙漠气候区,雨量稀少。东北部属地中海式气候区,降水较多。矿产资源丰富,最重要的是石油,其次是天然气,此外还有磷酸盐、硫黄、铜和石膏等。

(一)经济概述

20世纪70年代以来,伊拉克致力于经济开发,实行了一系列经济发展计划,使其经济迅速发展,成为阿拉伯国家中的一个经济大国。两伊战争前,石油最高年产量曾达1.75亿吨。经过两伊战争和海湾战争后,伊拉克经济基本陷于瘫痪。目前,伊拉克的经济正在重建之中。2013年国内生产总值2 228.8亿美元。

(二)工矿业

伊拉克是世界石油的主要生产国和出口国之一。多年来,石油工业一直是伊拉克的经济命脉,是国民经济的重要支柱产业。石油工业产值占国内生产总值的75%以上和政府财政收入的95%。1927年,在伊拉克北部基尔库克附近发现了石油,使伊拉克成为海湾地区最早从事原油商业性生产的国家。直到10年后的1937年,在沙特阿拉伯和其他国家才发现原油。伊拉克已探明石油储量为1 431亿桶,居世界第四位;天然气储量3.17万亿立方米,占世界的2.4%,居世界第十位。2011年,伊拉克平均日产原油280万桶,占世界产量的3.4%,居世界第九位,平均日出口原油220万桶。主要油田有北部油田和南部油田。北部是以基尔库克为中心的老油田。南部油田位于两河流域的三角地带,是新油区,主要有鲁迈拉、北鲁迈拉、祖拜尔、布祖干等油田。南部油田约占全国石油储量的2/3以上。原油输送管道有三条。北部有两条:一条是从基尔库克到地中海沿岸港口多特纳尔港的管道,全长1 005公里,其中在土耳其境内长660公里;另一条是伊土间的管道,全长980公里。南部有一条,是从鲁迈拉油田到巴士拉,穿越沙特阿拉伯到红海东岸延布港的管道。主要港口有乌姆盖斯尔(这是伊拉克唯一的深水港),以及法奥、贝克尔等。其中,贝克尔是世界上最大的现代化海上油港之一。

伊拉克的炼油工业和石油化工业也较发达。全国有巴士拉、鲁迈拉等八大炼油厂。石油化工是新兴工业部门,主要产品有乙烯、聚氯乙烯及化肥等。采掘业中,硫黄、磷矿产量较多。此外,20世纪70年代后,伊拉克的钢铁、汽车装配、机械、纺织、食品等工业都发展很快,并已初具规模。水泥工业发展迅猛,产品不仅自给,且有出口。

(三)农业

伊拉克是西亚地区传统的农业国,农业人口占全国人口的1/3。20世纪50年代后,因石油工业的发展,农业在国民经济中的地位日趋下降。全国可耕地面积800万公顷,已耕地面积400~500公顷。农业用地主要集中在底格里斯河与幼发拉底河之间的美索不达米亚平原。农业生产以种植业为主,主要农作物有小麦、大麦、水稻、棉花、椰枣等。2009年粮食产量351万吨,粮食不自给,每年约进口30%的粮食。2008年进口小麦300万吨。伊拉克过去被称为“椰枣树之国”,几个世纪以来一直是世界唯一的椰枣出口国,到1972年为止,伊拉克的椰枣出口占世界椰枣出口的80%。但经历两次海湾战争,椰枣树遭受巨大损害。现全国有椰枣树3 300万株,平均年产椰枣630万吨。

(四)对外贸易

2013年,伊拉克商品外贸总额1 505.5亿美元,其中出口895.5亿美元,进口610亿美元,外贸顺差285.5亿美元。伊拉克主要出口原油、天然气、水泥、化肥、椰枣、硫黄等,主要进口机械、轻工制品、粮食、食品、医药等。伊拉克的主要贸易伙伴是美国、意大利、西班牙、加拿大、中国及西亚国家。美国、澳大利亚是伊拉克主要的粮食供应国,中国等亚洲国家则是其纺织品、大米、茶等产品的供应国。

伊拉克与中国于1958年建交,此后贸易不断发展,2007年双边贸易额14.5亿美元,其中伊对中国出口7.6亿美元,自中国进口6.9亿美元。2011年双边贸易额提高为142.7亿美元。2011年中国从伊拉克进口石油1 377.4万吨,2013年增至2 351.54万吨。

三、科威特

科威特位于阿拉伯半岛的东北部，东临波斯湾，面积1.78万平方公里，人口337万(2013年)。居民中有95%信奉伊斯兰教。境内大部分地区为沙漠、平原。气候属炎热干燥的热带沙漠气候。

(一)工矿业

2013年，科威特国内生产总值1 832亿美元。科威特是单一资源经济国家，石油是其最大、最重要的资源。石油工业是科威特国民经济的支柱产业，是其财政收入的主要来源。石油产值占国内生产总值的45%，科威特的一切几乎都与石油有着直接或间接的联系。2009年，科威特已探明石油储量约101.5亿桶，居世界第五位；探明天然气储量1.78万亿立方米。2012年，石油日产量为313万桶，占世界产量的3.7%，居世界第八位。科威特石油生产条件非常优越，主要是资源集中，全部石油集中于11个油田内，其中布尔甘油田储量占全国储量的4/5。同时，油田埋藏浅，全部为自喷井；油田距海近，运输十分方便。所有这些都降低了石油的生产成本。海湾地区石油的生产成本是世界最低的，而科威特的生产成本只有海湾地区平均成本的1/3。科威特的石油绝大部分出口到远东和西欧。国内最大油港是米纳艾哈迈迪，可接纳50万吨级巨轮。

科威特的炼油和石油化工有较大发展，全国拥有5座炼油厂，年加工原油能力3 780万吨，并有两座天然气液化厂。目前，科威特的工业正向多元化发展，主要工业部门有纺织品和服装、食品、化肥、水泥等。全国96%的用水来自海水淡化。全国可耕地面积14 182公顷，无土培植面积约156公顷。农业产值在国内生产总值中的比重为0.5%。农业生产以蔬菜生产为主。农牧业从业人口1.4万，主要为外籍人。渔业资源丰富，盛产大虾。农牧产品靠进口。

1999年，科威特在舒维赫港建立了自由贸易区，这是海湾地区唯一由私营企业经营管理的自由区。其中第二期工程“未来之区”，或称科威特微缩“硅谷”，将成为科威特电子贸易和信息技术中心。

(二)对外贸易

对外贸易在科威特经济中占重要地位。2013 年,科威特商品进出口贸易总额为 1 445 亿美元,其中出口 1 150 亿美元,进口 295 亿美元,外贸顺差 855 亿美元。主要出口商品是石油和化工产品,石油出口额占出口总额的 95%。进口商品中的 80% 是制成品,主要是汽车、机械、运输设备等,食品和粮食占 17%。主要贸易伙伴是美国、日本、英国、新加坡等。

科中于 1935 年开始民间贸易,于 1971 年建交,双方贸易发展顺利。2011 年双边贸易额 113.2 亿美元,其中科威特向中国出口 91.9 亿美元,自中国进口 21.3 亿美元,科威特顺差 70.6 亿美元。科威特 2012 年向中国出口石油 1 049 万吨,从中国进口机电产品、纺织品等。

四、沙特阿拉伯

沙特阿拉伯位于亚洲西南部的阿拉伯半岛上,东临波斯湾,西濒红海,面积 225 万平方公里,人口 2 883 万(2013 年),绝大多数是阿拉伯人,另有外籍侨民 460 多万。伊斯兰教是其国教。沙特阿拉伯境内地势西高东低,地形以高原为主,东北部波斯湾沿岸为狭窄平原。沙漠面积约占全国面积的 1/2,以东南部鲁卜哈利沙漠为最大。境内无常年性河流。全境大部分地区属热带沙漠气候区。石油和天然气资源极丰富,并有金、铜、铁、锡、铝等矿产。

(一)经济概述

沙特阿拉伯地广人稀,土地瘠薄,历史上曾是个落后的农牧业国家,粮食和食品自给率极低。自 1938 年美孚石油公司在达曼地区打出第一口油井,1939 年开始出口石油后,其经济发生了重大变化,石油收入成为国家财政收入的主要来源。沙特阿拉伯是世界上石油储量多、产量最多、出口最多的当代超级石油王国。从 20 世纪 80 年代起,沙特阿拉伯调整经济发展战略,改变单一的经济结构,重视工、农、矿业生产，逐步实现国家经济的多样化和现代化。2013年，国内生产总值为7 452.73亿美元。沙特阿拉伯是西亚地区经济实力最强大的国家。在产业结构中，农业占3%，工业占59%，服务业占38%。

（二）工矿业

2009年，沙特阿拉伯已探明石油储量为2 620亿桶，仅次于委内瑞拉，居全球第二位。石油和石化工业是国家的经济命脉。石油收入占国家财政收入的75%以上，石油出口额占出口总额的90%以上。沙特阿拉伯全国有80多个油气田，已投产50多个。这些油气田普遍具有本质结构简单、面积大、油质好、埋藏浅、开发成本低等特点，而且分布集中，绝大部分在波斯湾沿岸及其海域约12万平方公里的地区。其中，盖瓦尔、塞法尼耶是世界最大海上油田，阿人凯克和贝利均为世界级油田。2012年，沙特阿拉伯原油日产量达1 153万桶，占世界日产量的13.3%。其原油产量的80%直接出口。多年来，沙特阿拉伯既是全球最大的石油生产国，又是全球最大的石油出口国。亚洲是其最大的市场，对亚洲的出口量占沙特阿拉伯出口总量的40%左右。其中，以日本、韩国和中国内地、中国台湾省的进口量最多，美国居次，西欧各国居第三位。石油出口主要是通过拉斯塔努拉油港和贾伊麦油港，以及横贯东西的两条各长1 200公里的管道运输，原油可由位于红海沿岸的延布港直接出口到欧洲和非洲。天然气2009年探明储量7.92万亿立方米，占世界的4.1%，居全球第五位，多为石油伴生；2012年产量1 028亿立方米，大部分出口。

沙特阿拉伯的石油加工工业有较大发展，日炼油能力160万吨左右。石油化工是新兴的工业部门，已在朱拜勒和延布建成了世界一流的石油化工城，生产尿素、甲醇和乙烯等，石化产品外销70多个国家和地区。除石油、天然气之外，沙特阿拉伯积极引进国外先进技术，大力发展钢铁、炼铝、水泥、电力、海水淡化等非石油产业，单一经济结构有所改观。2006年粗钢产量460万吨。沙特阿拉伯是世界上最大的淡化海水生产国,其海水淡化量占世界总量的21%,国内共有30个海水淡化工厂。此外,沙特阿拉伯还有金、铜、铁、锡、铝、锌等矿藏。

(三)农业

沙特阿拉伯的农业生产过去发展缓慢,农产品多靠进口。政府为实现经济多样化和粮食自给,把发展农业作为一项重要战略任务,采取了一系列有效措施,并取得了显著效果。现农业产值占国内生产总值的3%,从业人员39万,可耕地面积360万公顷,已耕地面积107万公顷,主要种植小麦、高粱、玉米、椰枣、蔬菜、水果等,粮食自给率已达98%。2008年小麦产量198万吨。主要饲养绵羊、山羊、骆驼等来发展畜牧业,肉奶产量逐年增长。但很多农产品仍需进口。畜产品的60%靠进口。活畜及冷冻牛羊肉主要来自澳大利亚、新西兰,奶酪、奶制品等来自欧盟,蔬菜、水果来自周边国家,杂粮、大米等来自印度、泰国、中国等。

(四)对外贸易

对外贸易在沙特阿拉伯经济中占有十分重要的地位,外贸出口额占国内生产总值的1/2以上。2013年,沙特阿拉伯商品外贸进出口总额5 399亿美元,其中出口3 760亿美元,进口1 639亿美元,外贸顺差2 121亿美元。以出口石油及石油产品和天然气为主,其出口额约占总出口额的93%。石化及部分工业品的出口也在增加。主要进口机械设备、食品、纺织品、化工、汽车及黄金饰品等。沙特阿拉伯是中东地区最大的黄金饰品进口国。中国、美国、日本、英国、德国及中东国家是沙特阿拉伯的主要贸易伙伴。

沙特阿拉伯与中国自1954年起就有贸易往来,1990年两国正式建交,当年贸易额仅3亿美元。2011年双边贸易额达643.3亿美元,其中沙特阿拉伯向中国出口494.7亿美元,自中国进口148.6亿美元,沙特阿拉伯顺差346.1亿美元。沙特阿拉伯主要向中国出口原油、乙二醇、初级塑料等。现在沙特阿拉伯是中国第二大原油供应国,2013 年向中国供应原油 5 390 万吨,占中国自中东进口原油的 36.8%。沙特阿拉伯自中国主要进口纺织品和服装、轻工产品、食品、家电等。目前沙特阿拉伯是中国在中东地区最大的贸易伙伴。

第七章　欧　　洲

第一节　概　　述

欧洲位于东半球的西北部、欧亚大陆的西端。北、西、南分别濒临北冰洋、大西洋和地中海，东部及东南部与亚洲相连。总面积1 016万平方公里，占世界陆地面积的6.8%，是世界第六大洲。欧洲目前有45个国家和地区。

一、自然条件

欧洲地势南高北低，高山峻岭汇集南部。横亘南部的阿尔卑斯山平均海拔3 000米，许多山峰终年积雪，主峰勃朗峰海拔4 810米，位于法、意交界处。山脉中间有很多南北向的深邃河谷和山隘，成为中欧、南欧各地南北往来的重要通道。中部是广阔的平原，约占全洲面积的60%，平原面积比重之大为各洲之冠。欧洲平均海拔300米，是全球地势最低的大洲。欧洲地处欧亚大陆西部，北、西、南三面临海，大部分地区深受海洋影响，气候温和湿润，具有世界上最典型、分布面积最广的温带海洋性气候；南欧地中海沿岸一带则又属于世界上最典型、面积最广的亚热带地中海式气候区；欧洲北部的北冰洋沿岸及附近岛屿地处寒带，属极地苔原气候区。欧洲缺少干旱、半干旱地区，是世界上唯一一个没有大片沙漠的大洲。欧洲河网稠密，水量丰沛，在不少河流或湖泊间开凿了人工运河，内河航运十分便利。伏尔加河是欧洲最长的一条河流。多瑙河是世界上流经国家最多的一条国际河流，是中欧和东南欧国家的一条水上大动脉。莱茵河是流经西欧的一条欧洲乃至世界上货运量最大的国际河流。欧洲重要矿物资源有煤、铁、石油、锰、汞、镍、天然气、铝、硫黄等。欧洲森林茂密，覆盖率为30%。

二、居民

2013年，欧洲人口7亿，占世界人口的9.86%，在各大洲中居第三位。多年来，欧洲人口增长缓慢，人口增长率低于世界人口的平均增长率。欧洲人口占世界总人口的比重从1950年的22.7%降至1996年的12.6%，现又降到11.06%。历史上，欧洲是向外移民的大洲，第一次世界大战前，世界长期性、永久性移民的80%左右来自欧洲。据估计，迄今为止，欧洲累计向其他大陆迁移了6 000多万人，以英国迁出的最多，其次为意大利、西班牙、德国、爱尔兰及荷兰等国。20世纪60年代以来，欧洲加快了经济发展速度，但因劳力不足，逐渐成为人口迁入区。特别是西欧和北欧，从70年代以后，已成为世界上第二大人口迁入区，移入的主要是外籍劳工。目前，西欧各国的外侨总数约2 000万人。在西欧多数国家的劳动力中，外籍劳工占10%左右，其中瑞士的外籍劳工占1/4以上。欧洲人口稠密，平均每平方公里70多人，而且分布比较均匀，这同欧洲自然条件优越和开发历史悠久密切相关。欧洲城市化进程早，目前城市人口比重达73%。

欧洲居民的种族成分比较单一，绝大多数是白种人。欧洲的民族主要分属三大语系：一是印欧语系，约占欧洲人口的95%。其中，属斯拉夫语系的主要分布在东欧和俄罗斯，属日耳曼语系的主要分布在中欧西部、北欧和西欧，属拉丁语系的主要分布在南欧和西欧。二是乌拉尔语系，匈牙利人和芬兰人属此语系。三是高加索语系，黑海东岸和高加索地区的居民属此语系。欧洲居民中约有65%的人信奉基督教。其中，信奉天主教的主要分布在西欧和南欧，信奉基督教的主要分布在北欧和中欧，信奉东正教的主要分布在东欧。此外，少数居民信仰伊斯兰教、犹太教等。

三、经济概况

欧洲是资本主义的发祥地,也是世界上近代科技文化发展最早的地区。历史上,欧洲曾长期处于世界政治经济舞台的中心,居统治地位。20 世纪后,随着亚非拉国家的崛起和美国势力的膨胀,欧洲对世界事务的影响有所削弱。不过,至今欧洲仍是世界上经济最发达的地区之一,世界发达国家主要集中在欧洲。目前,欧洲的工农业总产值约占世界的 1/3。2012 年,欧洲的出口贸易额占全球的 34.7%,进口占 35.9%。在全球对外贸易额最大的十个国家中,欧洲占四个。从第二次世界大战后至今,欧洲政治经济地图发生了显著变化,传统的各自发展、相互竞争被各国相互协调、共同发展所取代。1958 年,欧洲共同体成立,西欧各国逐渐由经济上的联合发展到政治上的合作。1993 年,马斯特里赫特条约正式生效,欧共体正式过渡为欧洲联盟。欧盟于 1999 年发行了统一货币——欧元,加快了统一步伐。半个多世纪来,欧盟经过 7 次扩大,地域范围从西欧拓展到中东欧地区。至 2013 年 9 月 1 日,欧盟已拥有 28 个成员,人口达 5.067 亿。目前,欧盟 28 国的国内生产总值为 17.35 万亿美元(2013 年)。欧盟已超过美国,成为世界上最大的经济体。

(一)工业

欧洲工业发达,是世界现代工业的发源地。欧洲绝大多数国家的工业生产水平都很高,工业在各国国民经济中均占主导地位。欧洲工业品产量大、技术先进,很多产品的产量、技术均名列世界前茅。

1. 能源工业。欧洲是世界上能源产量和消费量最大的地区之一,但是除俄罗斯、英国和挪威等少数国家外,绝大多数国家的能源不能自给。战后,欧洲能源结构发生了巨大变化。20 世纪 50 年代初,80% 以上的能源来自煤炭;60 年代中期以后,由于进口大量廉价石油,石油消费比重迅速上升;70 年代初,整个欧洲的能源消费结构从以煤炭为主转为以石油和天然气为主。

(1)煤炭工业。欧洲煤炭资源丰富,分布广泛,20 世纪 90 年代初已探明硬煤储量4 330亿吨,约占世界的40%(包括俄罗斯的亚洲部分),褐煤储量8 568亿吨,占世界的2/3。近几年,欧洲煤炭产量下降迅速,硬煤产量约占世界的15%强,褐煤产量占近2/3,德国是世界上最大的褐煤生产国。西欧国家的煤炭已开采了近200年,由于煤层深度不断加大、地质结构复杂等原因,开采成本高,所以今后产量不会有更多增加。东欧和俄罗斯资源丰富,发展潜力很大。欧洲产煤最多的国家是俄罗斯、德国、波兰和捷克等。

(2)石油和天然气工业。2009年,欧洲探明原油储量93.49亿吨,占世界的6.6%,主要分布在高加索山的东端和北麓、喀尔巴阡山的南侧和东麓、乌拉尔山西侧、里海地区、西西伯利亚和西北欧的北海盆地等。欧洲石油生产历史悠久,一般认为,1859年罗马尼亚普洛耶什蒂油区开始大量采油,是人类对石油资源进行工业性开发的起点。欧洲炼油工业发达,原油年加工能力占世界的1/3以上。

欧洲天然气储量丰富,已探明储量55万亿立方米,约占世界的30%。天然气储量以俄罗斯最多,占世界的1/4以上,其他集中在挪威、荷兰、英国等国。俄罗斯天然气产量最多,约占世界的1/6以上,英国、荷兰、挪威产量也较多。随着天然气产量的增加,天然气在各国一次性能源消费结构中的比重大为提高,如俄罗斯占一半以上,荷兰占45%。

(3)水力资源。欧洲水力资源开发较充分,一些发达国家水能开发程度已达90%以上。俄罗斯水能资源最丰富,水力发电量最大。法国、瑞典、瑞士、意大利、挪威等都是世界上开发利用水能资源程度较高的国家。挪威水电比重最高,占发电总量的99.5%左右。奥地利和瑞典水电比重也很高。在欧洲,俄罗斯、挪威、瑞典是水电消费最多的国家,2012年三国水电消费量为8 800万吨油当量,占世界消费总量的10.5%。

(4)核能。从20世纪50年代开始,欧洲核电发展较快,特别是70年代能源危机后,各国加速发展核能。目前,全世界有33个国家和地区拥有核电站,其中欧洲国家占18个。拥有核电站较多的国家是法国、英国、俄罗斯、德国、乌克兰、瑞典等。2013年欧盟拥有核电站143座。2012年欧洲核能消费占世界的32%以上。

此外,在风力发电方面,欧洲领先于世界各地。风力发电占本国电能比例最高的国家是丹麦,占12%左右。德国是世界上最大的风力发电国之一。2006年年底,西班牙全国风电装机容量1 161万千瓦,连续3年仅次于德国,居欧洲第二位。在光伏太阳能发电方面,德国是全球第一大生产国,第二是意大利,第三是西班牙(占6.2%)。在生物燃料利用方面,德国、法国、西班牙约占全球的9%。

2. 钢铁工业。欧洲是近代钢铁工业的发源地。欧洲钢铁工业发展历史悠久,生产技术先进,规模庞大,分布广泛,在世界上占有重要地位。2011年,欧盟27国钢产量1.77亿吨,占世界的11.66%。欧盟与俄罗斯、乌克兰共产钢2.8亿吨,占世界的18.52%。第二次世界大战后,欧洲钢铁工业发展的一大特点是苏联和东欧发展迅速,钢产量大幅增加,改变了战前钢铁工业集中于西欧的局面。20世纪90年代后,随着苏联的解体,该地区的钢产量大幅下降,但俄罗斯仍是欧洲产钢最多的国家。德国、意大利、法国、乌克兰、英国、西班牙、比利时、卢森堡和波兰等,也都是主要产钢国。乌克兰、俄罗斯是钢材出口大国。2011年欧盟钢材贸易量1.4亿吨,但多在区内进行。欧洲钢铁工业是在本地资源基础上发展起来的,但目前各国原料、燃料和产品严重依赖国外市场。钢铁工业分布有两大类型,即内陆型和临海型。前者包括德国鲁尔区、法国洛林区、英国中部工业区、比利时工业区和俄罗斯境内的钢铁基地等。后者主要在西欧地区,包括北海沿岸和地中海沿岸各大钢铁厂。阿赛洛-米塔尔是全球最大的钢铁集团,其2012年产钢量达9 360万吨。

3. 机械工业。欧洲机械工业发达,在各国国民经济中地位突出。机械工业产品是欧洲重要的出口创汇产品。欧洲机械工业部门复杂,产品种类繁多,技术先进,各国发展重点有所不同。其中:俄罗斯的重型机器制造技术最发达,产量最大;机床生产则以德国、意大利、瑞士、西班牙、法国、英国等西欧国家为主;西欧因主要生产数控机床、工业机器人等高级机械设备,在国际市场上有很强的竞争力。

欧洲汽车工业非常发达，是汽车的发源地，2005 年汽车产量 1 795.29万辆，占世界总产量的27%左右，是全球最大的汽车工业基地之一。2013 年欧洲五国(俄、德、法、英、意)生产汽车 1 189 万辆。欧洲汽车工业以生产小轿车为主，每年有大量小轿车出口。近年来，中东欧国家成为新的投资热点，汽车产量增长很快。欧洲造船业发展历史悠久，曾长期居世界领先地位，现产量已被亚洲超过，但仍在世界上占重要地位，主要造船国有德国、英国、丹麦、西班牙、克罗地亚等。欧洲的飞机制造业和航天工业十分发达，俄罗斯、法国、英国都是世界上的主要飞机生产国。

欧洲的精密仪器、光学仪器、钟表、电机、家电产品等都在世界上久负盛名。瑞士钟表的出口额约占全球钟表总交易额的2/3。

4. 电子工业。电子工业是欧洲战后迅速发展起来的部门，其产品包括电子计算机、半导体、通信器材和消费电子产品等，发展规模逊于美、日。2011 年，欧洲电子工业产值 2 169 亿美元，占世界的 19.73%；销售额 3 365.66 亿美元，占世界的 26%。当年贸易额 8 933.66亿美元，占全球贸易额的 32%，其中出口占 29.9%，进口占 34%。在世界五大电子产品进口地中，德国居第五位；在五大电子产品出口地中，德国也居第五位。德、英、法是世界九大电子产品生产地成员，德、英、法、意是世界九大电子产品销售地成员。近年来，爱尔兰电子工业发展迅猛，目前其软件产值约占欧洲的 20%，被誉为“软件之都”，产品 90% 以上出口。在美国对欧洲电子行业的投资中，爱尔兰占 1/3。世界大公司，如微软、IBM(国际商用机器公司)等都争相在爱尔兰开展业务，IMB、苹果等均在爱尔兰设有自己的工厂。英国苏格兰“硅谷”是另一个颇具规模的欧洲电子产业基地，生产了欧洲1/3的个人电脑、1/2的笔记本电脑及 15% 的半导体产品。欧洲通信技术名列世界前茅，这里有著名的诺基亚、西门子、菲利浦等电子电器公司，其产品产量位居世界前列。

5. 化学工业。欧洲的化学工业门类齐全，水平高、规模大，既生产酸、碱等基本化工产品，也生产有机产品和化肥等。特别是第二次世界大战后，以石油和天然气为原料的新兴化学工业发展更为迅速，很多产品在世界上占重要地位。例如，欧洲合成橡胶产量约占世界的40%。又如，荷兰在化学催化研究领域具备世界一流水平，瑞士的化学医药工业非常发达。西欧是世界化学工业最发达的地区之一，世界最著名的十大化学公司中有七家位居西欧。西欧的主要化工中心有德国的鲁尔区，荷兰、比利时的鹿特丹—安特卫普—阿姆斯特丹石油加工与化工中心，法国的巴黎、里昂、马赛，英国的北海沿岸化工中心等。此外，东欧和俄罗斯的化学工业也很发达。

6. 纺织工业。纺织工业是工业革命的先导，是欧洲古老的工业部门。20世纪70年代以来，欧洲纺织业的突出变化是天然纤维逐渐被化学纤维取代。但近年来，西欧国家纺织工业的发展势头已成强弩之末，东欧和俄罗斯的化纤生产经过一段增长之后，现也处于下降和停滞状态。目前，西欧国家的毛纺、麻纺、丝纺，特别是服装、制鞋业，仍在世界上占重要地位。欧盟是世界纺织品的一大贸易市场，但因其配额限制严格，70%以上的纺织品和服装贸易是在欧盟内部进行的，其他国家难以涉足。俄罗斯、捷克和波兰是欧洲生产棉布最多的国家，分居世界第三、第七和第九位。

（二）农业

欧洲农业发达，农业生产有以下特点：第一，农业经济在各国国民经济中不占重要地位。据统计，欧洲的农业人口只占总人口的9.8%（世界平均为44.95%），农业产值在各国国内生产总值中的比重很低，没有一个以农业生产为主要经济部门的国家。第二，农业生产的现代化水平高，机械化程度高，作物单产水平高，每公顷粮食产量达6 000千克以上。第三，大多数国家的农业生产结构是畜牧业、种植业并重，或是以畜牧业为主。例如，瑞典、荷兰、瑞士等国，畜牧业在农业中的比重在80%左右，丹麦更占90%以上。第四，农畜产品产量大、贸易量大。各国的农业生产各具特点，共同的特点是农产品的商品率高，贸易量大。例如，法国的谷物，法国、意大利和西班牙的葡萄酒，丹麦的畜产品，西班牙、意大利和希腊的橄榄油，荷兰的蔬菜、花卉、奶酪等，都大量出口。法国、荷兰是欧洲农产品出口额最高的国家，分别居世界第二、第三位。自20世纪80年代以来，欧盟的农产品贸易额增长迅猛。

1. 畜牧业。欧洲各国大都畜牧业发达，养牛业是最重要的部门之一。2004年，欧洲各国牛的存栏数为1.35亿头，约占世界总数的10.1%。以俄罗斯养牛最多，其次为法、德、英、荷等国。荷兰牛的数量虽不多，但其培育的弗里斯良种奶牛（黑白花奶牛）已有100多年历史，享誉世界。养猪业是欧洲的另一重要部门，2004年有猪19 322万头。欧洲拥有世界约1/5的猪，以德国最多，其次为俄罗斯、波兰、荷兰、法国、罗马尼亚、丹麦等国。丹麦人均4头猪，猪肉出口量居世界第一位，猪肉食品和奶酪在世界上久负盛名。丹麦培育的长白猪是世界上有名的优良瘦肉型品种，作为种猪大量出口。荷兰是另一个重要畜产品出口国，其奶酪出口居世界第一位，黄油和肉的出口也名列世界前茅。此外，北欧国家与荷兰的肉、蛋、奶等产品也大量出口。欧洲山羊少，绵羊较多，2004年共有绵羊13 768万只，占世界的13.25%，英、俄较多。2004年肉类产量5 351.5万吨，占世界的20.3%；奶类产量20 952万吨，占世界的34%。2010年欧盟27国牛肉产量776.5万吨，占世界的13.56%；猪肉2 263万吨，出口222.6万吨，仅次于美国，居世界第二位。

2. 种植业。欧洲各国的种植业大都以粮食作物为主。2010年，欧洲粮食产量达4.07亿吨，占世界的16.43%。主要产粮国有俄罗斯、法国、德国、乌克兰、波兰、西班牙、罗马尼亚等。主要粮食作物有小麦、大麦、黑麦、燕麦、稻谷和玉米等。2010年，欧洲小麦产量2亿多吨，约占欧洲粮食总产量的一半，占世界小麦总产量的31.2%，主要小麦生产国是俄、法、德、乌等国。欧洲小麦产量仅次于亚洲，居世界第二位。2010年欧洲粗粮产量为19 885万吨，占世界产量的17.7%，次于北美洲和亚洲，居世界第三位。玉米种植普遍，主要在法国、罗马尼亚、意大利、乌克兰等国种植。黑麦和燕麦主要分布在俄罗斯、德国和波兰。稻米的90%以上集中产于意大利。乌克兰有“欧洲粮仓”美誉，拥有世界23%的黑土地，2011年粮食产量达5 670万吨，成为世界第三大粮食出口国之一，其中，大麦出口居世界第一位，小麦出口居世界第六位，葵花籽油产量居世界第二位，出口量居世界第一位。

欧洲种植的经济作物主要有甜菜、油菜籽、向日葵等。2004 年，欧洲甜菜产量 16 685 万吨，占世界总产量的 70% 以上。2011 年，欧洲食糖产量 2 708.6 万吨，占世界总产量的 15.84%，法国、德国、俄罗斯、乌克兰和波兰是甜菜主要生产国。2004 年，欧洲油菜籽产量 1 521万吨，占世界总产量的 1/3 以上，居世界第二位。在种植业中，欧洲有些国家的蔬菜、花卉和果树栽培占特殊重要地位。其中，荷兰是世界首屈一指的养花国，常被称为“西欧花匠”，其生产以优质高产著称。荷兰的蔬菜出口居世界第一位，鲜花出口占全球市场的 60%，出口额占到 70%。鲜花运往世界 125 个国家和地区，蔬菜和水果运销欧、美、亚各地。荷兰的蘑菇、土豆种子和奶酪的出口量也居世界第一。意大利、法国和西班牙的葡萄产量是世界最高的。橄榄是地中海沿岸国家的主要作物。此外，法国、意大利、匈牙利、罗马尼亚和西班牙等国的苹果，西班牙、意大利的柑橘、柠檬，都在世界上占重要地位。

（三）交通运输业

欧洲的交通运输业十分发达，铁路、公路、水运、航空、管道等构成现代化的综合运输网。欧洲铁路的营运里程有 30 多万公里，约占世界铁路总长的 3/10，铁路网密度之高居各洲之首。欧洲铁路网的分布密度以西欧为最大。由于各种运输方式相互竞争，铁路货运在欧洲市场的份额已从 1970 年的 30% 下降到目前的 13.5%，但铁路仍不失为欧洲重要的运输方式。从今后发展看，西欧铁路承担的运输份额会有所提高，东欧则有所下降。另外，欧洲铁路的现代化水平高，电气化铁路发展快，高速铁路比重大。特别值得指出的是，中欧铁路已完成试运行。这条长 9 656 公里的新丝绸之路穿越中国、蒙古、俄罗斯、白俄罗斯、波兰和德国六国，具有比空运便宜、比海运快捷的优点，一旦正式运行，将使中欧贸易发生巨大变化。

欧洲公路运输发达，公路网密集。高速公路比重在不断增加，仅德、法、英、意四国高速公路里程就达3.3万公里。公路运输是欧洲客货运的主要运输方式，承担货物运输的70%以上。

欧洲内河航运发达，主要河流均可通航，以莱茵河的航运最重要。莱茵河流经西欧经济最发达的地区，货运量不仅在欧洲居首位，在世界上也居首位。多瑙河是欧洲第二大河。为改善多瑙河的通航条件，德国从20世纪60年代就开始修建莱茵—美因—多瑙运河，并于1992年正式通航。该运河把西欧、中欧、南欧、东欧的十几个国家连在一起，船只西可出北海进入大西洋，东可出黑海到达地中海和印度洋，具有重要的经济战略意义。此外，在主要河流间都修有运河，稠密的运河网使得欧洲的内河航运更加便利。

欧洲的海运业发展历史悠久，许多国家都是传统的海运大国。欧洲海运商船总吨位占世界的23.32%。有11个国家的商船在百万吨以上，以希腊为最多，总运力2 878万吨，居欧洲第一位、世界第三位。其次为马耳他，总运力2 633万吨。挪威居欧洲第三位，为2 220万吨。也是由于“方便旗船”的原因，一些海运大国的商船吨位远不如马耳他、巴拿马等国。在世界航运中，连接北美与西欧的大西洋航线是最繁忙的航线。全世界通航远洋船舶的港口有2/3位于大西洋沿岸，其中最重要的是鹿特丹，它是欧洲第一大港，年货物吞吐量3亿吨以上。其他港口还有汉堡、安特卫普、马赛、伦敦等。

欧洲航空运输业发达，主要国际航线有西欧—北美，西欧—中东—远东，西欧—南美，西欧—东南亚—澳新，等等。在世界十大航空货运集团中，欧洲占据四家，它们是德国汉莎航空公司、法国航空公司、英国航空公司和荷兰皇家航空公司，分居世界第二、第六、第八、第九位。德国法兰克福机场、英国伦敦希思罗机场、法国巴黎戴高乐机场与荷兰阿姆斯特丹机场均是世界货运繁忙的机场。伦敦、法兰克福、巴黎、阿姆斯特丹等机场均是世界客运量大的机场，其客运量分居世界第四、第七、第八、第十位。

(四)对外贸易

2012年,欧洲对外商品进出口总额12.89亿美元,其中出口6.37万亿美元,占世界的34.7%,进口6.52万亿美元,占世界的35.9%,贸易逆差1 500亿美元。当年,欧洲服务贸易总额3.88万亿美元(不含独联体,下同),其中出口2.2万亿美元,进口1.68万亿美元,服务贸易顺差5 200亿美元。欧洲是世界上对外贸易最活跃的地区。

1. 西欧和欧盟的对外贸易。西欧国家全部是经济发达国家,西欧对外贸易额约占欧洲的94%以上。对外贸易在西欧经济中占十分重要地位,对外贸易额一般占国民生产总值的1/4以上。有些国家如挪威、冰岛、瑞典、奥地利、爱尔兰等国,对外贸易额均占国内生产总值的70%以上。

欧盟成员现已扩展至28国,欧盟目前是世界第一大贸易集团。2012年欧盟(27国)对外商品贸易总额达11.719亿美元,其中出口57 920亿美元,占世界的32.4%,进口59 270亿美元,占世界的32.6%,欧盟逆差1 350亿美元。欧盟出口商品中约有74%出口到欧洲各国,其中92%以上出口到欧盟国家,其次为北美和亚洲;进口商品中约有72%来自欧洲国家,其中欧盟各国占2/3以上,其次为亚洲和北美。

在西欧和欧盟国家的出口商品中,制成品约占80%,主要有汽车、机床、化工产品、电子电器产品等。高科技产品在某些欧盟国家的出口商品中已占据相当比重,如爱尔兰已占其出口总额的41%,法国、英国、荷兰、卢森堡等占20%以上,德国、瑞典、丹麦、奥地利等均占10%以上。西欧和欧盟的农产品出口约占欧盟总出口的9%强,2013年欧盟超越美国成为世界最大农产品和食品出口地。进口商品也以制成品为主,约占75%,主要进口机床、电器设备、办公设备、电子信息产品、通信设备等;矿物和燃料占12%,其中石油和天然气占相当比重;农产品约占9.7%。西欧和欧盟也是世界上最大的农产品和食品进口地。

此外,欧盟还是世界上最大的服务贸易集团,2006年服务贸易总额达 24 336 亿美元，约占世界服务贸易总额的 45%，占欧洲的 91% 以上。其中，服务贸易出口 12 767 亿美元，进口 11 569 亿美元，顺差为 1 198 亿美元。这主要得益于欧洲发达的旅游业（法国和西班牙接待的游客数量分居世界第一位和第三位）、运输业和金融业等其他服务行业。

西欧和欧盟国家与中国的贸易历史悠久。新中国成立后，一些西欧国家率先与中国建交，其后双边贸易往来增多。特别是中国改革开放以来，双方贸易额明显增加，欧盟与中国的贸易发展尤为迅速。2010 年双边贸易额达 4 797 亿美元，其中欧盟出口 1 685 亿美元，自中国进口 3 112 亿美元。目前，中国已取代美国，成为欧盟第一大进口来源地和欧盟外的第二大贸易伙伴。对欧盟出口已占中国出口的 20% 左右，欧盟已成为中国的第一大贸易伙伴和第一大技术来源地。目前，欧盟各国与中国的贸易，除奥地利与马耳他有少量顺差外，其余均为逆差，2010 年总逆差为1 432亿美元。机电类产品的进出口几乎占中欧贸易的 1/2（46.4%）。欧盟向中国出口机电、音像设备及零件、车辆、航空器、船舶及运输设备等，自中国进口机电产品、纺织原料及制品、贱金属及制品等。

2. 独联体国家的对外贸易。2012 年，独联体国家商品外贸总额 13 720亿美元，其中出口 8 040 亿美元，进口 5 680 亿美元，外贸顺差 2 360亿美元。独联体国家中，俄罗斯的外贸规模最大，约占独联体外贸总额的 63%，其中出口占 65.8%，进口占 59%。其他较重要的国家有乌克兰、哈萨克斯坦等。独联体国家主要出口石油、天然气、石油制品、煤、谷物和机械制品等；进口商品以制成品为主，多为先进的机械设备、轻工产品、农畜产品等。独联体国家内部贸易额较大，此外，与欧洲国家的贸易额也较大（约占贸易总额的一半），美国、日本和亚洲国家也是其较重要的贸易伙伴。中国与独联体国家的贸易在不断增加，2004 年双边贸易额 300.5 亿美元，其中独联体国家出口 138.2 亿美元，从中国进口 162.3 亿美元。中国与俄罗斯、哈萨克斯坦和乌克兰的贸易占主要部分，其贸易额分别为 212.25 亿美元、44.98 亿美元和 24.88 亿美元。

独联体国家的服务贸易不及西欧发达，2006 年服务贸易总额 1 209亿美元，其中出口 507 亿美元，进口 702 亿美元，服务贸易逆差 195 亿美元。在独联体国家的外贸总额中，商品贸易占 85.4%，服务贸易占 14.6%，俄罗斯仍占比最多。

第二节 俄罗斯

俄罗斯位于欧亚大陆北部，领土横跨欧、亚两洲，其中亚洲部分领土占 3/4，欧洲部分占 1/4，但因欧洲部分集中了俄罗斯人口的 3/4 及大部分主要城市，且欧洲部分是俄罗斯民族和俄罗斯国家的发源地，自古以来是俄罗斯政治、经济和文化中心（俄首都位于欧洲部分），因此，俄罗斯是公认的欧洲国家。俄罗斯陆地面积约 1 707.54 万平方公里，陆上与 14 个国家为邻，与三大洋沟通，是世界上领土面积最大、拥有邻国和濒临海洋最多的国家。

一、自然条件

俄罗斯地势东高西低，地形以平原、低地和丘陵为主，约占国土总面积的 60%，高原和山地各占 20%。全国地形大致可以叶尼塞河为界分为东、西两大部分，西部以平原为主，东部大多是高原和山地。西部平原主要有乌拉尔山以西的东欧平原（俄罗斯平原），这里是俄罗斯经济最发达的地区；乌拉尔山以东的西西伯利亚平原，面积 300 万平方公里，鄂毕河流贯其间，著名的秋明油田位于这里。两大平原之间是乌拉尔山，全长 2 000 多公里，多为海拔 300 ~ 700 米的低山和中山，是欧、亚两洲的分界线，矿藏十分丰富。叶尼塞河以东至勒拿河是中西伯利亚高原，地势较平坦，河流众多，水流湍急，水力资源丰富。勒拿河以东是东西伯利亚山地。黑海与里海之间有高加索山脉，其中大高加索山是欧、亚两洲分界线的一部分，山峦重叠，其最高峰厄尔布鲁士峰海拔 5 642 米，系欧洲最高峰。

俄罗斯幅员辽阔，气候复杂多样，国土的 80% 处于温带，属北半球温带气候和亚寒带大陆性气候。大致以叶尼塞河为界，西部属温和的大陆性气候区，东部属强烈的大陆性气候区。西北部沿海地区因受大西洋暖流影响，具有海洋性气候特征；东部太平洋沿岸带有季风气候特点；黑海沿岸属亚热带气候区；北部则属寒带气候区。俄罗斯大部分地区冬季漫长寒冷，夏季短促温暖，春秋两季短，年均降水530 毫米，降水量自西向东递减。境内河湖众多，其中最重要的河流是伏尔加河，全长约 3 690 公里，是欧洲第一长河，也是俄罗斯最重要的内河航运通道。境内湖泊众多，其中，拉多加湖是欧洲第一大淡水湖；贝加尔湖最大深度 1 620 米，是世界上最深和淡水蓄水量最大的湖泊。

俄罗斯拥有多种丰富的自然资源，几乎蕴藏着世界上已知的所有矿物资源。其中：铁、铝土矿、石油、天然气、钾盐、煤及多种有色金属和贵重金属的储量和产量均名列世界前茅；非金属矿藏主要有石棉、石墨、云母和金刚石等。森林资源丰富，面积为 8.67 亿公顷，覆盖率高达 51%。俄罗斯是世界上森林面积和林木蓄积量最多的国家，地表水和地下水资源也十分丰富。世界上有 34 条长 2 000 公里以上大河，俄罗斯占 7 条，有大小湖泊 250 万个，淡水资源占全球的 10%。

二、居民

2013 年，俄罗斯人口为 1.43 亿，居欧洲第一位、世界第九位。俄罗斯是个地广人稀的国家，人口密度为平均每平方公里 8.3 人，且分布很不平均，欧洲部分人口稠密，亚洲部分人口稀少。城市人口比重为 73%。俄罗斯人口增长缓慢，特别是 20 世纪 90 年代后呈负增长，人口有日益减少的趋势。俄罗斯是个多民族国家，境内大小民族有 180 多个。其中，俄罗斯族占总人口的 80% 左右，分布较为广泛，但主要集中在俄罗斯的欧洲部分。其他人口较多的民族有鞑靼，约占总人口的 3.8%。此外，还有乌克兰人、巴什基尔人、楚瓦什人、白俄罗斯人等。宗教信仰以东正教较普遍，此外还有伊斯兰教、犹太教等。

三、经济概况

俄罗斯是苏联解体前最重要的加盟共和国，它面积最大，人口最多，经济发展水平最高（国民生产总值约占苏联的2/3）。苏联解体后，俄罗斯继承了苏联的国际法地位，成为世界政治经济中的重要成员。1992年以来，俄罗斯已基本确立了市场经济体制，约3/4的企业实现了非国有化。受体制转轨影响，俄罗斯经济曾出现几年的停滞和衰退。21世纪初以来，俄罗斯经济已进入平稳发展阶段。俄罗斯经济规模庞大，很多产品产量名列世界前茅，经济发展中的一个突出问题是发展不平衡。一方面，与工业相比，农业相对落后；在工业内部，与重工业相比，轻工业相对落后。另一方面，地区发展不平衡，工业生产多集中于欧洲地区，而资源主要集中于亚洲的西伯利亚和远东地区。经济中的另一问题是经济产业结构较单一，基础设施建设滞后。据统计，包括能源在内的原料出口占俄罗斯2007年出口总额的85%以上，而机械设备出口比重不到6%，且产品的国际竞争力不强。不过应该看到，俄罗斯资源丰富，是世界上唯一几乎能实现自然资源完全自给的国家。其已经探明的资源储量约占世界资源总量的21%，特别是石油和天然气丰富。在世界经济发展日益依赖能源的今天，丰富的资源成为建设强大国家的巨大支撑力。加之，俄罗斯工业基础雄厚，科技发达，科技人才众多，所有这些均为俄罗斯经济的迅速发展提供了有力保障。2013年，俄罗斯国内生产总值为20 967.77亿美元，居世界第八位。

（一）工业

工业是俄罗斯国民经济的支柱产业，从业人数1 413万，占总就业人数的21.4%。工业门类齐全，重工业基础雄厚，很多工业产品在世界上占重要地位。主要工业部门有能源、冶金、化工、机械、航空航天、木材加工、采矿等。自20世纪90年代经济转轨后，俄罗斯近一半的固定资产老化，这是影响其工业迅速发展的原因之一。在工业内部，重工业约占3/4，轻工业较落后，不能满足国内对轻工产品的需求。

1. 能源工业。能源工业在工业中占有突出的重要地位，是俄罗斯经济的支柱产业，其生产量占整个工业生产总量的19.6%，也是发展潜力最大的产业部门。俄罗斯的石油、天然气、煤炭、核燃料及水能资源均十分丰富，是俄出口创汇的主要来源。石油和天然气已占俄罗斯能源生产构成的80%以上和消费构成的70%以上。俄罗斯已成为世界上重要的能源出口大国。2012年，俄罗斯能源产量13.05亿吨油当量，占世界的10.5%，是次于中国和美国的世界第三大能源生产国。除本身消费外，俄罗斯有约80%的能源可供出口。俄罗斯一次性能源生产结构为天然气40.8%、石油40.3%、煤12.9%、核能3%、水电2.9%，一次性能源消费结构为天然气55.7%、石油19.8%、煤13.2%、核能5.6%、水电5.7%。

(1)石油工业。俄罗斯是世界上重要的石油生产国和出口国，石油出口收入占国家外汇收入和政府财政收入的40%左右。2009年俄已探明石油储量742亿桶，居世界第七位。2012年，俄日产石油1 064万桶(年产5.26亿吨)，占世界产量的12.8%，仅次于沙特阿拉伯，居世界第二位。当年俄日均消费原油317万桶，占世界的3.6%，居世界第五位，因此有大量原油出口。当年俄共出口石油2.39亿吨。2013年俄日出口原油440万桶，全年共出口原油2.35亿吨。俄石油主要出口到西欧、中东欧国家和地中海沿岸国家。西西伯利亚的秋明油田是俄罗斯最大的石油储集区和开采区，其次是伏尔加—乌拉尔油区。目前，俄罗斯正加速开发萨哈林岛的油气资源，这已成为俄实施“经济战略东移”方针的重要组成部分。俄原油加工能力达3亿多吨，仅次于美国，居世界第二位。

(2)天然气工业。天然气是俄罗斯能源工业中发展最快的部门。目前，在俄罗斯的能源消费结构中，天然气已占1/2以上。俄罗斯天然气储量约44.8万亿立方米，占世界储量的1/4以上，居世界第一位。2012年，俄罗斯天然气产量5 923亿立方米，约占世界总产量的17.6%，仅次于美国，居世界第二位。天然气除自给外，绝大部分出口到欧洲，其中80%以上面向欧盟及乌克兰等欧洲国家，俄罗斯已成为世界最大的天然气出口国。今后中国将成为俄天然气的重要市场。俄3/4以上的天然气蕴藏在西西伯利亚和远东地区,其余在伏尔加河流域和沿海地区。俄在全国主要地区修建了天然气供应网,建成并正在使用的天然气主干管道长达22.1万公里。2012年,通过管道出口的天然气达1 859亿立方米,占当年全球总出口量的26.35%。

(3)煤炭工业。俄罗斯煤炭资源丰富,2009年已探明煤炭储量1 570亿吨,占世界的19%,仅次于美国,居世界第二位。2012年煤炭产量为1.68亿吨油当量,占世界产量的4.4%,居世界第六位。当年俄罗斯煤炭消费量9 400万吨油当量,占世界的2.4%,居世界第五位。当前在俄罗斯一次性能源消费结构中,煤炭比重已不足1/7,除了用于炼钢外,每年有大量煤炭可供出口。西伯利亚的煤炭蕴藏量约占俄罗斯总藏量的75%以上。目前开采量最大的是库兹巴斯煤田和伯朝拉煤田。

(4)电力工业。2011年,俄罗斯发电量为10 520亿千瓦·时。发电站主要集中在西部地区及东部的工业枢纽地区。最大的火电站是苏尔古特电厂和科斯特罗马电厂。俄水力资源丰富,已在东部建有多座大型水电站,如克拉斯诺亚尔斯克和萨彦—舒申斯克水电站等。2012年俄水电消费量3 780万吨油当量,占世界的4.5%,居全球第五位。

1954年6月,由苏联建造的世界首座核电站奥布宁斯克核电站开始发电,标志着核时代的到来和核能的和平利用成为现实。至今俄共有31座核电站运营,主要分布在欧洲部分的西北地区。2012年俄核能发电量为4 030万吨油当量,占世界核电总量的7.2%,次于美、法,居第三位。俄有丰富铀矿资源,在铀浓缩及核反应堆技术方面十分先进,出口此技术已多年,发展潜力巨大。但俄罗斯在可再生能源利用方面发展缓慢,规模较小。

2. 钢铁工业。俄罗斯是世界钢铁生产大国之一和钢铁出口大国,2012年钢产量7 040万吨,居世界第五位。俄发展钢铁工业的资源条件十分优越,除了有丰富的炼焦煤外,铁矿石藏量达556亿吨,约占世界的30%，位居第一。铁矿石不仅自给，还大量出口。2012年出口铁矿石达2 500万吨，居世界第七位。当年出口钢材2 670万吨，次于中、韩，居世界第三位。俄罗斯是钢材净出口国，当年净出口量为1 980万吨，次于中、日、乌克兰，居世界第四位。东南亚和北美是俄罗斯的两大钢材出口市场。国内钢铁生产地多设在原料地附近。俄罗斯现有三大钢铁生产基地，即乌拉尔地区，主要中心是马格尼托格尔斯克；中央区，是俄罗斯新兴的钢铁基地，发展快，其最大的钢铁中心是利佩茨克；西西伯利亚区。

3. 机械工业。机械工业是俄罗斯工业的核心。2012年机械工业产值占俄国内生产总值的3%，占工业产值的15.5%。机械工业门类多，主要有机床、汽车、造船、飞机制造、重型机械、农用机器制造等。俄罗斯动力设备、冶金设备、农用机械、内燃机车、掘土机等产品的产量居世界领先地位。2013年，俄罗斯汽车产量为217.5万辆，居世界第十一位，其中小汽车占88%。在俄罗斯，伏尔加汽车厂生产的“瓦兹”牌汽车比较著名。美、韩一些名牌厂家均已在俄罗斯设厂生产汽车。俄罗斯的机械工业主要分布在：中央区，以莫斯科为中心，这里门类齐全，技术水平较高，生产机床、汽车、仪表等；乌拉尔区，以生产重型机械为主；西北区，以生产机床、船舶、仪表等为主。俄航空航天业居世界领先水平，导弹、飞船、卫星等均集中在中西部地区。

4. 化学工业。俄罗斯化学工业水平较高，产品种类多，很多产品产量名列世界前茅。例如，硫酸与合成橡胶产量均居世界第三位。碱和化肥产量也很大，2006年化肥产量1 620万吨，是主要的出口产品。从20世纪50年代末起，石油和天然气作为化工原料被广泛采用，石化工业十分发达。2012年石化工业产值占国内生产总值的1.5%。有机化工主要分布在伏尔加河中下游及高加索地区，制碱工业主要分布在乌拉尔地区，硫酸和化肥生产分布广泛。

5. 造纸和木材加工工业。这是俄罗斯的传统工业部门，其产品是俄第五大出口产品。俄罗斯森林面积达8.67亿公顷，覆盖率达51%，占世界的1/4左右，居世界第一位。木材蓄积量达820亿立方米，占世界木材总蓄积量的25%左右，主要产品有板方材、胶合板、纤维板、家具、纸浆、纸张和纸板等。木材的年加工能力为8 500万立方米。2011年，木材采伐量为8 689万立方米。产品销往100多个国家和地区。在出口产品中，原木占36%，锯材占19%，其余为纸浆、纸板、纸张等。俄罗斯生产的针叶原木大量出口日本、韩国和意大利等国，近年来对中国的原木出口量日益增加。

6. 采矿业。俄罗斯是世界上的矿产大国，其收入的70%都同矿产资源的利用有联系。除出口能源资源外，俄罗斯所产的铝、铜、镍、锌等也主要供出口。俄罗斯是铁矿砂生产大国，铁矿蕴藏量居世界第一位，约占世界的30%。俄罗斯是世界主要原铝生产国之一，铝土矿藏量为4亿吨，居世界第二位，铝出口量在国际市场上占举足轻重的地位。镍和锡储量占世界的30%。铀矿占世界的14%。另外，铜、铝、钼、钨、铬、镁等也都占重要地位。黄金1.42万吨。俄罗斯还是世界最大的铂族金属生产国之一，钯和铂的供应量分别约占世界供应量的70%和22%。

（二）农业

俄罗斯农业人口为678.7万，占就业人口的10.3%。可耕地面积达1.3亿公顷，人均耕地面积0.9公顷。长期以来，农业一直是俄罗斯国民经济中的薄弱环节，农业生产经营粗放，广种薄收，生产效率不高。从20世纪60年代中期起，农业开始向集约化方向转变，现已实现了农业生产的机械化和电气化。1992年，俄罗斯实行市场变革，强令解散集体农庄和国有农场，推行西方式的私人农场经营模式。目前，俄罗斯的农业中，国有成分不足10%。2000年年底，私人农场总数已达26万个，其中大型农业企业有300多个。在农业生产中，种植业和畜牧业并重。

1. 种植业。俄罗斯的种植业以粮食作物为主，主要农作物有小麦、黑麦、大麦、燕麦、玉米、亚麻、向日葵、甜菜等。长期以来，俄罗斯国内粮食不能自给，需依赖进口满足需要。近几年来，农业状况发生了根本改变，自2001年起，粮食实现自给，自2002年起开始出口，主要输往欧洲、中东和非洲等。2009 年粮食大丰收，粮食产量为9 500 万吨，其中小麦产量为 6 174 万吨，占粮食产量的 65%，居世界第三位。2011 年粮食产量为 9 390 万吨，其中小麦产量为 3 770 万吨，当年出口小麦 2 100 万吨。大麦和燕麦产量均居世界第一位，黑麦产量居世界第三位。经济作物主要有甜菜、亚麻、向日葵等。2011 年，俄罗斯甜菜产量为 4 630 万吨。伏尔加河流域是俄罗斯的“粮仓”。黑海沿岸种植茶、柑橘、油桐等亚热带经济作物。

2. 畜牧业。在俄罗斯农业生产总值中，畜牧业产值占一半以上，主要饲养牛、猪、羊及家禽等，以养牛业为最重要。2004 年，俄罗斯牛的头数为 2 475. 3 万头，以奶牛为主。2011 年有猪 1 860 万头，羊 2 440 万只，肉类产量 1 090 万吨，奶产量 3 170 万吨。俄罗斯畜产品不能满足需要，每年需进口。渔业资源丰富，2012 年水产品产量 92. 47 万吨。

（三）交通运输业

交通运输业在俄罗斯国民经济中占重要地位，包括铁路、公路、水运、航空、管道等多种运输方式。2011 年，全国客运周转量 4 439 亿人公里，总货物周转量 4. 91 万亿吨公里，货运量 81. 98 亿吨。俄罗斯铁路运营里程 12. 4 万公里。在各种运输方式中，俄罗斯的铁路运输始终保持一定的优势，即使在激烈的运输市场竞争条件下，仍占有较大市场份额。2011 年，铁路货物周转量 2. 13 万亿吨公里，占总货物周转量的 43. 4%。当年铁路客运量9. 924亿人次，货运量 12. 42 亿吨。铁路网以欧洲部分最为密集。西伯利亚大铁路已全部实现了电气化，是沟通太平洋与大西洋的重要通道，是西伯利亚大陆桥的重要组成部分，在国际贸易货物运输中起重要作用。

俄罗斯公路总长 100. 4 万公里。2011 年，俄罗斯公路货物周转量 2 228 亿吨公里，客运周转量1 392亿人公里，占全国总客运周转量的 31. 4%。公路网主要集中在欧洲部分。公路运输一般为中短途运输，其货物周转量所占比重不高。

俄罗斯拥有世界上第二大的内河运输网，内河航线长 10. 16 万公里。伏尔加河远航里程 1.7 万公里,承担内河运输量的 1/2 以上,每年可运送 1 亿吨货物,是内河运输的主要干线。俄东部的靳拿河、叶尼塞河等均可通航。在俄东部、西伯利亚北部和中部,以及欧洲部分北部,河运起重要作用。俄河流大多南北流向。此外,俄有四条东西向运河,即白海—波罗的海运河、莫斯科运河、伏尔加河—顿河运河以及伏尔加河—波罗的海运河,以上运河使莫斯科成为“五海之港”。2011 年内河航运货物周转量 610 亿吨公里。

海运在俄罗斯对外贸易中起重要作用。2010 年俄拥有海运客货船 5.6 万艘。2011 年出口货运 4.085 亿吨,进口货运 4 460 万吨。俄罗斯主要海港有摩尔曼斯克、圣彼得堡、符拉迪沃斯托克等。

2011 年,俄罗斯航空客运量 6 405.7 万人次,货运量 97.7 万吨。俄罗斯国内有 232 个机场,其中国际机场有 71 个。

俄罗斯天然气管道全长 22.4 万公里,其中于 2011 年 11 月开通的“北溪”管道,东起俄罗斯的维堡,西至德国北部城市卢布明,全长 1 200公里,横跨波罗的海海底,是目前世界最长的海底天然气管道。此管道绕开乌克兰,直接把天然气输往欧洲。俄原油管道也于 2010 年全线贯通。2010 年输油气总量达 10.62 亿吨。目前通往中国的天然气管道正在积极修建中。

(四)对外贸易

2010 年俄罗斯加入世界贸易组织。2013 年,俄罗斯对外商品贸易总额为 8 676 亿美元,其中出口5 233亿美元,占世界的 2.79%,进口 3 443 亿美元,占世界的 1.8%,外贸顺差 1 790 亿美元。俄罗斯外贸规模不大,但贸易增速很快,2013 年比 2009 年外贸总额增加 75%。出口商品以能源、原材料等初级产品为主,并出口金属及制品、宝石、化工产品、粮食、军工产品等。2012 年,能源产品对非独联体国家出口占 73%,对独联体国家出口占 55.4%。军工产品出口额仅次于美国,居世界第二位。进口产品则以机电产品、运输设备、化工产品、轻工产品等为最重要,其中机电产品占 1/2 以上。2013 年服务贸易总额 1 890.39 亿美元,其中出口 656.19 亿美元,进口

1 234.20亿美元,服务贸易逆差578.01亿美元。俄罗斯与世界150多个国家和地区有贸易往来。20世纪90年代主要贸易对象是独联体国家,90年代中期后对欧盟及亚太地区的贸易额不断扩大。现主要贸易伙伴有中国、德国、荷兰、意大利、乌克兰、白俄罗斯、土耳其、美国和日本等。其中,与欧盟的贸易额约占49%,亚太地区占24%,独联体占14.1%。

俄中经贸关系历史悠久,在苏联与中国的贸易交往中,俄罗斯占80%以上。俄罗斯独立后,两国于1992年建交,当年双边贸易额为58.6亿美元。2010年,双边贸易额增至875.2亿美元,其中俄罗斯出口357.3亿美元,自中国进口517.9亿美元,俄逆差160.6亿美元。2013年双边贸易额892亿美元。中国已连续4年成为俄第一大贸易伙伴。能源合作是中俄经贸关系最重要的组成部分,俄向中国主要出口原油和成品油、天然气、钢材、原木、纸浆、矿产等,能源、资源性产品占70%左右,中国已成为俄木材产品最大出口市场;其次为机电产品、高新技术产品等。俄从中国主要进口机电产品、纺织品和服装、家电、电子产品、机械设备等。中国是俄罗斯最大邻国,两国边界有4 300多公里,俄中地区和边境贸易量已占两国贸易总量的1/3。双方经济结构具有一定的互补性,因此,双边经贸合作有着广大的发展潜力。

第三节 德 国

德国本是一个统一的国家,第二次世界大战后,被苏联、美国、英国、法国分区占领。1949年9月,美、英、法合并占领区,成立德意志联邦共和国(西德),同年10月,苏占区成立德意志民主共和国(东德),形成了两个德国并存的局面。经过战后40多年的分裂,1990年10月3日,两德实现了国家的统一。德国国土总面积35.7万平方公里。德国位于欧洲中部,地处欧洲陆上的十字路口,素有“欧洲心脏”之称,是南北欧间和东西欧间陆路往来的必经之地,地理位置十分重要。

一、自然条件

德国地势南高北低，从南向北逐渐倾斜。主要地形有高原、山地和平原，平原面积最大，占其领土总面积的2/5以上。北部的北德平原平均海拔200米以下，大部分已开垦为耕地，是全国重要的农业生产区。中部是中德山地，一般高度不大，对德国经济发展没有什么影响。南部国界处是雄伟陡峭的阿尔卑斯山，楚格峰是其在德国境内的最高峰，海拔2 963米，是德国游览胜地之一。山地和多瑙河谷地之间是巴伐利亚高原，海拔约500米，是德国主要农牧业区。高原西部是黑林山，山高谷深，森林密布。黑林山之西是著名的莱茵谷地，这里地势低平，气候湿润，土壤肥沃，是德国农业发达和人口密集区。德国境内河网密布，主要有莱茵河、威悉河、易北河、多瑙河等。这些河流水量丰沛，各河之间均以运河沟通，具有很大的经济、航运价值。德国气候属海洋性向大陆性过渡的气候类型，对多种农业生产发展十分有利。矿产资源主要有煤、钾盐、铁、石墨、萤石、重晶石、铀等。森林面积1 110万公顷，覆盖率30.7%。

二、居民

2013年，德国总人口8 273万，仅次于俄罗斯，居欧洲第二位。其中，东部人口约占20%。德国民族构成单一，德意志人占90%以上，少数民族有丹麦人、荷兰人、犹太人、索布人等，此外还有20世纪60年代后从国外迁入的大量移民。历史上，德国曾是一个传统的人口迁出国，从1846年到1939年累计向外移民500万人，现在却成了世界上移入侨民最多的国家之一。现境内约有720万外籍人，占总人口的8.7%，其中以土耳其人最多，约有163万。近年来，来自亚洲的移民逐渐增多。侨民大多从事工资低、无须复杂技术的体力劳动，如许多城市的清道夫，90%以上是外籍劳工。这些外籍工人已成为德国劳动力的一个重要组成部分。

长期以来，德国人口增长缓慢，人口不断老化，这已成为德国面临的一个严重的社会问题。德国是世界上人口密度最大的国家之一,平均每平方公里230人。人口分布比较均匀,但具体来看,西部人口密度高于东部,西部面积占全德的69.5%,人口却占80%以上;南北两端人口较少。其中,莱茵河中游的北莱茵—威斯特法伦州人口密度最大,每平方公里达500人,这里的鲁尔区则每平方公里高达1 000~3 000人,成为世界上人口最稠密的地区之一。

德国城市化水平高,城市人口比重为86%。城市化中的一个显著特点是:中小城市高度发达,大城市数量少。德国全国百万人口以上的城市有四座,最大城市柏林的人口为350万,汉堡为170万,慕尼黑为130万,科隆为100万。

三、经济概况

德国是一个经济高度发达的工业化国家。2013年,德国国内生产总值3.635万亿美元。德国国内生产总值和工业生产总值次于美国、中国和日本,居世界第四位。德国是欧盟中经济最发达的国家,其国内生产总值约占欧元区总量的1/3。德国统一后,经济实力进一步增强。但东部地区发展水平远落后于西部地区,2011年德国东部人均国内生产总值只是西部的71%,而失业率却近乎西部的两倍。

(一)工业

德国工业高度发达,工业是德国经济的支柱,2012年工业生产总值占国内生产总值的23.2%,工业就业人数占全国总就业人数的25.9%。德国工业具有如下特点:①工业门类多,几乎包括轻重工业的所有部门,但侧重于重工业。机械、汽车、化工与电子电器构成德国工业经济的四大支柱,其产值占全部工业产值的40%以上。其他如采煤、钢铁生产、造船、石油加工等都十分发达。②对国际市场的依赖性强。德国主要工业部门的产品有一半或一半以上销往国外,而工业原料和燃料又大都靠国外市场供应。③中小企业(雇员在100人以下)是德国工业的顶梁柱,就业人数占总就业人数的70%,营业额占总营业额的40%以上。这些中小企业专业化程度强,技术水平高。④垄断性强。占德国工业企业2.5%的1 000人以上的大企业,占就业人数的30%和营业额的1/2以上。⑤工业布局相对均衡,国内无突出落后地区。全国排名前100的大企业只有3个总部在柏林。德国的东南西北都各有自己的制造业。经济产业的均衡分布便于就业,避免出现超大城市,有利于实现共同富裕。南部地区高新技术更发达些。

1. 能源工业。德国是世界能源消费大国,但能源自给率不高。德国煤炭资源丰富,但石油和天然气资源贫乏。自20世纪60年代后,在德国能源消费构成中,石油和天然气取代了煤炭,成为主要能源,二者共占消费构成的60%左右,煤炭降至30%以下,能源供应从自给有余变成依赖进口,目前能源自给率仅40%。2011年德国一次性能源消费达3 064亿吨油当量,占世界第六位。其消费构成为:石油占36.39%,天然气占21.31%,煤占25.33%,核能占7.96%,水电占1.44%,可再生能源占7.57%。

(1)煤炭。德国煤炭资源丰富,2009年煤炭探明储量67亿吨,居世界第十二位。发达的煤炭工业曾是德国早期经济发展的基础。至今,德国仍是世界最大产煤国之一。2009年煤炭产量1.837亿吨,居世界第八位。2012年德国消费煤炭7 900万吨,也居世界第八位。德国是世界最大的褐煤生产国,褐煤集中分布在德国东部,全部用于国内发电和用作化工原料。硬煤则主要集中分布在西部北—威州和萨尔州,这里的煤炭主要用于煤焦,绝大部分供应给国内。德国采煤业的机械化、自动化和技术水平均居世界领先地位。

(2)石油和天然气。德国是石油消费大国。德国石油资源匮乏,据统计,石油藏量仅5 000万吨。德国天然气储量约800亿立方米。2012年德国每天消费原油236万桶,约占世界消费量的2.5%,居世界第十位。德国国内所需石油的97%和天然气的75%均需进口。所需原油主要来自俄罗斯、中东及非洲等地,天然气则来自俄罗斯与荷兰。目前,俄罗斯已成为西欧最大的能源供应地。2012年德国通过管道进口天然气达868亿立方米,是世界上经管道进口天然气最多的国家。

(3)电力和可再生能源。2009年,德国发电量596.8太瓦·时,居世界第七位。在德国原有的装机容量中,火电占66.9%,水电占7.89%,核电占18.67%。德国原有17座核电站运营,2011年德政府宣布废弃核能,已有8座核电站永久关闭,现存的9座也将逐步退出市场。2012年,德国核能消费量为2 250万吨油当量,占世界总消费量的4%,居第五位。

在可再生能源领域,德国在风能、太阳能、生物质能、地热能等方面的开发和利用水平,均居世界领先行列。包括上述能源在内的新能源电力所占比重,德国目前已达25%。其中,光伏太阳能(用于发电)是发展最快的可再生能源。德国是全球第一大光伏太阳能生产国,累计装机容量24 820兆瓦,占全球的35.8%。德国东部勃兰登堡州的利伯罗泽太阳能电站,是全球最大的太阳能电站之一。2013年德国风力发电装机容量310亿瓦,次于中国和美国,居全球第三位。2010年4月,德国首座风能发电站——阿尔法·文图斯在北海正式并网发电,标志着德国未来重要能源之一的海上风电进入了大发展时期。

2. 钢铁工业。德国钢铁工业发展历史悠久,技术先进,在世界上占重要地位。2012年,德国钢产量4 270万吨,居西欧第一位、世界第七位。德国是世界主要钢铁出口国之一,2012年钢铁出口量达2 600万吨,居世界第三位,且以出口钢管和钢板为主。其中,曼内斯曼公司生产的大口径钢管全球驰名。德国也是世界主要钢铁进口国,2012年钢铁进口量为2 290万吨,仅次于美国,居世界第二位。德国钢铁企业以大型为主,七大钢铁公司钢铁产量占全国钢铁产量的2/3以上,其中最大的企业是蒂森克虏伯,其钢铁产量占全国钢铁产量的1/3以上。德国发展钢铁工业的最有利条件是焦煤资源丰富,但铁矿石几乎要全部进口,主要来自巴西、利比里亚、加拿大、澳大利亚及瑞典等国。

3. 机械工业。机械工业是德国工业最重要的支柱产业之一,也是德国传统优势产业之一,其产品出口额及在国际市场上的份额均居全球首位。2012年机械产品出口额达92亿欧元,创德国机械产品出口的最高纪录。德国的机械产品技术先进、质量可靠，在世界市场上具有很强的竞争力。机械工业在专利登记上居美、日之前，为世界之冠，且在国际上划分的43个专业领域中，德国有25个（占58%）。德国主要工业部门有机床、重型机械、纺织机械、运输机械等。德国机床工业的技术水平多年来居世界领先地位，在国际纺织机械市场上，德国的产品占30%～40%。德国的农机外销市场十分活跃，农用拖拉机外销额占总外销额的60%以上，其中3/4出口到欧盟国家。德国生产的矿山机械产品广泛应用在世界上几乎所有从事采矿业的国家和地区。德国造船业历史悠久，以造大型油轮、集装箱船、散货船等为主。近年来，其造船量已被韩国超过，但造船技术仍居世界领先地位。德国的光学仪器等精密仪器制造享誉全球，现在虽产量被日本等国超过，但在世界上仍地位显赫。

4. 汽车工业。汽车工业在德国工业中占有突出重要的地位，被认为是德国经济的“发动机”，是德国最大的工业部门之一，就业人数约占其工业就业总人数的1/10，是德国工业中销售额最大的部门。2013年，德国本土汽车产量为571.77万辆，居世界第四位，其中轿车占95%以上。德国汽车在国外的产量逐渐超过国内。2012年德国全球汽车销量达455万辆，创新的历史纪录。2013年出口汽车420万辆，其中3/5销往欧洲，1/7销往美国，1/8销往中国。在全球高档汽车市场，德国汽车品牌占重要地位，主要企业有奔驰、宝马、大众、奥迪、保时捷等。德国是汽车的发祥地，自1886年研制出第一辆汽车至今，已有120多年的历史，汽车工业在德国经济中一直长盛不衰。戴姆勒—奔驰、大众和宝马是德国汽车工业的三大巨头，其中以戴姆勒—奔驰营业额最高，大众产量最多。1998年，戴姆勒—奔驰与美国的克莱斯勒合并组成戴姆勒—克莱斯勒公司。德国汽车主要生产中心有斯图加特、沃尔夫斯堡、慕尼黑、爱森纳赫等。

5. 化学工业。化学工业是德国最重要的工业部门之一，被认为是德国经济的“稳定剂”。德国是次于美、日的全球第三大化工产品生产国，化学工业产值占国内生产总值的5.3%，销售额占工业销售总额的9.4%,就业人数占工业就业人数的7.3%,出口额占出口总额的13%。化工产品出口率平均为68.5%,产品主要销往欧盟(占1/2以上)、亚洲、北美和东欧等地。德国化工产品占欧盟市场的25%,全球市场的6.7%。在德国化工产品结构中,基本化工、有机化工和化肥并重。在有机化工中,塑料、合成纤维与合成橡胶是三大重要部门,产品产量名列世界前茅。鲁尔区是德国和西欧重要的化工基地,休斯化工联合企业是鲁尔区最大的化工中心。原民主德国莱纳化学联合企业是利用当地的钾盐和褐煤发展起来的,已成为世界最大的化工企业之一。德国拥有众多世界级大型化工企业,其中以巴斯夫规模最大。

6. 电子电器工业。电子电器工业是德国发展最快的工业部门,是德国工业的四大支柱之一,产品生产水平高、技术先进、出口多、国际市场竞争力强。德国制造的电子元件1/2以上用于出口,其中80%进入西欧市场,主要产品包括半导体、电子机械元件等。2011年,电子工业产品产值763.83亿美元,占欧洲的1/3,居欧洲第一位、世界第四位;销售额900.42亿美元,次于美、日,居世界第三位。当年电子产品贸易额达2 360.5亿美元,占欧洲的1/4以上,其中出口额1 087亿美元,居欧洲第一位、世界第五位。英飞凌公司是德国最大的电子元件生产商,是德国汽车电子、工业电子、安全系统智能卡存储产品的集成电路提供商。西门子公司世界闻名,是德国最大的电子集团,总部位于慕尼黑,这里是欧洲最大的微电子生产基地,有德国“硅谷”之称。

(二)农业

德国农业发达,现代化水平非常高。但农业在德国国民经济中比重很低,2011年农业产值占国内生产总值的0.85%,2012年农业就业人数65.9万,只占全国就业人数的1.6%。近年来,德国农业结构发生了深刻变化,主要表现为农业企业数量减少、规模扩大。到2005年年底,国内共有39.6万家农场,企业平均规模明显扩大,尤其是东部地区的农场规模约相当于西部地区的7倍;农业从业人数减少，现全国农业从业人数仅65万多。德国农业生产具有发展快、技术水平和集约化程度高、内部结构合理等特点。农产品自给率为70%。德国每年有大量农产品进行进出口贸易。在农产品贸易中，德国为逆差。农产品贸易的80%是与欧盟国家进行的。农业生产以畜牧业为主，种植业与畜牧业相结合。北部种植业较发达，南部畜牧业较发达。

1. 畜牧业。畜牧业产值约占德国农业产值的74%。畜牧业现代化程度高，以养牛业和养猪业为主。2010年，德国牛的存栏数为1 271.6万头，居西欧第二位；猪2 690万头，居西欧第一位。养牛业几乎遍布全国，以巴伐利亚州和下萨克森州养牛最多。广大中部地区重点发展养猪业，以下萨克森州和北莱茵—威斯特法伦州养猪最多，其饲料多为进口。南部阿尔卑斯山前地区是德国另一个重要的乳肉畜牧业基地。畜产品中以肉类产值最高，约占农业总产值的40%，2009年肉类产量为790.3万吨，居欧洲第一位、世界第四位。德国猪肉产量在欧盟一直居首位，禽、奶、蛋产量约占欧盟产量的30%。

2. 种植业。德国耕地面积约1 183.4万公顷，种植业以粮食作物为主，耕地中约70%的土地种粮食，主要粮食作物有小麦、大麦、黑麦、玉米等，兼营水果、经济作物、花卉和牧草。2012年，德国粮食产量4 520万吨，居西欧第二位、世界第八位。其中，小麦产量2 420万吨，占粮食产量的1/2以上，居西欧第二位。另外，大麦产量989万吨，黑麦产量360万吨。莱茵河谷地区土壤肥沃，是德国小麦的最大生产中心。大麦主要产在巴伐利亚。黑麦和燕麦主要产在北部平原地区。大麦和黑麦产量均位居世界前列。经济作物以甜菜为主，甜菜产量居欧洲第二位、世界第三位，主要分布在下萨克森州南部及黑森州美因河以北、北莱茵—威斯特法伦州的明斯特平原以及马格德堡、哈雷等地。啤酒花主要种植在巴伐利亚。西部摩泽尔河、美因河、莱茵河谷的朝南山坡到处是葡萄园，2012年葡萄酒产量达706.42升。莱茵河、内卡河谷及南部博登湖地区是重要的水果产区。

(三)交通运输业

德国地处欧洲中心,是联系欧洲各地的枢纽,在国际交通运输中占重要地位。德国交通运输业非常发达,现代化水平高、运量大、速度快、效率高,各种运输方式互相连接,构成稠密的运输网。2011年,德国货运总量43.5亿吨,其中公路占77.4%,铁路占8.6%,内河占5.1%,海运占6.1%,管道占2.0%。2010年客运总量115.27亿人次,公路占78%,铁路占20.56%,空运占1.41%。

德国公路总长23.1万多公里,其中高速公路1.28万公里。高速公路里程居世界第四位。1932年建成通车的波恩至科隆的高速公路,是世界上第一条高速公路。目前,德国5万人以上城市及5万人以下城市的90%均通了高速公路,有10%的路面设有智能速度指导系统。

德国铁路总长48 215公里,其中电气化铁路19 600公里。电气化铁路承担铁路运输的80%以上,主要承担批量货运和远途客运。德国铁路设备技术先进,高铁时速300公里。科隆和法兰克福间开通了时速300公里的铁路。时速400公里以上的磁悬浮列车已研制成功。

德国是世界上内河航运最发达的国家之一,内河航道总长9 731公里,可营运船舶4 672艘,内河航运量2.3亿吨。德国是欧洲内河航道最稠密、运量最大的国家。其中,天然河道约占70%,人工运河约占30%。除南部东西走向的多瑙河外,其余天然河流均为南北走向。这些河流与连接它们的东西向的运河,构成一幅纵横交错、河海相通的运输网。莱茵河是欧洲最繁忙的一条河流,在德国境内长860多公里,全部可通航,约承担内河航运量的70%,被称为德国和欧洲的"黄金水道"。杜伊斯堡是德国也是欧洲乃至世界最大的内河港口之一。人工运河中最重要的有:北部的基尔运河,它是波罗的海通往大西洋的捷径;中部的中德运河,是德国中部沟通东西往来的水上大动脉;南部的莱茵—多瑙运河,沟通了北海与黑海的联系,是一条具有重要战略意义的水上通道。德国海运业发达。2010年,德国拥有远洋商船571艘，总吨位1 552.6万吨。2010年全国海港吞吐量2.76亿吨。北海沿岸的汉堡是德国第一大海港，2010年吞吐量1.06亿吨。

德国航空和管道运输都很发达，国内主要城市间有空运联系，国际航线覆盖90个国家和地区的200个城市。汉莎航空公司是德国最大的航空公司，2010年货物吞吐量227.1亿吨，进出航空港旅客5 265人次，总部设在科隆。法兰克福机场是德国最大的航空港，是中欧航空枢纽，是世界主要航空港之一。德国管道长2 400公里，2010年输送原油8 900万吨。

（四）对外贸易

德国是世界对外贸易大国，全国近1/3就业人口从事的工作与出口有关。2013年德国对外商品贸易总额达26 400.46亿美元，次于中国和美国，居世界第三位。其中，出口14 527.95亿美元，占世界出口贸易的7.73%，仅次于中国，居世界第二位。德国从2003年起出口超过美国，已连续多年蝉联世界出口冠军，至2009年被中国超过。2013年进口11 872.51亿美元，占世界的6.3%，当年外贸顺差达2 655.44亿美元，创历史纪录。德国是世界第一贸易顺差大国，自1952年起至今维持贸易顺差，且顺差额不断增加，这些顺差主要是通过对欧盟其他成员方及美国和加拿大的出口来实现的。

德国出口商品以高附加值的高技术和工程技术产品为主，这类产品出口额占出口总额的80%以上。为德国赚取大量外汇的商品是汽车、机械、医疗、化工和电子电器产品。进口商品中制成品约占70%，石油、天然气、农产品等也占有相当比重。德国出口牛奶、奶制品等大量农产品。德国也是进口农产品最多的发达国家之一。

德国是世界上的服务贸易大国。2013年，服务贸易总额6 015.6亿美元，其中出口2 868.23亿美元，占世界的5.4%，进口3 147.37亿美元，占世界的6.9%，服务贸易逆差279.14亿美元。德国是世界第五大服务贸易出口国和第二大服务贸易进口国。

德国同世界上230多个国家和地区保持贸易关系，但西方发达国家是德国最重要的贸易伙伴，德国进口贸易的72.5%和出口贸易的75.5%是同这些国家进行的，其中与欧盟的贸易额就占德国外贸总额的54%左右。法国是德国第一大贸易伙伴，占德国出口的9.1%和进口的7.5%。在德国的进口中，荷兰占13%，是德国最大进口来源地。其他如美国、英国、比利时、意大利、中国等都是德国重要的贸易伙伴。

中德（原联邦德国）于1972年建交，当年双边贸易额仅2.75亿美元。经多年发展，2013年已达1 657.2亿美元，其中，德国对中国出口893.6亿美元，占德国出口总额的6.2%，自中国进口763.6亿美元，占德国进口总额的6.4%，德国顺差130亿美元。中国于2002年首次超过日本，成为德国在亚洲最大的贸易伙伴；于2010年首次超越美国，成为德国在欧盟外的最大贸易伙伴。现在中国是德国的第五大出口市场和第三大进口来源地。多年来，德国一直是中国在欧洲最大的贸易伙伴，中德贸易量约占中国与欧盟贸易量的1/3。德国对中国主要出口机电产品（约占39%）、运输设备（约占31.4%）以及化学品、光学医疗仪器等，德国从中国主要进口机电产品、纺织品及原料、家具、玩具等。德国是中国在欧洲最大的技术和经贸合作伙伴，是中国在欧盟最大的外资及技术引进来源国。

第四节　法　国

法国位于欧洲西部，领土呈不规则的六边形，三面临海，三边连陆，是个海陆兼备的国家，地理位置十分优越。它既是沟通北海和地中海的陆上桥梁，又是西欧各国通往南欧、北非、中东和亚洲的交通要道。欧洲大陆各国同南北美洲之间的往来也多取道法国。法国总面积约55.2万平方公里，是西欧面积最大的国家。

一、自然条件

法国地势东南高、西北低，境内平原和丘陵占 80%，其中海拔 250 米以下的平原约占全国面积的 60%。北部是巴黎盆地和卢瓦尔河平原，西南部是阿基坦盆地，这些地区是法国主要的农耕地带；东部介于孚日山地和德国黑林山地间的上莱茵谷地和中南部的索恩—罗讷河谷地，也是重要的农业区。中部偏南是高度不大的中央高原。高大山脉坐落在边境地区：东部边境有阿尔卑斯山和汝拉山；位于法、意国境上的勃朗峰海拔 4 810 米，为西欧最高峰；西南边境是比利牛斯山。法国河流众多，河网密集，全部属大西洋水系。在西北部，塞纳河及卢瓦尔河流经平原地区，水量丰沛，对航运十分有利。卢瓦尔河全长 1 010 公里，是法国第一大河。塞纳河流经法国心脏地区，经济意义居各河之冠。罗讷河水流湍急，水量丰富，集中了法国全国约 1/2 的水力资源。各大河源头接近，便于修建运河沟通，使法国形成完整的内陆水运体系。法国大部分地区的气候属温带海洋性气候，四季温和，雨量充沛，但各地差别较大。西部和西北部的气候属典型的温带海洋性气候，向东逐渐过渡到温带大陆性气候，南部的气候则属于地中海式气候。

法国的主要矿产资源有铁、铝土矿、铀、钾盐等，煤炭资源不足，石油和各种有色金属贫乏。

二、居民

2013 年，法国人口为 6 429 万。其中，90% 以上是法兰西人，移民及其后代约 1 200 万，占法国总人口的 18.6%。少数民族有阿尔萨斯人、布列塔尼人、科西嘉人和巴斯克人等，大多分布在边境地区。长期以来，法国人口增长缓慢，致使法国人口在欧洲的比重从 1900 年的 10.5% 降至 2002 年的 8.17%。劳动力不足，致使外国移民大量涌入，这成为法国历史上长期存在的现象。从 1800 年至 1975 年，法国人口增加了 2 416 万，其中移民增加 822 万，占增加人口的 1/3 强。20 世纪 80 年代以来，外来移民达 450 万，大多来自南欧和北非,其中葡萄牙人和阿尔及利亚人占40%以上。移民广泛分布于全国各地,但主要集中于各大经济区和大城市。法国人口密度为平均每平方公里约115人,人口分布比较均匀。但具体看,西北部、西南部人口较稀少。若从塞纳河口到马赛连一条线,该线以东占全国45%的地区,却集中了全国2/3的人口和法国仅有的三个百万人口以上的大城市,以及全国3/5的10万人口以上的城市;该线以西占全国55%的地区,只拥有全国人口的1/3。法国城市人口比重为74%,法国城市以中小城市为主。法国人主要信仰天主教,其次是基督教、东正教等。

三、经济概况

法国经济发达,是欧盟内仅次于德国的第二经济大国。法国2013年国内生产总值为27 349.49亿美元,居世界第五位。法国是一个工农业都发达的国家,工业化水平高,工业产值占其工农业总产值的85%以上,工业产品出口额占其出口总额的80%以上;农业也非常发达,是欧洲最大的农产品出口国,也是世界上仅次于美国的第二大农产品出口国。

(一)工业

2010年法国的工业产值约占国内生产总值的20.3%,工业部门的就业人口约占全国就业人口的1/5,约有1/4工业品供出口。工业品出口在商品与服务贸易出口中比重高达80%。主要工业部门有汽车、机械、纺织、化学、钢铁、电子等,其中钢铁、汽车、建筑是法国三大工业支柱。而核能、石油化工、海洋开发、航空和宇航等新兴工业则是发展最快、最具国际竞争力的工业部门。

1. 能源工业。法国是能源消费大国。2011年一次性能源消费为24 290万吨油当量。在能源消费构成中,石油和天然气占49.07%,水电占4.24%,煤占3.7%,可再生能源占1.77%。法国能源自给率不到一半,进口能源占能源消费量的一半以上。其中原油进口10 480万吨,主要来自独联体(36.3%)、非洲(29.2%)、中东(18.9%)和欧洲北海

(14.1%)。法国天然气探明储量仅340亿立方米,主要分布在比利牛斯山麓地区,以拉克气田最著名,但产量不高,天然气也需进口。2012年,进口液化天然气10万亿立方米和管道天然气350亿立方米。进口天然气主要来自荷兰、阿尔及利亚、北海气田及俄罗斯等地。法国煤炭资源本来不多,到2004年煤矿全部关闭停产。现法国所需煤炭多从德国、比利时、荷兰及美国、俄罗斯进口。

在法国能源中,占重要地位的是核能。法国从1960年开始建核电站,至今已有58座,占欧盟核电站总数的40%。2012年法国核能消费量达9 630万吨油当量,占世界的17.2%,法国已成为仅次于美国的世界第二大核能生产国。2012年,法国核能和可替代能源占能源使用总量的46.69%,在世界主要国家中是比重最高的。2011年,法国发电量5 524亿千瓦·时,其中核电占78.7%,传统热电占9.8%,清洁能源占11.5%。自20世纪80年代初起,法国电力不仅自给,且可出口,核电已成为法国重要的出口产品。法国具有发展核工业的优越条件。首先,铀矿资源丰富,已探明可采储量约为8万吨,居西欧首位。其次,法国拥有先进的核技术,特别是在中子增殖反应堆技术方面,处于世界领先地位。目前,法国已形成核能工业体系。现在,核能工业创造的附加值每年达250亿~350亿美元。核能不仅对法国的经济社会发展起到了举足轻重的作用,而且为法国的良好生态环境建设做出了贡献。目前,法国正积极开发可再生能源,包括风力、太阳能、地热、水力等。法国可再生能源发出的电(含水力发电)占全部电力消费量的15%。

2. 钢铁工业。法国是西欧主要产钢国之一,钢铁工业是法国的传统工业部门。法国2011年钢产量1 578万吨,次于德国、意大利,居西欧第三位。法国铁矿石资源丰富,已探明储量10亿吨,主要分布在洛林地区,占全国储量的90%以上。由于矿石品位低,开采成本高,现矿山已关闭。自20世纪60年代以来,法国进口高品位矿石,大力发展临海型钢厂。进口矿石主要来自巴西、澳大利亚和瑞典等国,进口焦煤主要来自德国和波兰。钢铁工业主要分布在三个地区:一是东部以蒂永维尔、隆维和南锡为主要中心的洛林地区,这里的企业规模大，钢产量约占全国的2/5；二是以敦刻尔克和德南为中心的北部沿海地区，敦刻尔克厂的年生产能力已达800万吨；三是以里昂和圣艾蒂安为中心的中南部地区，这里以产特种钢为主，其中最重要的是福斯钢厂，年生产能力达700万吨。法国钢铁生产的垄断程度高，1987年建立的于齐诺—萨西洛是法国最大的钢铁企业。法国炼铝业发达，炼铝已有130多年的历史，以技术先进著称，铝年产量保持在70万吨左右。著名的佩希内炼铝公司的铝产量居世界第五位，其拥有的钢产量占法国总产量的90%以上，也是世界著名企业。

3. 机械工业。机械工业是法国工业中最重要的部门，也是近年来发展最快的工业部门之一，其产值和从业人数均占法国工业部门的1/3以上，其产品的40%以上供出口。主要部门是汽车制造、电子电器及航空航天工业等。

（1）汽车工业。汽车工业是法国经济的重要支柱之一，其产值约占国内生产总值的7%。法国直接和间接从事汽车生产的人数，约占工业部门就业人数的1/5。2013年，法国本土汽车产量174万辆，其中小汽车产量占总产量的85%左右。法国有两大汽车集团，即雷诺和标志-雪铁龙。标志创立于1890年，于1976年与雪铁龙合并。多年来，汽车工业在法国的对外贸易中占重要地位。汽车产量的70%供出口，汽车贸易连年顺差。国内汽车生产地区主要集中在巴黎周围。

（2）电子电器工业。电子电器工业是法国战后逐步发展起来的新兴工业部门，发展速度一直很快，其中激光发生器、光纤制导系统等享有世界声誉。雷达和导航设备占欧洲同类产品市场的42%左右。法国是西欧移动电话的重要生产基地。2011年，电子工业产值305亿美元，销售额447.8亿美元，仅次于德国，居欧洲第二位。当年电子产品贸易额975.7亿美元。法国是世界重要电子产品生产国之一。东南部的格勒诺布尔，拥有8 000多家生产高新技术电子产品的企业，是法国电子科学技术的开发中心，被称为法国的“硅谷”。其他电子产品生产中心还有巴黎、里昂、里尔、斯特拉斯堡等。

(3)航空工业。航空工业是战后法国发展最快的新兴工业部门之一,航空航天产品一直是法国对外竞争的一张王牌,在全球市场上的份额达11.5%,现已成为法国最重要的战略部门,每年为法国带来可观的外汇收入,对实现进出口贸易平衡起到了重要作用。法国航空和宇航工业起步早,技术水平和生产能力均仅次于美国和俄罗斯,居世界第三位。法国不仅能造多种型号的军用、民用飞机和战术导弹,且拥有研制和生产多种人造卫星、航天设备和战略导弹的能力。整个航空工业有200多家企业,以法国宇航为最大。与其他西欧国家合作是法国航空工业的一个重要特征,现已合作制造了30多种类型的航空航天产品。法国航空航天产品的主要生产中心是巴黎、亚眠、南特等。

4. 化学工业。化学工业是法国重要的工业部门之一,主要部门有在本国资源基础上发展起来的基本化工和化肥工业。20世纪60年代后,以石油为原料的有机化工得到迅速发展,其中以塑料及合成橡胶最重要。法国是世界第三大橡胶产品出口国,著名的米什兰公司生产的轮胎和内胎占世界的19%,居世界第一位。法国的石油加工技术仅次于美国,居世界第二位。化学工业的最大中心是巴黎,其次为里昂、洛林、南锡。南部地中海沿岸的马赛和福斯是新兴的石油化工中心。罗讷·普朗克公司是法国最大的化工企业。法国的医药工业在国际上久负盛名,是世界第四大药品生产国和第五大药品出口国。法国香水早在第一次世界大战前就享誉世界,每年约1/4出口。香水和化妆品交易额占世界交易总额的30%。格拉斯、里昂、巴黎是生产香水的三大中心。从1990年起,化妆品生产超过了香水,欧莱雅是世界第一大化妆品生产商。

5. 纺织服装业。纺织服装业是法国的传统工业部门,目前在世界上仍处于领先地位,以产品的创造性和高质量在国际市场上享有较高声誉。纺织服装业产值占法国国民生产总值的5%,雇员占全国就业人口的10%,过去以生产毛、棉、丝织品为主。法国曾与英国、美国一起,并称为世界三大毛纺国。20世纪70年代后,法国化学纤维工业发展迅速。纺织业主要分布在北加来、罗讷—阿尔卑斯、香槟和洛林地区,这些地区约集中了法国全国纺织从业人数的60%。

法国服装业生产的特点是设计电脑化,生产自动化,积极采用先进技术,劳动生产率高,做工精良,产品在国际上声誉好。服装业是雇佣女工最多的行业。巴黎是设计和精制各种时髦服装的国际中心。

(二)农业

法国农业发达,是欧盟最大的农业生产国,也是世界上主要农产品和农业食品出口国。自 1971 年以来(1978 年除外),农产品出口在外贸中一直保持顺差,对弥补法国外贸逆差和增加外贸顺差起到了重要作用。在法国,出口的农产品和食品被称为"绿色石油",为法国带来大量外汇收入。法国成为仅次于美国的世界第二大农产品出口国,其农产品出口额占世界农产品出口总额的11%。现在法国又提出要建设一个兼顾经济、环保和社会效益,可持续发展的"多功能"农业。战后法国农业迅速发展的主要原因是:在政府大力干预下,实行土地整治,改变小农生产结构,增加投资,对出口农产品给予补贴,对作物进行合理布局,发展农工商综合体等。科技兴农政策的实施,是法国农业走向现代化的又一决定性因素。

法国耕地面积 2 766.8 万公顷,森林面积 1 630 万公顷,覆盖率 30%,森林覆盖率居西欧国家之首,是西欧农林土地面积最大的国家。但农业产值在法国国内生产总值中的比重仅为 3.4%(2010 年),从事农业的人口仅 102 万。法国农业的现代化水平高,早在 1970 年,农田耕作就已全部实现了机械化。现在,法国农业生产的自动化、现代化水平及集约化程度,均居世界前列。法国农业实行多种经营,已形成畜牧业和种植业并举,经济作物和园艺作物都发达的现代化农业结构。

1. 畜牧业。法国畜牧业非常发达,畜牧业产值在农业总产值中占一半以上,以养牛业、养猪业最重要。2009 年,法国牛的存栏数为 1 980 万头(奶牛 379.4 万头),居西欧第一位。养牛业集中在西北部和北部的凉爽湿润地区,其次为中央高原及南部地区。

养猪较普遍,2009 年,养猪 1 470 万头。2009 年,法国肉类产量 553.7 万吨,仅次于德国,居欧盟第二位,其中牛肉产量 146.7 万吨,居欧盟第一位。现在法国农畜产品中有 73% 以上经加工后出口。鹅肥肝是世界公认的美食,是欧美等发达国家上流社会的一道名菜,自 16 世纪起即成为法国饮食文化的代表。全世界每年需求鹅肥肝 1.5 万吨,80% 产自法国。

2. 种植业。种植业是法国农业的主体行业,主要种植粮食作物、经济作物及蔬菜、水果等。2010 年,法国粮食产量为6 568万吨,居欧盟第一位。当年小麦产量 3 820 万吨,占粮食总产量的 58%,玉米产量 1 398 万吨。小麦和玉米产量均居西欧第一位、世界第五位。法国是西欧小麦和玉米的生产基地。经济作物主要有油菜籽、甜菜和亚麻等。2010 年,油料作物产量 665 万吨,甜菜产量3 476.7万吨。巴黎盆地和西南部阿基坦盆地是法国耕作业最发达、种植业最集中的地区,是谷物、油料作物、甜菜、蔬菜的主要产区。其中,巴黎盆地是全国最大的农业区,农业产值约占全国农业总产值的 1/3。葡萄种植业和园艺业是法国农业中的重要部门,葡萄种植区域很广,但主要集中于地中海沿岸和罗讷河以西地区,以及阿基坦盆地。作为世界葡萄酒产业的龙头老大,法国统治这个产业已有几个世纪。2010 年,法国葡萄酒产量 45.7 亿升。法国最大的葡萄酒生产商是卡斯特兄弟制酒公司,该公司葡萄酒销售额居世界第六位。此外,诺曼底和布列塔尼半岛的苹果和梨,地中海沿岸和科西嘉岛的花卉和早熟蔬菜都十分有名。2010 年,法国水果产量为 281.8 万吨,蔬菜 526 万吨,都是法国出口的主要农产品。

(三)交通运输业

法国的交通运输业十分发达,是国民经济中的重要部门。法国是世界上交通运输网最稠密的国家之一。法国交通运输业具有明显的国际性,主要铁路、公路、航空和水运干线都与欧洲其他国家相通,首都巴黎是国际交通枢纽。2011 年全国货运量 3 760 亿吨,其中公路承担 84%,铁路承担 9.1%,水路承担 2.1%,输油管道承担

4.8%。2010年，客运周转量8 892亿人公里。目前，法国公路总长105多万公里，为欧盟成员中之最长。其中，高速公路长11 422公里，居欧洲第二位、世界第五位。公路干线以巴黎为中心，呈放射状向四周延伸，并多与欧洲的国际公路相接。

法国铁路总长31 000公里，其中电气化铁路14 176公里，高铁2 036公里，快铁7 864公里。法国高速列车技术居世界领先地位，目前仍保持每小时574.8公里车速的世界纪录(2009年创造)。20世纪80年代初，第一条高速火车线路，即巴黎—里昂线正式投入使用，时速为270公里。法国铁路也以巴黎为中心，呈放射状向四周辐射。其中，巴黎—马赛线开通了世界最先进的高速火车，是法国运量最大、收入最多的线路。

法国拥有最稠密的内河水系，主要河流均可通航，各大河间有运河相连，形成四通八达的内河运输网。通航河道总长约8 500公里，其中天然河道约占1/3。北部的塞纳河在内河航运中起骨干作用，几乎同全国主要河流都有运河相通。南部的罗讷河通过运河与塞纳河沟通，两条大河纵贯南北，把主要城市、港口紧密地连在了一起。运河约占全部通航河道的2/3。主要运河有马恩—莱茵运河，它把欧洲两大重要水系——塞纳河与莱茵河连接了起来；罗讷—莱茵运河，它使法国东南部水系同德、比、荷、卢的水系相连，便利了北海与地中海的水路往来。巴黎和斯特拉斯堡是法国最重要的两大河港。法国海运业由国家和私人共同经营。2010年海港吞吐量3.4亿吨。马赛—福斯不仅是法国，也是地中海沿岸的最大港口。北部塞纳河口的勒阿弗尔是巴黎地区的出海口。

法国航空运输业发达。2011年法国航空公司的客运量1.25亿人次。法国有494个机场，其中民用机场有153个。法国与134个国家的529个城市有航班往来。法国机场主要有巴黎戴高乐机场、奥利机场、尼斯机场等。

(四)对外贸易

法国是世界贸易大国，2013年对外商品贸易总额12 605.9亿美元,居世界第五位,其中出口5 797.8亿美元,进口6 808.1亿美元,分别占世界贸易总额的3%和3.6%,贸易逆差1 010.3亿美元。法国也是世界服务贸易大国,2013年服务贸易总额4 213.71亿美元,其中出口2 332.88亿美元,占世界的5%,进口1 880.83亿美元,占世界的4.3%,服务贸易顺差452.05亿美元。法国旅游业发达,旅游业创造的产值占国内生产总值的7%。2013年接待国外游客8 300万人次,继续保持国际旅游第一目的地的地位。法国80%以上游客来自欧盟国家,旅游收入居世界第三位(次于美国和西班牙)。

法国出口商品以制成品为主,主要出口机械设备、汽车、化工产品、电子产品、香水及化妆品、飞机、导弹、火箭等。其中:高科技产品出口不断增加,出口额约占出口总额的25.5%;航空制造业产品出口十分可观,2012年是第一大创汇产品;2013年武器出口大增;农产品和食品也是法国主要的出口商品,出口额约占出口总额的12%。法国主要进口机械设备、机床、纺织品和服装、石油、工业原料及农产品等。法国与世界100多个国家和地区有贸易往来,其中,与欧盟的贸易额占法国商品进出口贸易总额的一半以上。欧盟国家中以德国为最重要,对德国出口占法国出口的16%,从德国进口占法国进口的19%,次为比利时、意大利、荷兰等。美国是欧盟外法国最大的贸易对象国。长期以来,法国一直是非洲国家的重要贸易伙伴,近年来与亚洲的贸易额也有较快增长。

法国与中国于1964年建交,其后双方经贸关系不断发展。2013年双边贸易额522.7亿美元,其中,法国对中国出口195.8亿美元,自中国进口326.9亿美元,法国逆差131.1亿美元。法国已成为中国在欧盟内的第四大贸易伙伴(次于德国、荷兰、英国),法国是中国在欧盟内的第二大技术引进国,中国是法国在亚洲的第一大贸易伙伴。法国向中国主要出口航空航天产品及零件、机械设备、电子电器产品、汽车部件,以及葡萄酒、香水、化妆品等,其中葡萄酒的进口额占中国自法国进口产品总额的一半以上;自中国进口办公信息设备、冶金产品、服装、家电、塑料制品、日用消费品、食品等。中法在经济上有较强互补性,法国空中客车、直升机、阿尔卡特、阿尔斯通工业集团已分别在航空航天、陆地运输等领域进入中国市场,特别是中法在核能方面已合作长达20年,目前法国在全球建造的四座最新一代核电站中有两座在中国。

第五节 英 国

英国全称为大不列颠及北爱尔兰联合王国,是位于欧洲西部大西洋中的群岛国家,由大不列颠岛和北爱尔兰岛东北部及附近许多岛屿组成,总面积24.36万平方公里。英国南隔多佛尔海峡、英吉利海峡同欧洲大陆相望,最窄处仅33公里。英国扼守西欧和北欧许多重要水上通道的出海口,地处西欧、北欧同北美、地中海、印度洋的海陆交通要冲。英国海岸线总长1.1万多公里,良港较多。

一、自然条件

大不列颠岛地势西北高、东南低,山地和高原多分布在北部和西部,平原和丘陵多分布在中部和南部。北爱尔兰中部为平原,周围为熔岩高原山地,多呈低山。英国虽地处北纬50度以北,但周围为海洋环抱,又受西风和北大西洋暖流影响,因此属典型的温带海洋性气候区,全国大部分地区全年不结冰,雨量丰沛。西部和北部高地风大、雾多、日照少,对农作物生长不利,但有利于畜牧业的发展;东南部地区光照充足,土壤肥沃,适于耕种,是英国的主要农业区。英国河流短小,主要河流有泰晤士河、塞文河等。英国周围海域为冷暖流交汇处,渔产丰富,种类繁多,多格浅滩是世界著名的渔场。英国的主要矿产资源有煤、铁、石油和天然气等。

二、居民

2013年,英国人口6 314万,主要有英格兰人、苏格兰人、威尔士人和爱尔兰人,其中,英格兰人占总人口的80%以上。英国居民多信仰基督教,北爱尔兰地区有1/3的居民信仰天主教,英国还有部分人信仰伊斯兰教、佛教、印度教、犹太教等。宗教在英国社会生活中的影响较大。

移民在英国的发展史上曾起过重要作用。早在16世纪末,英格兰人就开始移居英国的第一个殖民地——爱尔兰,后来又移向北美及其他地区,并建立了以英国人为主、以英语为主要语言的国家——美国、加拿大、澳大利亚、新西兰及一些小的国家。英国是世界上向外移民历史最久、数量最大的国家之一,历年向海外净移民达1 000万人以上。但是第二次世界大战后,英国对劳动力需求增大,现在,英国已成为人口净移入国。

英国是欧洲人口最稠密的国家之一,平均每平方公里250人。城市人口比重大,占90%。百万人口以上的大城市有伦敦、伯明翰、利物浦、曼彻斯特、利兹、格拉斯哥等。其中,英格兰中部城市带的人口就占全英格兰人口的48%,这里是英国最重要的工业中心区之一。

三、经济概况

英国是工业革命的发祥地,是最早实现工业化的国家,曾被称为“世界工厂”。第二次世界大战后,英国经济实力削弱,在世界乃至欧洲的经济地位日趋下降。但由于英国工业发展历史悠久,拥有比较完整的国民经济体系和工业体系,仍是世界上拥有相当经济实力的国家,特别是一些新兴工业部门,如航天、电子、石油化工等部门的产品和技术在国际市场上具有相当大的竞争力。2013年,英国国内生产总值为25 222.61亿美元,是世界第六大经济体。

(一)工业

英国工业发达,工业基础雄厚,技术先进,工业产值约占国内生产总值的23%。工业是国民经济中最重要的部门。第二次世界大战后,英国对其工业结构进行了较大调整,传统工业部门如纺织、采煤、冶金、造船等部门的比重下降;新兴工业部门如生物制药、航空和国防、电子信息、清洁能源等部门迅速发展,是英国工业研发的重点,也是英国最具创新力和竞争力的部门,并逐渐成为工业中的主导部门。

1. 能源工业。英国能源资源丰富,各种能源储量和产量均居欧盟首位,是欧盟中能源资源最丰富的国家,能源产业在英国经济中占有重要地位。英国是世界上石油、天然气和煤炭的重要生产国之一,曾经是重要的能源出口国之一,战后英国能源结构发生了巨大变化。1950 年煤炭消费量占能源消费量的 90%,石油只占 9.1%。20 世纪 70 年代,随着北海油田的开发利用,石油和天然气的消费比重不断上升,到 1998 年,已上升到 70.5%,煤炭消费比重降为 17.9%。2011 年英国一次性能源消费量为 19 820 万吨油当量,居世界第十位。其结构为:石油和天然气占 72.55%,煤占 15.54%,核能占 7.87%,水电占 0.66%,可再生能源占 3.33%。

(1)石油和天然气。历史上的英国曾被称为“贫油国”,长期以来,所需石油几乎全部依靠进口。20 世纪 60 年代末,在英属北海水域发现极丰富的油气资源,英国投入巨资并大力吸引外资,采用世界最先进的开采技术,对油田进行勘探和开采,使油田迅速投产,产量迅速增加。1975 年,英国石油产量仅 122 万吨,1980 年猛增到7 891 万吨,达到自给有余,使英国能源工业面貌大为改观。2006 年,英国石油产量 7 660 万吨,仅次于挪威,居西欧第二位。石油工业的发展带动了英国整个工业的发展,改善了其国际收支状况。北海油田的开采,使苏格兰成为英国最大的原油生产基地,阿伯丁成为英国和西欧最大的石油港。2009 年石油探明储量 31 亿桶,天然气2 900亿立方米。由于多年开采,至 2004 年英国已成为石油和天然气的净进口国。2011 年进口石油的 62% 和天然气的 42% 均来自挪威,其他进口地有中东、非洲等地。2012 年石油产量 4 880 万吨,天然气3 890 万吨油当量。

(2)煤炭。英国煤炭资源丰富,2009 年探明储量 1.55 亿吨。英国煤炭分布广泛,煤层浅,煤质佳,烟煤占 94%,经济意义重大。煤炭工业是英国最古老的工业部门之一,曾是英国早期工业化的动力和支柱。后因石油的发现和大量开采,煤炭产量逐渐减少。1950 年煤炭产量曾达 2.2 亿吨,占世界的 12.1%,1989 年降至 9 750 万吨,仅占世界的 1.8%。但目前英国仍是世界重要产煤国之一,2012 年煤炭产量1 060万吨。英国采煤技术先进,采煤综合机械化程度在90%以上。

(3)电力。2012年,英国发电量为353.9万亿千瓦·时,其中,煤和天然气发电量约占总发电量的2/3,核电占18%,再生能源占10%以上。1956年,英国建成第一座大型核电站,当时核电比重居世界之首。现英国拥有核电站19座,仅次于法国,居西欧第二位。英国正积极开发风能、太阳能、潮汐能等可再生能源,2012年风电装机容量85亿瓦,居世界第六位。英国近海风力发电装机容量已达30亿瓦,居全球第一位。

2. 钢铁工业。英国钢铁工业发展历史悠久,是现代钢铁工业的发源地,很多炼钢方法均起源于英国。19世纪70年代,英国钢产量曾占世界的1/2以上,后发展缓慢。1970年钢产量为2 779万吨,是历史最高水平,后不断下降,到2011年降至947.8万吨,居西欧第四位。目前,钢铁工业仍是英国的重要工业部门,生产技术仍在不断提高,对国民经济发展仍有十分重要的影响。主要钢产品有带钢、钢板、钢管、不锈钢和特种钢等。由于进口铁矿石不断增加,钢铁工业在分布上日益靠近沿海地区。目前,英国的主要钢铁中心有塔尔伯特、莱温港、斯肯索普、设菲尔德和多瑟维尔。英国钢产量的一半左右供出口。英国钢铁公司是英国最大的钢铁企业。

3. 机械工业。机械工业是英国的主导工业部门,在英国工业中具有举足轻重的地位。英国该行业门类齐全,技术先进。其传统部门是汽车和造船业,战后发展起来的新兴部门以航空航天和电子工业最为重要。英国的机床业、动力机械产品生产也占重要地位。英国是世界主要机床生产国之一,其农耕机械的最大出口市场是西欧,市场占有率在70%以上。

(1)汽车工业。英国的汽车工业已有100多年的历史,目前在英国经济中占有相当重要的地位,汽车是英国主要出口商品之一。2013年,汽车产量159.7万辆,其中轿车产量151万辆。所产汽车的80%以上用于出口。英国自1996年后成为汽车净出口国。20世纪70年代后,国外知名品牌汽车资本大量投入,如美国的福特,日本的本田、丰田，印度汽车及制造商塔塔旗下的捷豹、路虎等。名车极品劳斯莱斯系英国所造。英国插电式汽车增长迅速，增长率从2011年的4.7%增至2013年的12.3%，销量不断增加，已建成太阳能电动汽车充电的网络，提供清洁电。英国汽车工业主要分布在伦敦东南地区和西米德兰。

（2）航空航天工业。航空航天工业是英国工业中最具创新性和竞争力的行业，其产品和服务主要有民用和军用飞机、直升机、航空发动机、制导武器、卫星（制造）、软件（设计）、卫星运营服务、航空电子设备等，有较高的开发及制造水平。2012年营业额占全球的17%，仅次于美国，居全球第二位。其产品的75%用于出口。2012年出口额达120亿英镑。主要航空航天产品生产商有欧洲宇航防务华团、罗尔斯—罗伊斯公司、英国宇航公司等。其中，罗尔斯—罗伊斯公司是世界制造航空发动机的三大公司之一，几乎垄断了英国国内发动机的生产，产品销往130多个国家和地区。英国宇航公司由国内四家公司合并而成，已成为世界第四大航空军工企业和英国最大的出口商，客户分布在70多个国家和地区。英国飞机制造部门还同西欧国家合作生产大型“空中客车”高速喷气客机、火箭和多功能军用飞机。英国的宇航工业主要分布在大伦敦的东南部、伯明翰和考文垂及西米德兰区。

（3）电子工业。电子工业是英国在第二次世界大战后发展起来的工业部门。2011年，电子工业产值241.45亿美元，销售额466亿美元，分别居西欧第二、第三位。电子产品贸易额达934亿美元，其中出口579亿美元，进口355亿美元。主要电子产品有电子计算机、雷达、导航设备、通信设备、电子元件和电子消费品等。其特点是重点发展以雷达、无线电通信及工业控制为中心的投资类设备及专用电子设备，尤其是雷达设备，该设备已为许多国家民用机场和船舶所使用。电子工业主要分布在被称为“泰晤士硅谷”的泰晤士河上游河谷地带和被称为“苏格兰硅谷”的苏格兰埃尔—格拉斯哥—爱丁堡一带。“苏格兰硅谷”起步于20世纪70年代末期，当时美、日等国来此大量投资，由此形成了颇具规模的电子产业基地。这里生产了英国 80% 的集成电路，欧洲 1/3 的个人电脑、半数的笔记本电脑及 15% 的半导体产品。

(4)造船工业。造船工业是英国具有悠久历史的生产部门之一，20 世纪初船舶产量曾占世界总产量的 60%，至 1955 年一直执世界造船业之牛耳。1956 年被日本超过后，英国造船业一直不景气，在世界的地位日益下降，但船舶产量的一半以上供出口。英国造船业的生产以制造军舰、商船及海上采油设备为主，主要分布在格拉斯哥、加的夫、利物浦、贝尔法斯特和普利茅斯。

4. 化学工业。英国是世界五大化工产品出口国之一，化学工业也是战后英国发展最快的工业部门之一。其产品在 20 世纪 50 年代是以煤和岩盐为原料的基本化工产品为主，60 年代末转为以石油和天然气为主要原料的有机合成和石油化工产品为发展重点。英国的主要化工产品有无机化学产品以及塑料、药品、合成树脂、染料、化妆品等，产品的一半供出口。制药业在英国高新技术产业中占重要地位。英国是世界第四大药品出口国。英国最大的化学垄断集团是帝国化学公司。英国的主要化工中心有米德兰地区，以及北海沿岸和默齐河口的化工中心，伯明翰是英国化肥生产中心。

5. 纺织工业。纺织工业是英国的传统工业部门，主要产品有棉纺、毛纺和化纤纺织等。英国毛纺织业是世界上规模最大的毛纺织工业部门之一，主要产品有毛线和毛纺织品，产品质量上乘，在国际市场上有一定竞争力。伊林沃·莫里斯是世界最大的毛纺织公司。毛纺织工业中心是利兹，棉织中心是曼彻斯特。英国化学纤维业发展较早，但目前处于停滞状态，其生产由帝国化学公司和柯图尔兹等几大公司垄断。

(二)农业

英国是农业高度发达的国家，农业技术水平、专业化水平和劳动生产率都位于西欧前列，但农业在英国经济中一直不占重要地位。农业产值在国内生产总值中的比重不到 1%，从业人数约 45 万，不到总就业人数的 2%，在欧盟国家中比例最低。农产品可满足国内需求的2/3,有些农产品还出口到其他国家。农业生产以小规模经营为主。

在英国的农业生产中,畜牧业占主导地位,其产值占英国农业总产值的2/3。英国畜牧业以养奶牛、肉牛、绵羊和家禽为主。在英国历史上,养羊业曾占十分重要的地位,现在地位有所下降。2007 年,羊总数3 394. 6 万只,牛1 030. 4 万头,猪485. 4 万头。养禽业、养猪业发展迅速,皆实行机械化饲养。其中牛、羊饲养业提供了农业产值的42% 。2009 年肉类产量353. 3 万吨,其中牛肉85 万吨。

英国种植业以种植粮食(小麦、大麦和燕麦)、蔬菜和园艺作物(水果、花卉)为主。2012 年,英国粮食产量1 951. 5 万吨,其中小麦1 326. 1万吨,占粮食产量的68% 。经济作物主要是甜菜(2012 年产量729. 1 万吨)和油菜籽(2012 年产量255. 1 万吨)等。园艺作物和蔬菜种植都很重要。种植业主要分布在气候条件较好的英格兰东部,这里既是全国重要的耕作区,又是肉用牲畜的分布区,同时还是主要农产品消费区。英国西北部主要是以饲养乳牛和羊为主的牧区。英国是欧盟最大捕鱼国之一,可满足国内2/3 的需求。英国森林覆盖率13% ,低于欧盟平均水平。

(三)交通运输业

英国交通基础设施齐全,公路、铁路、水路、航空均很发达。20 世纪70 年代以来,现代科学技术在交通运输中的广泛应用,以及高速公路网的建设等因素,使英国的交通运输业日趋发达。

1. 公路。公路是英国国内交通运输的主要方式,在客货运输中均起主导作用。2012 年,英国公路网总长39. 4 万公里。其中:高速公路长3 540 公里,承担19% 的交通量;干线长9. 34 万公里,是英国运输系统的基石,能够提供快捷安全的长距离运输;小汽车承担了绝大部分公路客运量。

2. 铁路。英国是世界上最早修筑铁路的国家,于1825 年修建了世界上第一条铁路。此后至第二次世界大战期间,铁路运输一直在英国占绝对优势。战后，随着公路运输的迅速发展，铁路运输在英国货物运输中的地位日益下降。现铁路总长1.66万公里，电气化率为33%。目前，英国城市间的铁路客运已进入世界上速度最快、班次最多的交通系统行列。1863年，世界上第一条地铁在伦敦开通。伦敦地铁共有12条线路，总长408公里，是世界最长线路之一。地铁是伦敦的交通大动脉，日客流量达350万人次，每年运送乘客10亿人次。目前铁路和伦敦地铁分别承担了铁路系统运输量的49%和44%。1994年英法海底隧道贯通，将英国铁路系统与欧洲大陆的铁路系统连接起来，使英国与欧洲联系更为便捷。英国铁路于20世纪90年代已全部私营化。

3. 水运。英国内河航道总长3 200公里，其中620公里用于货运。泰晤士河是最繁忙的内陆水运河道，其次为福斯河。英国海运业非常发达。英国周边有很多深海湾及海港，加之环绕周边的北大西洋暖流使其终年不冻，所以英国终年可航行。英国内地距海均不超过120公里，发展海运条件十分优越。历史上，英国曾是最强大的海运国家，并拥有最强大的商船队，虽战后地位下降，但仍是世界重要海运国之一。2010年英国拥有1 000吨以上商船701艘，总吨位1 730万吨。2012年港口年吞吐量5.009亿吨，其中出口1.814亿吨，进口3.195亿吨。英国大小港口众多，其中，吞吐量在100万吨以上的有52个，吞吐量在1 000万吨以上的有10个，以伦敦、福斯、南安普敦、利物浦等最重要。伦敦是国际海事组织、国际海运联合会等国际机构总部所在地。

4. 航空运输。英国空运业发达，目前有国际航空线58万公里，与世界90多个国家和地区的220个城市有空运往来。英国有447个机场。伦敦希思罗机场是国际空运最繁忙的机场之一，也是英国最重要的客运和货运机场。2012年英国机场总客流量1.34亿人次，运送货物113.6万吨。

英国货物运输管道长2 600公里，其货物周转量所占比重为5%。

(四)对外贸易

英国素称以“贸易”立国,几百年来,对外贸易对英国经济发展有极其重要的意义和影响。历史上,英国曾是“世界工厂”。从19世纪中叶英国完成工业革命到20世纪初,英国出口工业品约占世界的1/2。因此,英国一直把外贸看作是其“生命线”。第一次世界大战后,英国对外贸易大国的地位下降;第二次世界大战后,英国对外贸易重获重大发展。至今,英国仍是世界重要的对外贸易大国。2013年,对外商品贸易总额11 111.7亿美元,其中出口4 721.8亿美元,占世界的2.5%,进口6 389.9亿美元,占世界的3.30%,外贸逆差1 668.1亿美元。1992年以来,英国商品贸易一直呈现逆差。英国也是对外服务贸易大国。2013年,服务贸易总额4 627.58亿美元,其中出口2 899.7亿美元,占世界的6.2%,进口1 727.88亿美元,占世界的3.9%,服务贸易顺差1 171.82亿美元。英国金融业发达,每年金融服务业为英国创造大量外贸盈余。1966年以来,英国服务贸易一直呈现顺差。英国出口产品以制成品为主,主要出口机械设备、汽车、航空设备、电子产品、化工产品、光学仪器、医药、石油及相关产品等。进口产品主要有机械和运输设备、纺织品和服装、原材料及燃料、农产品和食品等。

战前,英国主要同英联邦成员方进行贸易往来,现在与世界上多个国家和地区有贸易往来,但主要贸易伙伴是欧盟和美国。与欧盟的贸易额占其外贸总额的一半以上,美国是欧盟外英国的最大贸易伙伴。英国近年来与亚洲的贸易增长较快。与英国贸易额最大的五个国家是德国、美国、荷兰、法国及爱尔兰。

英国是西方国家中同中国发展贸易最早的国家。1950年1月,英国率先承认中国,1954年双方建立代办级外交关系,此后双方经贸关系不断发展。2013年双边贸易额758.8亿美元,其中英国出口181.5亿美元,自中国进口577.3亿美元,英国逆差395.8亿美元。机电产品为中英双边贸易的最大类产品,英国对中国主要出口机械设备、飞机、化工成套设备、仪器、化工原料等,从中国进口机电产品、纺织品和服装、轻工产品、家具和玩具、塑料制品、鞋等。目前，英国是中国在欧盟的第二大贸易伙伴和第二大对华投资国，中国是英国的第七大出口市场、第二大进口来源地和英国在欧盟外仅次于美国的第二大贸易伙伴。

第六节　意大利

意大利位于欧洲南部，其领土由大陆部分包括阿尔卑斯山南坡山地和波河平原、亚平宁半岛及西西里岛、撒丁岛及周围许多小岛组成，总面积 30.1 万平方公里。意大利位于地中海的中央，成为东西地中海的海上交通要道。苏伊士运河通航后，意大利更成为地中海东西航线的重要通道。阿尔卑斯山铁路隧道的凿通，使其成为联系中欧和北非的陆桥。

一、自然条件

意大利是个多山的国家，山地和丘陵约占国土的 77%，平原占 23%。横亘北部的阿尔卑斯山平均海拔 3 000 米左右，有很多海拔 4 000米以上的高峰，其中以意法交界的勃朗峰（高 4 810 米）和意瑞交界的杜富尔峰（高 4 634 米）最为壮丽。这些山峰常年有积雪和冰川，是许多河流的发源地，水力资源丰富。河谷地带是农耕区。纵贯半岛南北的亚平宁山脉是亚平宁半岛的脊柱，大部分山脉在海拔 2 000米左右。意大利多火山，半岛中西部的维苏威火山、西西里岛的埃特纳火山均很有名，后者是西欧最高的活火山。平原主要分布在阿尔卑斯山脉以南和亚平宁山脉以北的地带。其中，波河平原地势平坦，土壤肥沃，河网密布，灌溉便利，是意大利的主要农业区，也是全国工业发达、交通网稠密和城市居民最集中的地区。意大利北部大陆部分和亚得里亚海沿岸地区属于温和的大陆性气候，亚平宁半岛及附近岛屿属亚热带地中海式气候区。意大利地热及水力资源较丰富，并有少量的天然气、铅、锌及天然硫黄、汞、铝土矿和大理石，其他矿产资源贫乏。

二、居民

2013 年,意大利总人口 6 099 万。居民中 95% 以上为意大利人,少数民族有法兰西人、撒丁人、弗留利人等,绝大多数居民信奉天主教。全国人口密度为平均每平方公里 197 人,但人口分布不均,北部每平方公里在 300 人以上,其中工业最发达的西北部每平方公里达 350 人以上,而亚平宁半岛每平方公里不足 160 人,撒丁岛每平方公里仅 50 余人。全国约 67% 的人口集中在城市,人口超过百万的城市有罗马、米兰、那波利和都灵。历史上,意大利是世界上大量向外移民的国家。由于南部农村贫困,缺少土地,大量破产农民和失业农业工人被迫迁往他国,主要移往美国和阿根廷。100 多年来,从意大利迁往他国的人口达 2 700 万。在 20 世纪 70 年代中期以前,意大利人仍不断向国外移民。自 70 年代中期以后,由于其他国家经济不景气,外籍工人常遭解雇,因此意大利外流人口减少,归侨人数不断增加,移入居民已超过移出居民。

三、经济概况

意大利是发达工业化国家之一。2013 年,意大利国内生产总值 20 713.07亿美元,居世界第九位。第二次世界大战后,意大利经济发展较快,经济结构也发生了较大变化。在国内生产总值中,农业比重已从 1965 年的 10% 降至 2010 年的 2%,工业占 24.60%,服务业占 73.40%,意大利已从一个工农业国家变成一个工业化国家。由于历史的原因,意大利地区经济发展不平衡,北部以米兰—都灵—热那亚为核心的“工业三角区”最发达。这里集中了全国一半以上的制造业,其中汽车制造业占全国的 80% 以上。许多大工业集团,如菲亚特、蒙特爱迪生、阿尔发、皮雷利等集团的总部都设在这里。北部波河流域不仅是意大利重要的粮食产区,也建成了不少现代化的工业小区,形成以工业为主、工农业并举、综合发展的局面。意大利南方 8 个区的面积约占全国面积的 41%,人口占 36%,经济总量却只占全国的 1/4,人均收入只相当于北方的 57%。自 20 世纪 50 年代起，意大利政府力图改变“南贫北富”的现象，采取了一系列措施，但这种状况并未根本改变。

（一）工业

工业在意大利国民经济中占重要地位，工业收入是国民收入的主要来源。由于意大利国内自然资源贫乏，原料和能源严重依赖进口，产品中很大部分（约1/3）又依赖国际市场，因此，意大利工业具有明显的以加工出口为导向的外向型特点。工业产品中，高技术含量产品较少，中等技术含量产品较多。同时，在工业企业中，中小型企业占重要地位，约占企业总数的98%，意大利有“世界中小企业王国”之称。它们雇佣的劳动力约占全部劳动力的70%，提供了意大利工业产值的1/3和国内生产总值的1/2以上。意大利工业分布不平衡，工业主要集中在北部、东北部，主要工业城市有米兰、都灵、热那亚和布雷西亚等。

1. 能源工业。意大利能源资源贫乏，2009年探明，褐煤储量仅3.77亿吨，石油仅9亿桶，天然气600亿立方米。意大利能源自给率很低，2012年能源产量3 268万吨油当量，消费量为16 340万吨油当量，自给率仅20%，是西欧主要国家中最低的。意大利在西欧主要国家中是能源进口比重最高的国家。其石油主要来自中东和西非、俄罗斯等地，天然气主要来自阿尔及利亚、中东及俄罗斯等地。从阿尔及利亚至意大利建有一条每年可输入120亿立方米的天然气管道。2012年意大利进口管道天然气597亿立方米，居西欧第二位。意大利原油加工能力很强，达每年1.4亿吨，居西欧第一位。

在意大利发电量中，水电占1/4以上。意大利水力资源丰富，3/4集中在阿尔卑斯山麓地区。意大利地热资源丰富，卡纳地区的拉尔德雷洛地热田是世界最大的地热田之一。1913年，意大利在佛罗伦萨的西部修建了世界上第一座地热发电站。目前，意大利正积极开发可再生能源。其中：太阳能光伏发电装机容量已达12 750兆瓦，占世界的18.4%，仅次于德国，居世界第二位；风力发电装机容量为212万千瓦，居世界第七位。

2. 钢铁工业。钢铁工业是战后意大利发展较快、规模较大的工业部门，其炼钢技术具有世界先进水平，优质钢在钢产品中占重要地位。2011 年，意大利钢产量达 2 873.5 万吨，居西欧第二位。意大利也是世界主要钢材进口国之一，2011 年进口钢材 1 750 万吨。意大利钢铁工业所需的全部铁矿石及焦炭、70% 的锰和 30% 的废钢铁依靠进口。钢铁工业分布在南北两区。北方工业区以米兰为中心，是意大利传统的钢铁基地，企业大多为中小型钢铁厂；南方工业区是 20 世纪 50 年代后发展起来的新区。意大利钢铁工业的 70% 以上由伊利公司控制的芬西德公司经营。芬西德公司于 1950 年在沿海建立了三大钢铁中心，即巴尼奥利、利尔尼利亚诺和塔兰托三大钢铁联合企业，其中南部的塔兰托钢铁联合企业是意大利最现代化的生产特殊钢材的企业，年产钢1 000万吨，是世界最大的钢铁企业之一。

3. 机械工业。机械工业是意大利最大和最重要的工业部门，其产值约占国内生产总值的 1/4 和出口产品的 3/4，产品主要包括动力机械、汽车、机床、精密仪表、数控机床、运输设备等。

(1)汽车工业。意大利是世界上重要的汽车生产国和出口国之一。汽车工业是战后意大利发展最快的工业部门之一，1950 年小汽车产量仅 10 万辆，2013 年已达 65.8 万辆。意大利是欧洲汽车生产和消费大国，2000 年国内生产汽车达 240 万辆，创历史最高纪录。菲亚特公司是意大利最大的汽车公司，控制了意大利汽车生产的 85%。此外，意大利还有专门生产豪华汽车的皮宁法里纳公司和贝托宁公司，其产品在国际市场上很有竞争力。意大利生产的商用车在国际市场上也占有重要地位。都灵是菲亚特公司总部所在地，是意大利和世界著名的汽车城，该城人口 120 万，其中 30 万人从事汽车工业。

(2)电子电器工业。2011 年，意大利电子电器工业产值为 163.38 亿美元，销售额为 447.78 亿美元。当年该类产品贸易额 574.3 亿美元，其中出口 162.9 亿美元，进口 411.4 亿美元。意大利的电子电器工业门类多样，技术水平先进，在世界上占有重要地位。其中，电子计算机、办公机械、家用电器等产品地位突出。奥里维蒂公司近年来生产的办公室用电脑设备和电子打字机十分畅销，其销售额占西欧市场的50%，占世界市场的30%。意大利是世界上最大的家用电器生产国之一，其家电产品质量高，在国际市场上竞争力强。扎纳西公司为欧洲最大的家电制造公司之一。

(3)其他。意大利是世界上重要的机床、机器人和自动化设备生产国和出口国之一。中国是意大利机床在亚洲的第一大出口市场，其机床进口额约占意大利向亚洲出口机床总额的一半。意大利航空及军工产业较发达，该行业的最大企业是芬梅卡尼卡公司，它是意大利最大的高科技集团公司，也是欧洲最大的直升机制造公司。

意大利的机械工业主要集中在西北部以米兰为中心的伦巴第区和以都灵为中心的皮埃蒙特区。伦巴第区是全国最大的制造业带，米兰是最大的机器制造中心，生产电子电器设备、汽车、机床、机车、飞机等多种产品。皮埃蒙特是意大利第二大制造业带，都灵是第二大机械工业中心，生产多种机械产品，以汽车最重要。热那亚、那玻利也是重要的工业中心。近年来，意大利高科技产业发展很快，在都灵、伊夫雷亚、诺瓦拉之间的三角地带建立了自己的“硅谷”。

4. 化学工业。化学工业为意大利重要的工业部门之一，其盐酸、硝酸、硫酸等产品的产量均名列世界前茅。意大利过去主要是利用本国的硫黄、钾盐、黄铁矿等资源生产化工产品，20 世纪 60 年代后，主要利用进口石油和天然气大力发展石油化学工业，主要生产三大合成材料等产品。意大利原油加工能力为每年 1.4 亿吨，居西欧第一位。蒙特爱迪生公司为意大利的超级化学工业公司。北部的伦巴第区和皮埃蒙特区是意大利的传统化工区，新建的石油化工业主要分布在沿海城市。

5. 纺织工业。纺织工业是意大利历史上最悠久的传统工业部门，纺织品和服装出口额曾占世界第二位，奢侈品生产非常发达，有些品牌享誉世界。至今，纺织工业在意大利工业中仍占重要地位，是意大利出口创汇的主要部门之一。目前，纺织服装业产值约占制造业总产值的11%。北部的伦巴第区和皮埃蒙特区是意大利最大的纺织工业基地，米兰是最大的纺织工业中心。意大利与纺织工业密切相关的服装业、制鞋业、皮革业也十分发达，在世界上享有盛誉。意大利制作的服装款式不断翻新，能够引领新时尚，近年来其服装生产能力已超过法国，每年服装出口额仅次于中国，居世界第二位。意大利现有鞋厂 7 570 家，就业人数达 11.34 万人，有“皮鞋王国”的美称。制鞋业是意大利国民经济中重要的出口创汇行业。

此外，意大利的家具制造业享誉国际市场，其产品出口额排名居世界前列。意大利的珠宝业一枝独秀，制作珠宝首饰使用的黄金的产量也居世界前列。意大利人把纺织品、服装、皮鞋、手包、首饰和眼镜称为“时尚品”，这些“意大利制造”的时尚品不仅领导着世界时尚潮流，每年也为意大利的出口创汇立下汗马功劳。

（二）农业

在意大利国内生产总值中，农业产值约占 2%，农业人口 89 万，约占就业人口的 3.8%。意大利已从传统农业国发展成现代化的农业生产国。2012 年，农产品出口 472.6 亿美元，创历史新高。意大利境内多山，可耕地面积仅占全国面积的 10%。2010 年耕种面积 1 300万公顷，草场、牧场 345.2 万公顷。战后，随着农业现代化进程的加快，农业劳动生产率大幅度提高，在农业用地不断减少的情况下，很多农产品不仅能自给，而且能出口。在农业生产中，种植业产值占农业产值的一半多，以粮食作物和园艺作物为主，主要粮食作物有小麦、稻谷、玉米、大豆等。2012 年，粮食产量 1 871 万吨，其中小麦产量 663.6 万吨，占粮食产量的1/3以上。意大利小麦不能自给，每年需进口一部分，但意大利生产的小麦中约有 1/3 为硬粒小麦，品种优良。意大利也是欧洲最大的稻米生产国和出口国，2012 年稻米产量 160 万吨，主要供出口。2012 年，意大利玉米产量为975.3万吨，占粮食产量的 1/2 以上，居西欧第二位。意大利是欧盟最大有机农业生产国之一，耕种面积占欧盟的 6.1%。北部波河平原土质肥沃、水源充足，是意大利农业最发达的地区。

意大利是欧洲最大的园圃蔬菜生产国之一，每年蔬菜产量约占欧盟的 40%，其中西红柿产量约占欧盟的 3/4。意大利的蔬菜在西欧市场上十分畅销，是意大利的重要外汇来源之一。意大利南部的地中海型气候十分有利于水果的生长，所产水果主要有橄榄、葡萄、柑橘、柠檬以及著名的意大利李子等，橄榄和葡萄产量分别占世界总产量的1/4和1/5，水果出口也是意大利外汇收入的重要来源之一。意大利与西班牙、希腊是世界三大橄榄油生产国，2012 年，意大利橄榄的产量占世界的 1/4。西西里岛是重要橄榄油产地之一，其油具有独特芳香，在国际市场上很受欢迎。意大利葡萄种植历史悠久，种植面积广。2010 年葡萄产量为 748.1 万吨，从当年起意大利的葡萄产量已超过法国，居世界第一位。意大利的葡萄主要出口到德国、美国和英国。柑橘和柠檬产量也都名列世界前茅。

意大利的畜牧业主要靠饲养牛、羊和猪来发展，2009 年肉类产量 413.2 万吨，但肉类、牛奶等不能自给。牛、猪的饲养区域主要在北部，羊的饲养区域主要在南部。2004 年有牛 672.7 万头、羊 800 万只、猪 922.3 万头。

（三）交通运输业

交通运输业是意大利国民经济中的一个重要部门，从业人数约占全国从业总人数的 6%，产值占国内生产总值的 4%。

1. 铁路。意大利铁路总长 20 391 多公里，其中电气化铁路长 10 891公里。2010 年客运量 6.22 亿人次，货运量 4 654 万吨。最主要的干线有沿着东西海岸线和亚平宁山脉的三条纵贯南北的铁路大动脉，几乎把半岛上的主要城市和港口都连成了一片。意大利北部有著名的辛普朗隧道（连接意大利和瑞士，全长 19 824 米，是世界上最长的铁路隧道）以及圣哥达隧道等。这些铁路是沟通中欧、北欧和西欧的重要通道。米兰是全国最重要的铁路枢纽。

2. 公路。意大利既是世界上最早修建公路的国家之一，又是最早建成高速公路的国家之一。公路总长 31 万公里，其中高速公路长 6 661.2 公里。其中，最重要的是纵贯南北的“太阳高速公路”，全长 1 200多公里。意大利有 30 多条公路干线与法国、瑞士、奥地利相连。公路运输约承担意大利货物周转量的 76% 和客运周转量的

2/3，是意大利最重要的运输方式。

3. 海运。海运占全国货运量的20%，有商船1 815艘，总吨位1 714万吨。2010年意大利海运吞吐量4.94亿吨，其中出口1.7亿吨，进口3.24亿吨。当年客运进出8 765万人次。沿海重要港口有19个，其中最大海港是热那亚，这里也是地中海第一个集装箱终点码头。那波利是地中海地区最重要的国际客运转运港。

4. 空运。意大利空运是在战后迅速发展起来的。意大利现有国内航线40多条、国际航线70多条，有20个较大的机场，可接待国际航线的班机。罗马的菲乌米齐诺机场是意大利最大的国际机场，约承担意大利客运量的近1/3。

5. 管道。意大利管道总长3 400公里，承担输送石油和天然气的重任。

（四）对外贸易

2013年，意大利对外商品贸易总额9 951.7亿美元，居世界第九位，其中出口5 177.4亿美元，进口4 774.3亿美元，外贸顺差403.1亿美元。出口商品以制成品为主，主要出口机械、机床、汽车、家电、化工产品、核反应堆、锅炉、钢铁、农产品、葡萄酒、纺织品、服装、皮鞋、家具、金银首饰等。其中，纺织品、服装和鞋类是意大利的出口强项，2010年的出口额仅次于中国，居世界第二位。主要进口各种机械、汽车、塑料制品、石油、天然气、煤及其他原材料、纺织品及原料、橡胶、小麦等。意大利的服务贸易在世界上也占有重要地位，2013年服务贸易总额2 166.45亿美元，居世界第七位，其中出口1 097.69亿美元，进口1 068.76亿美元。意大利旅游业发达，是世界第五大旅游国。2011年出入境人数8 350万人次。旅游收入是服务贸易的重要收入来源。

意大利的主要贸易伙伴是欧盟。在意大利的商品贸易中，欧盟所占比重均在一半以上。德国与法国是意大利的两个最大的贸易伙伴，次为英国、西班牙、荷兰等，美国则是欧盟外意大利的主要贸易伙伴。意大利也加强了与发展中国家的经贸往来，这些国家主要有沙特阿拉伯、利比亚、阿尔及利亚等国。

意大利与中国于1970年建交，当年双边贸易额仅1.2亿美元。意中贸易往来有着悠久的历史，古丝绸之路曾将亚欧两个文明古国连接起来。2013年双边贸易额437.4亿美元，其中意大利向中国出口130.4亿美元，自中国进口307亿美元。目前，意大利是中国在欧盟内的第三大技术进口来源国、第四大贸易伙伴，中国是意大利在亚洲的第一大贸易伙伴，是意大利第十大出口目的地、第三大进口来源地。意大利主要向中国出口成套设备和技术、金属加工机床、化工原料、汽车、钢材等，从中国进口纺织原料和成品、机电产品、畜产品、工艺品、粮油和小五金等。

第八章　非　　洲

非洲位于东半球的西南部，东临印度洋，西濒大西洋，北隔地中海与欧洲相望，东北以苏伊士运河、红海与亚洲相邻，总面积3 029万平方公里，为世界第二大洲。非洲现有54个独立国家。

第一节　概　述

一、自然条件和自然资源

非洲地势高峻，平均海拔750米，高原面积占全洲面积的60%以上，被称为“高原大陆”。在非洲的东部和南部分布有埃塞俄比亚高原、东非高原、南非高原。其中，埃塞俄比亚高原地势最高。位于坦桑尼亚东北部的乞力马扎罗山，海拔5 895米，是非洲最高峰。非洲北部和中部地势相对较低，有乍得盆地、刚果盆地等。非洲海岸线平直，少海湾、半岛。在非洲的西北沿海和东南沿海，分布有阿特拉斯山和德拉肯斯山。北部有世界最大的沙漠——撒哈拉沙漠，面积约800万平方公里，占全洲面积的1/4以上。赤道横贯非洲中部，全洲3/4的地区位于南北回归线之间，因此非洲气候炎热，有“热带大陆”之称。非洲的气候类型呈明显的有规律的带状分布，自赤道向南、向北依次为热带雨林气候、热带草原气候、热带沙漠气候和地中海式气候。主要河流有尼罗河，全长6 671公里，是世界第一长河，也是非洲流经国家最多的一条国际河流。中部有刚果河，它流经赤道地区，是世界上水力资源最丰富的河流之一，是非洲的第二长河。此外，还有尼日尔河、赞比西河等。

非洲自然资源极为丰富，矿产资源种类多、储量大，尤其拥有多种重要战略性矿产资源，主要有石油、天然气、黄金、金刚石、铀、铬、铜、铝土矿、锡、铁、煤和磷酸盐等。森林面积约占世界森林面积的19%。森林覆盖率约为24%。非洲是世界上拥有热带森林最广阔的地区，植物多样性明显，盛产各种名贵经济林木，如乌木、红木、黑檀木、花梨木和樟木等。动植物资源丰富。土地资源开发潜力巨大。水力资源蕴藏量约占世界的1/5。因而，非洲有“富饶大陆”之称。

二、居民

2013年，非洲人口11亿，占世界总人口的15.5%，居各大洲的第二位。第二次世界大战后，随着非洲政治地图的变化，非洲人口进入了一个空前高速增长的新时期。1950年，非洲人口仅2.19亿，占当时世界人口的8.7%，1980年增至4.72亿，30年间人口翻了一番多，在世界总人口中的比重提高到了10%以上，1996年又进一步提高到12.8%。非洲人口增长迅速的主要原因是出生率高，2002年人口出生率为0.38%（世界平均0.21%）。目前，非洲是世界上人口增长率最高的大洲。由于自然条件和历史的原因，非洲人口分布极不平衡，人口密度为平均每平方公里31人。但全洲1/3的人口集中在仅占全洲面积5%的地区，而占人口不到6%的居民却生活在全洲60%的地区。非洲三大沙漠（撒哈拉、卡拉哈迪、纳米布）的人口密度最小，平均每平方公里不到1人。人口集中的地区是：滨海地带，尤其是地中海、几内亚湾和印度洋沿岸；内陆高地；铁路沿线；干燥区的沿河地带和“绿洲”。非洲城市化发展迅速，目前城市人口比重为33%。

非洲居民的种族构成复杂，但以黑种人为主。自古以来，非洲就是黑种人的故乡，黑种人约占全洲人口的2/3，主要分布在撒哈拉沙漠和埃塞俄比亚高原以南地区。白种人约占非洲总人口的23%，他们中的大部分是北非的阿拉伯人，南部非洲有少量的荷兰人、英国人等欧洲移民的后裔。此外，非洲还有为数不少的黑、白混血种人，主要分布在埃塞俄比亚高原、红海沿岸。马达加斯加岛上的马尔加什人是黑、黄人种的混合型。

非洲居民的民族构成比较复杂，据统计，约有民族、部族700个。主要有埃及人、豪萨人、阿尔及利亚人、约鲁巴人、摩洛哥人等。非洲居民除大部分信奉原始宗教外，北非阿拉伯人信仰伊斯兰教，非洲中南部、几内亚湾沿岸一带有相当一部分人信奉基督教。非洲语言体系复杂，大体有闪含语、苏丹语和班图语三大语系。欧洲语言对非洲影响很大，非洲很多独立国家仍以英语、法语等作为官方语言。

三、经济概况

（一）概述

非洲是当今世界最贫穷落后的大洲，除个别国家外，大部分是经济发展水平低下的发展中国家。这些国家工业基础薄弱，产业结构单一，基础设施落后。大部分非洲国家未能建立起完整的工业体系。如北非的阿尔及利亚，油气工业产值占国内生产总值的45.1%，制造业仅占5.2%。大量工业制成品，以致一些日用消费品均需依赖进口。造成非洲经济落后的原因是多方面的。长期的殖民统治，畸形的单一经济结构，战乱频仍，自然灾害，加之人口不断增长，以及政策失误、世界经济秩序不合理等，这些因素纠缠在一起，造成了今日非洲落后的面貌。据统计，在世界最不发达的49个国家中，有34个是非洲国家，占69.4%，占非洲国家总数的63%。尽管非洲经济困难重重，但近年来已出现转机。非洲经济自1994年复苏以来，已保持了多年的经济增长。目前，已有15个非洲国家的人均国内生产总值超过1 000美元，5个国家超过3 000美元。进入新世纪以来，非洲经济平均增长超过5%，是仅次于亚洲的全球增长最快地区之一，经济总量已达2万亿美元。2012～2013年连续两年，世界上经济增长最快的10个国家中，有6个在非洲。非洲发展已开始提速，经济充满活力，发展潜力巨大。

非洲各地区经济发展不平衡，较发达的国家大多位于沿海地区。其中，南非是非洲经济发展水平最高的国家。北非地区经济发展较快，近年来突尼斯经济增长最引人注目，1998年其人均国民生产总值达 2 050 美元，工业产值已占国内生产总值的 38% 左右，为发展工业兴建了大量公路、码头、工业园区等配套设施。塞内加尔是西非地区工业最发达国家之一，2011 年工业产值占国内生产总值的 19.7%。西非共同体经济发展尤为突出，2013 年，区域内 15 个国家以 6.3% 的经济增长率领跑非洲。西非喀麦隆的工业水平在撒哈拉以南的非洲地区位于前列，2012 年工业产值占国内生产总值的 21.5%。肯尼亚则是东非地区工业最发达的国家，制造业以食品工业为主，发展速度较快。南部非洲以南非、安哥拉、纳米比亚和博茨瓦纳经济发展较快。其中，安哥拉 2007 年经济增长率高达 35%，是世界上经济发展最快的国家，其作为非洲第二大产油国，最具经济发展潜力。博茨瓦纳原来经济落后，现已被世界银行列为中等收入国家。位于东部印度洋上的岛国毛里求斯，被认为是未来非洲经济最具竞争力的国家。广大的中非和东非国家发展水平最低。各国内部发展亦不平衡。非洲大多数国家的首都集中了本国制造业的 1/2 以上。

（二）农业

非洲大部分国家是农业国，农业在国民经济中占有特殊重要的地位，提供 30% ~50% 的国内生产总值和 60% ~80% 的就业机会。现在非洲农业人口占就业人口比重约为 54.2%，在对外贸易中，非洲有 33 个国家的出口以农产品为主。在农业生产中，除种植用于自给的粮食作物外，大多数国家仍以种植单一作物为主，国民经济很大程度上依靠一种或几种经济作物的输出，粮食不能自给，畜牧业不发达。传统的小农经济仍是非洲农业生产的基础，耕作技术落后，劳动生产率低下，现代化水平是全球最低的。

1. 经济作物。非洲经济作物的发展始于 19 世纪末，当时发展该类作物是出于西方殖民者开辟原料产地、掠取非洲财富的需要。非洲国家独立后，虽对原有的畸形经济结构进行了调整，但经济面貌并未根本改观。至今，经济作物的种植和出口在非洲经济中仍占据十分重要的地位。非洲每年向世界市场提供 2/3 的可可、1/3 的咖啡、

1/2 的棕榈制品，以及花生、棉花、芝麻等。经济作物的商品率和出口率高，因此，经济作物的出口收入成为非洲许多国家财政及外汇收入的重要来源。

非洲经济作物种类多，分布相对集中。几内亚湾沿岸国家盛产可可、咖啡、橡胶和油棕。非洲可可产量居世界第一位，以科特迪瓦产量和出口量最多，约占世界市场的 40%。其次是加纳，是世界第二大可可生产国。尼日利亚、喀麦隆等国也是可可的重要生产国。科特迪瓦是非洲咖啡产量最多的国家，也是世界第四大咖啡生产国。东非的埃塞俄比亚是咖啡的原产地，咖啡出口收入占其外汇收入的 90% 以上。2004 年，非洲棉花产量为 510.1 万吨，占世界棉花总产量的 7.57%。尼罗河下游是非洲著名的棉花产区，埃及和苏丹的棉花生产占突出地位，这里是世界著名的长绒棉产区。此外，西非的尼日利亚、加纳及马里等国均种植棉花。非洲棉花产量的 95% 销往国际市场。2004 年，非洲茶叶产量为 47.6 万吨，占世界茶叶总产量的 14.9%。茶叶和剑麻主要产在东非的热带草原。肯尼亚是非洲种茶最多的国家，也是世界茶叶主要出口国之一。剑麻则产在坦桑尼亚。2004 年，非洲花生产量为 852 万吨，占世界的 23.6%；芝麻产量为 85.9 万吨，占世界的 27.2%。非洲南部是重要的烟草、甘蔗以及棉花种植区。烟草主要生产国是津巴布韦、南非和纳米比亚。津巴布韦烟叶生产世界驰名，是世界第三大烟叶出口国，年产烟叶近 20 万吨，其中 98% 用于出口。南非有非洲最大的甘蔗种植园，产量居非洲之首。此外，在非洲沿海地带及附近岛屿也种植甘蔗，岛国毛里求斯被称为“甜岛”。非洲甘蔗产量约占世界的 6.3%。

2. 粮食作物。历史上，非洲大部分国家和地区曾粮食自给有余。自 19 世纪末殖民主义者在非洲片面发展单一作物后，自给自足的粮食生产受到严重破坏，缺粮成为非洲各国面临的普遍问题。非洲国家独立后，随着人口激增和工矿业用粮的增多，缺粮问题更趋严重。2010 年，非洲粮食总产量为 1.645 亿吨，约占世界粮食总产量的 6.64%，人均粮食产量很低。非洲也有个别国家粮食自给有余，如南非是非洲出口小麦最多的国家，津巴布韦被称为非洲的“小粮仓”。

非洲粮食作物种类很多,但以粗粮为主,玉米、高粱、小米、木薯是四大粮食作物,2010 年其产量占粮食总产量的 70.8%。此外,还有小麦和稻谷,小麦产量仅占粮食总产量的 13.4%。玉米是非洲广大居民的主要粮食,产量约占谷物总产量的1/3。玉米种植地区很广,南非是非洲最大的玉米生产国,产量约占非洲的1/5,次为埃及和肯尼亚。其他如尼日利亚、津巴布韦、马拉韦和埃塞俄比亚等国,产玉米也较多。高粱产区主要在尼日尔河和尼罗河中游地区,产量约占粮食总产量的 15%,尼日利亚、苏丹、埃塞俄比亚和布基纳法索四国高粱产量占非洲高粱总产量的一半以上。小米产量约占粮食总产量的 14%,主要产在西非的尼日利亚、尼日尔和马里等国。小麦则主要分布在南非和北非地中海沿岸各国。稻谷在非洲种植历史较久,但并不普遍,主要生产国是埃及、马达加斯加和尼日利亚。薯类种植普遍,最大生产国是西非的尼日利亚。

非洲畜牧业产值约占农业总产值的 20%,主要牲畜有牛、羊、骆驼、马、驴、骡等。骆驼头数约占世界的 4/5,居世界第一位。2004 年,有牛 23 176 万头,占世界的 17.3%;山羊 22 783 万只,占世界的 29.2%;绵羊 24 628 万只,占世界的 23.3%;猪 2 186 万头,占世界的 2.3%。由于饲养方式落后,牲畜的产出率低,因此非洲人均肉、奶数量是世界最低的。2004 年肉类产量 1 189.5 万吨,占世界的 4.6%。

(三)工业

1. 采矿业。非洲矿产资源十分丰富,且种类多,储量大,分布集中,产品大部分出口,在国际市场上占有重要地位。采矿业是非洲第一大经济部门,分布相对集中,南非、尼日利亚、利比亚和阿尔及利亚是非洲四个采矿业产值最大的国家。

在世界最重要的 50 多种矿产中,非洲拥有其中的 36 种矿产,其中至少有 17 种矿产蕴藏量居世界第一位。非洲是世界上少有的资源宝库,经济发展有巨大潜力。

在金属矿物中,金、铂(占世界的 77%)、锗、铬(占世界的 69%)、锰(占世界的64%)、钽等储量占世界的1/2以上。另外,锆(占世界的46%)、钴(占世界的34%)、铝、铜、锑等的藏量也很突出。南非、津巴布韦和加纳是重要的产金国。南非是世界第一大产金国和第二大铂族金属开采国。几内亚、塞拉利昂、加纳、津巴布韦是非洲四大铝土矿开采国。其中,几内亚铝矾土储量占世界的30%,它是世界最大的铝矾土出口国。赞比亚和刚果(金)是非洲重要的产铜国。南非是世界第二大锑生产国。黑色金属开采以铁、锰、铬为主。南非、利比里亚、毛里塔尼亚是三大铁矿开采国。锰矿主要分布在南非和加蓬。铬矿主要产在南非。

非金属矿物开采以金刚石(占世界的42%)、石棉、磷灰石(占世界的63%)最重要。目前,非洲有10多个国家开采金刚石,产量约占世界的一半,其中博茨瓦纳、南非、安哥拉、刚果(金)和纳米比亚五国产量占非洲总产量的95%。石棉开采集中于津巴布韦、南非和斯威士兰。磷灰石产量约占世界的1/3,出口量占世界市场的一半以上。摩洛哥是非洲最大的磷灰石开采国,产量居世界第三位,出口量居世界第一位。

能源矿物中以石油和天然气最重要。非洲已探明石油储量105亿吨,天然气13.48万亿立方米,分别占世界的8.7%和8%。其中,利比亚石油藏量443亿桶,居非洲第一位,次为尼日利亚、安哥拉,阿尔及利亚等。尼日利亚、阿尔及利亚、埃及和利比亚是非洲天然气藏量最丰富的国家。目前,非洲石油产量约占世界的11%。非洲有13个国家产石油,但主要集中于北非和西非。尼日利亚是非洲产石油最多的国家。安哥拉已探明原油储量135亿桶,是非洲第二大产油国。尼日利亚、安哥拉、阿尔及利亚、加蓬、刚果(布)、利比亚、埃及等是非洲石油出口大国。非洲生产的石油79%用于出口。2013年,非洲日产原油900万桶,天然气产量1 840亿立方米。非洲铀矿储量56万多吨,占世界的15%以上,高度集中于南非、尼日尔和阿尔及利亚等国。煤炭储量320亿吨,南非是非洲最大的产煤国。非洲可开发的水力发电潜能为3 000万千瓦·时,占世界的1/3,以非洲中部水力资源最丰富,尚待开发。

2. 制造业。非洲制造业十分薄弱，是世界上工业化水平最低的一个大洲。食品工业和纺织工业是非洲两个最重要的工业部门。在重工业中，只有石油提炼和有色冶金稍具规模。炼油工业集中于北非和西非产油国，已形成一些重要的炼油中心，如埃及的亚历山大、开罗，尼日利亚的瓦里等。阿尔及利亚的斯基克达和利比亚的拉斯拉努夫已成为综合石油化工基地。有色冶金工业中较重要的是赞比亚和刚果(金)的炼铜业，它们也是世界最大的炼钴国和钴出口国之一。几内亚、加纳和喀麦隆的炼铝业也较重要。近年来，黑色冶金发展也较快。2007 年非洲粗钢产量达 1 880 万吨，主要集中于南非、埃及等国。北非和南非机械工业较发达，可生产汽车、机车、农机等。化学工业主要生产化肥和农药。非洲工业发展极不平衡，南非约集中了非洲制造业产值的 1/3，其中重工业比重更大，如钢铁和汽车的产值占南非制造业产值的一半以上。此外，制造业较发达的国家还有埃及、突尼斯、阿尔及利亚、摩洛哥、肯尼亚和喀麦隆等，其他广大地区则比较落后。

(四)交通运输业

铁路是非洲的主要运输方式之一，铁路线总长约 10.3 万公里。非洲铁路布局分散，轨距杂乱，有线无网，线路大都自农矿区通往海港，主要服务于初级产品的出口，国内地区间缺乏铁路联系。地中海沿岸国家和南部非洲国家铁路交通较发达。非洲的公路运输近 30 年来发展较快。公路网密度较大的国家有摩洛哥、突尼斯、南非及加纳等国。目前，横跨非洲的蒙巴萨—拉各斯公路已经修建完成，成为非洲各国联系的重要纽带。非洲内河航运不发达，海运重要，非洲进出口物资运输主要靠海运承担，装货量远大于卸货量，吞吐量在 1 000万吨以上的港口有 8 个。管道运输对非洲产油国至关重要。阿尔及利亚、尼日利亚、利比亚、埃及等国从 20 世纪 60 年代以来修建了比较完善、便捷的管道运输网，已初步形成输油(气)体系。非洲航空运输业起步较晚，但发展较快，目前非洲主要城市均可通航。其中，南非的约翰内斯堡国际机场年均接待旅客逾千万，是非洲接待旅客最多的航空港,次为开罗机场和开普敦机场。

此外,非洲旅游市场发展潜力巨大。近年来,非洲不少国家把旅游业作为经济多元化的主要产业之一。但旅游市场分布不均,埃及、南非、摩洛哥和突尼斯是最受欢迎的四个旅游目的地,每年接待游客超过 700 万人次,其余国家绝大部分不超过 50 万人次。

(五)对外贸易

对外贸易在非洲经济发展中占有重要地位,是非洲外汇收入的主要来源。2012 年,非洲商品进出口贸易总额 12 300 亿美元,其中出口 6 260 亿美元,占世界的 3.4%,进口 6 040 亿美元,占世界的 3.2%,外贸顺差 220 亿美元。非洲出口商品以燃料和矿产品为主,其出口额约占出口总额的 59%,其中石油出口额占出口总额的一半以上。其次为农产品,占出口总额的 12% 以上。各种制成品仅占出口总额的 25%。在进口商品中,制成品约占 71%,农产品约占 14.5%,其中粮食占较大比重。西方发达国家曾经是非洲的主要贸易伙伴,以欧盟最重要。2007 年,欧盟同非洲的贸易额超过 2 000 亿美元,尤以法、英两国最重要。法国工业所需 90% 以上的铀、钴、锰及 76% 的铝矾土、50% 的铬、30% 的铁矿石均来自非洲,英国工业所需铬的 80%、润滑油的 65%、锰的 55%、钴的 54% 也来自非洲。其次是北美,约占非洲出口的 18.7%,其中美国所需战略性原料和物资的 30% ~60%、工业用钻石的 100% 以及大量石油均来自非洲。2007 年,美国同非洲的贸易额超过 1 000 亿美元,美国是进口非洲资源最多的国家。近年来,非洲与亚洲新兴工业化国家的贸易增长较快,2004 年,亚洲已占非洲商品出口的 16.8% 和进口的 22%。2000 ~ 2008 年,巴西、俄罗斯、印度、中国四个国家与非洲的贸易额增加了 8 倍,占非洲贸易额的比重从 1993 年的 4.6% 提高到 2008 年的近 20%。非洲对美贸易额不升反降,2013 年,与美贸易额仅为 600 亿美元,不足欧非和中非贸易额的 1/3,而对印度、巴西、韩国、土耳其的贸易额增长迅速。

非洲国家与中国在 20 世纪 50 年代就有贸易往来,目前中国已与45个非洲国家签订了双边贸易协定。1950年中非双边贸易额仅为1 214万美元,1960年达到1亿美元,1980年超过10亿美元,2000年突破100亿美元,2008年达到1 068亿美元,2009年,虽受国际金融危机影响,中非贸易额下降到910.7亿美元,但中国在当年首次超过美国成为非洲第一大贸易伙伴国。2012年双边贸易额1 984.9亿美元,其中非洲对中国出口1 131.71亿美元,从中国进口853.19亿美元,均创历史新高,非洲顺差为278.52亿美元。从2000年到2012年,中非贸易额占非洲贸易总额从3.8%增至16.15%,其中非洲对中国出口额占非洲出口总额从3.36%增至18.07%,从中国进口额占非洲进口总额从3.88%增至14.11%。2013年双边贸易额增至2 102亿美元,中国已连续五年成为非洲第一大贸易伙伴。非洲对中国主要出口原油、矿产品、钻石、木材及农产品等。中国对非洲主要出口机电产品,已占对非出口的45.9%,其次出口钢铁、纺织品和服装、医药、轻工产品和农产品等。中国向非洲出口的商品,适合非洲的消费水平,受消费者欢迎。中非经贸互补性强,经贸合作方式日趋多样,合作领域不断扩大。现在非洲是中国第三大海外投资市场、第二大海外工程承包市场,是中国重要的进口来源地。

第二节 埃及、尼日利亚、肯尼亚和南非

一、埃及

埃及地处亚、非两大洲接合部,绝大部分国土位于非洲东北部,仅西奈半岛位于亚洲西南部。埃及北临地中海,东濒红海,苏伊士运河沟通了红海与地中海的联系,使其成为国际海运的重要枢纽。埃及国土总面积100.2万平方公里,人口8 206万(2013年),其中阿拉伯人占87%,科普特人占11.8%。城市人口比重43%。埃及国土的96%是沙漠。尼罗河从南向北贯穿全境,在开罗以北形成巨大的三角洲。99%的埃及人居住在占国土面积4%的三角洲及河谷平原地区,这里也是埃及的主要农业区。埃及气候炎热干燥,大部分地区

属热带沙漠气候区,北部沿海地区属地中海式气候区。埃及的自然资源主要有石油、天然气、铁、锰、磷灰石、铀、煤等。

(一)经济概述

埃及是非洲仅次于尼日利亚的经济发展水平较高的国家,2013年国内生产总值2 720亿美元。埃及政府不断调整经济政策,大力引进外资,自1974年以来,已在开罗、亚历山大、塞得港等六座城市建成六个自由区,以优惠政策吸引外资。埃及在经济发展中强调以农业为基础,全面发展经济,因此,经济有了较快增长。目前,埃及国民收入的四大支柱是石油出口、侨汇、旅游业和苏伊士运河船只过境税收。

(二)农业

埃及是一个以农业为主的国家,农业是国民经济的支柱产业之一。2011年,农业产值约占国内生产总值的14.5%,农业从业人员550万,占全国就业人数的31%。农村人口占全国的56%。可耕地面积860万费丹(1费丹=6.3亩),约占国土面积的3.57%。农业生产完全依赖尼罗河水灌溉。农业生产以种植业为主,主要作物有小麦、水稻、玉米、棉花、甘蔗等。埃及2009年粮食产量2 390万吨,其中小麦852.3万吨,稻米750万吨,玉米680万吨。埃及是非洲产稻米最多的国家。埃及是非洲产粮大国,产量仅次于尼日利亚,但粮食不能自给,每年约进口小麦900万吨,是世界最大粮食进口国之一。经济作物以棉花最重要,埃及是非洲最大的产棉国,棉花产值约占农业总产值的20%。埃及棉花一向以高产优质闻名于世,多产长绒棉。棉花是埃及重要的出口物资。意大利是埃及棉花的最大进口国。埃及有两大农业区,即上埃及和下埃及,前者指开罗以南的尼罗河谷地,约占全国耕地面积的1/3,以种植粮食作物为主;后者包括开罗附近及整个三角洲地区,占全国耕地面积的2/3,棉花种植面积占全国的2/3,水稻也多产于此。畜牧业主要饲养牛、羊,2009年肉类产量152.5万吨,肉类自给率约80%。

（三）工矿业

埃及是非洲工业较发达的国家之一，2011 年，工矿业产值约占国内生产总值的 37.6%。工业从业人数约占总就业人数的 14%。主要矿产资源有石油、天然气、磷酸盐、铁、煤、锰等，以石油和天然气的开采最重要。2009 年已探明石油储量 44 亿桶。当年原油产量 3 530万吨，现在平均日产原油 67.5 万桶。天然气储量 2.19 万亿立方米，年产量 627 亿立方米。石油和天然气是埃及重要的出口物资和国民收入的重要来源之一。埃及电力工业发达，2010 年发电量 1 426.9亿千瓦·时，其中火电占 90.2%。阿斯旺水坝是世界七大水坝之一，全年发电量超过 100 亿千瓦·时。2007 年埃及正式启动了核电站计划。现全国电网覆盖率达 99.3%，居非洲第一位。制造业以纺织、食品等轻工业为主，工业规模仅次于南非。近年来，埃及钢铁、石油化工、水泥、机械等重工业有较大发展。2007 年粗钢产量 620 万吨。2013 年汽车产量 3.9 万辆。

（四）对外贸易

2013 年，埃及对外商品贸易总额为 870 亿美元，其中出口 280 亿美元，进口 590 亿美元，逆差 310 亿美元。主要出口石油及其制品、天然气、棉花、棉织品、稻米、水果等，主要进口机械、运输设备、化工产品、活畜、粮食等。服务贸易在埃及对外贸易中占重要地位，2013 年服务贸易总额 346.24 亿美元，其中出口 192.86 亿美元，进口 153.38 亿美元，服务贸易顺差 39.48 亿美元。埃及旅游业发达，2012 年旅游业收入达 100 亿美元。苏伊士运河过境收费也为埃及带来巨大收入，2012 年，通行费高达 51.3 亿美元。埃及与世界上 120 多个国家和地区有贸易关系，但主要贸易伙伴是美国、沙特阿拉伯、阿联酋、法国、德国、英国等国。

埃及与中国于 1956 年建交，是第一个与中国建交的非洲国家，从此开始了中非经贸合作时代。2012 年中埃双边贸易额 95.4 亿美元，其中埃及出口 13.2 亿美元，自中国进口 82.2 亿美元。埃及向中国出口原油、原材料、棉花、大理石,从中国进口机电产品、纺织品等。埃及是中国在非洲的重要贸易伙伴。

二、尼日利亚

尼日利亚位于西非的东南部,南濒几内亚湾,总面积约92.4万平方公里,人口1.74亿(2013年),是非洲人口最多的国家,人口数量居世界第七位。城市人口比重为36%。人口全部为黑种人,全国有250多个民族。

尼日利亚地势北高南低,地形复杂多样,南部以平原为主,中部多河谷、盆地,北部是高原和盆地。尼日利亚热带气候明显,南部全年高温多雨,西、北部为热带草原气候,最北部为干旱气候。尼日利亚河流众多,以尼日尔河及其支流贝努埃河最重要。矿产资源丰富,有石油、天然气、铌、钽、锡、钨、铁、铅、锌、煤等。

(一)经济概述

在撒哈拉以南的非洲国家中,尼日利亚经济发展较快,特别是近年来经济发展过猛,超过南非,成为非洲第一大经济体。据世界银行统计,2013年,尼日利亚国内生产总值5 226亿美元,居非洲各国之首。尼日利亚原为农业国,盛产多种经济作物,很多农产品在世界上居领先地位,自20世纪70年代起,石油开采业崛起,西方石油公司纷纷在此扩大投资,石油产量猛增。近年来,石油收入占其财政收入的85%和外汇收入的95%,石油工业成为国民经济的支柱产业,尼日利亚成为最典型的资源型国家。2012年,在尼日利亚国内生产总值中,农业占33.1%,工业占40.6%。

(二)农业

尼日利亚是西非的农业大国,农业产值在国内生产总值中约占33.1%,农业人口约占全国就业人口的60%。全国耕地面积3 400万公顷。农业生产以种植业为主,主要经济作物有花生、棉花、可可、腰果、橡胶和棕榈等。2004年,花生产量270万吨,占非洲花生总产量的1/3,居非洲第一位、世界第三位;橡胶产量11.2万吨,居非洲第一位、世界第七位;棕仁和棕油产量居非洲首位。这些产品本是尼日利亚传统出口产品,但自20世纪70年代后,因受石油业冲击,产量和出口量大减。目前,尼日利亚是世界第四大可可生产国、出口国。尼日利亚的主要粮食作物有产于北部的玉米、水稻、谷子、高粱和产于南部的甘薯、木薯等。2009年粮食产量3 021万吨。尼日利亚粮食不能自给,每年进口稻米占非洲进口稻米总量的1/4。畜牧业不发达,畜产品不能自给。尼日利亚林业资源丰富,热带雨林中有很多珍贵树种,如桃花心木、非洲梧桐、柚木等。木材产量位居非洲前列,并有很大开发潜力和开发价值。

(三)工矿业

石油工业是尼日利亚国民经济的支柱,外汇收入的95%和国内生产总值的20%~30%均来自石油行业。尼日利亚矿产资源丰富,已探明矿藏有30多种,主要有石油、天然气、煤、锡、石灰石等。其中最重要的矿产资源是石油,储量约372亿桶,仅次于利比亚,居非洲第二位、世界第十位。尼日利亚石油油质好、开采成本低、易运输。尼日利亚1958年开始对石油进行商业性开采,1960年后产量骤增,1979年达1.15亿吨。2011年日产原油238万桶,全年共产原油8.69亿桶。多年来,尼日利亚一直是非洲第一产油大国,是非洲最大的石油输出国,2011年原油出口收入达880亿美元。随着石油产量的增加,炼油和石油化工均获相应发展。哈科特港炼油厂是目前非洲最大的炼油企业,它的建成扭转了尼日利亚单纯依靠原油出口的局面。但目前尼日利亚仍是欧佩克成员中唯一需要进口成品油的国家。尼日利亚天然气储量为5.25万亿立方米,居非洲第一位。尼日利亚2009年天然气产量249亿立方米,次于阿尔及利亚及埃及,是非洲第三大天然气生产大国。尼日利亚探明煤炭藏量27.5亿吨,早在19世纪就已开采,现在是西非唯一产煤国。其他工业有纺织、钢铁、车辆装配、电力、木材加工、食品等,但规模均较小。目前制造业生产值只占国内生产总值的约4%。电力供应严重不足。制造业大多集中在拉各斯及其周边地区。

（四）对外贸易

2013 年，尼日利亚商品外贸总额 1 560 亿美元，其中出口 1 000 亿美元（石油贸易额占出口总额的 90%），进口 560 亿美元，外贸顺差 440 亿美元。主要出口石油及其制品、可可、棕仁、橡胶、锡等，主要进口机械设备、粮食、车辆、成品油、轻工产品等。主要贸易伙伴是发达国家及印度、中国、巴西等。其中，在尼日利亚与美国的贸易中，石油占尼日利亚出口的 100%，过去对美国日出口 60 万桶，现降为 20 万桶。而印度的石油进口量占尼日利亚石油开采量（250 万桶）的 30%，是尼日利亚最大的贸易伙伴。

尼日利亚和中国于 1971 年建交，双边经贸关系发展顺利。尼中贸易额从 2002 年的不足 10 亿美元增至 2013 年的 136 亿美元，其中尼日利亚对中国出口 15.5 亿美元，自中国进口 120.5 亿美元。尼日利亚向中国出口石油等初级产品，从中国进口机电、纺织、食品、轻工等产品。中尼经济合作发展较快，由中国土木工程建设公司承包施工的铁路修复项目全长 3 500 公里，是中国在非洲开展承包劳务签订的最大项目之一。尼日利亚是中国在非洲的第三大贸易伙伴。

三、肯尼亚

肯尼亚位于非洲东部，地处东非高原东北部，是“东非屋脊”的一部分。高原东部的肯尼亚山主峰基里尼亚加峰，海拔 5 199 米，是非洲第二高峰。在肯尼亚，赤道横贯中部，东非大裂谷纵贯南北，境内多高原，平均海拔 1 500 米。肯尼亚东南沿海为平原。境内大部分地区属热带草原气候区。矿产资源贫乏，已探明矿物有纯碱、盐、萤石、钛铁矿、锆石、石灰石以及金、银、铅、锌等，储量均不多。除纯碱和萤石外，其他均未开采。全国总面积为 58.26 万平方公里，人口 4 435万（2013 年）。人口分布南密北疏。全国有 42 个部族，以吉库尤族为最大，约占全国人口的 21%。

（一）经济概述

肯尼亚是撒哈拉以南非洲经济发展较好的国家之一，发展速度也较快。肯尼亚独立后实行以私营经济为主多种经济形式并存的“混合经济”体制，吸引外资，加速工农业多样化发展。同时随着肯尼亚和中非其他国家发现和开采石油，肯尼亚积极策划和实施修筑道路和管道，营造通往中非和东非有关国家的交通走廊，利用自己的地理位置优势把肯尼亚建成东非的能源枢纽。肯尼亚2013年国内生产总值为441亿美元。

（二）农业

农业是肯尼亚国民经济的支柱产业，2011年农业产值占国内生产总值的23.9%，农业人口占全国总人口的75%。农产品出口额占出口总额一半以上。全国可耕地面积540万公顷。主要农作物有玉米、豆类、高粱、小麦等。2010年粮食产量410万吨，粮食不能自给。主要经济作物有咖啡、茶、甘蔗、剑麻、除虫菊、棉花和烟草等。茶、咖啡和花卉是肯尼亚农业三大创汇产品。其中，咖啡是肯尼亚最重要的经济作物和出口量最大的产品。肯尼亚咖啡属优质的阿拉伯咖啡，在国际市场上享有盛誉。肯尼亚第二大出口农产品是茶叶，肯尼亚是非洲生产茶叶最多的国家，2010年茶叶产量37.8万吨，且茶叶质量优良，在国际市场上具有较强竞争力，2007年，肯尼亚成为世界最大茶叶出口国。肯尼亚剑麻产量仅次于巴西和坦桑尼亚，居世界第三位。除虫菊产量占世界产量的80%。近年来，肯尼亚园艺业发展较快，目前是非洲最大的鲜花出口国。肯尼亚大量鲜花、水果和蔬菜空运到欧洲和中东，约占欧盟25%的市场。

（三）工业

肯尼亚是东非国家中工业化程度相对较高的国家，拥有相对较好的基础设施。2011年，工业产值占国内生产总值的19.2%。肯尼亚主要发展的是劳动密集型的中小加工制造业，且发展速度较快，门类日趋齐全。肯尼亚通过发展进口替代工业，工业化程度不断提高，主要工业部门有农产品加工、纺织服装、汽车组装、化工、印刷、炼油等。所需日用消费品的85%可自给，有些还可出口。在能源工业方面，有1 500兆瓦·时的发电能力，以水电为主。能源工业主要分布在塔纳盆地及特克维尔峡谷。肯尼亚是非洲第一个利用地热发电的国家，并积极开发利用可再生能源（主要是风力），但目前全国通电率还很低。在北部国尔卡纳地区发现了石油，在东部拉木盆地近海发现了天然气。未来肯尼亚将跻身非洲潜在产油国行列。目前国内开采规模最大的是苏打粉，这也是肯尼亚最重要的出口矿产品。肯尼亚经济对外依赖程度较高，工业原料、机器设备和燃料等几乎全部依靠进口。工业主要集中在首都内罗毕、蒙巴萨和基苏木三市。

（四）对外贸易

对外贸易在肯尼亚的经济中占重要地位。2013年，肯尼亚对外商品贸易总额222.14亿美元，其中出口58.56亿美元，进口163.58亿美元。主要出口咖啡、茶、花卉、水泥、除虫菊、精纯碱等产品，主要进口原油、机械、钢铁、运输设备、活畜等。肯尼亚的主要贸易伙伴是英国、德国、美国和日本，近年来与东非和南部非洲国家以及中国、印度的贸易往来有所增加。

肯尼亚与中国于1963年建交。2011年双边贸易额24.28亿美元，其中肯尼亚对中国出口0.59亿万美元，自中国进口23.69亿美元。肯尼亚向中国出口茶、咖啡、剑麻、皮革等，从中国进口化工产品、电子产品、纺织品和服装、药品、轻工产品等。

四、南非

南非位于非洲大陆最南部，东、南、西三面被印度洋和大西洋环抱。南非地处大西洋到印度洋、欧洲到亚洲的海上交通要冲，西南部的好望角是印度洋与大西洋的分界点。绕行南非海域的好望角航线，是沟通东西方的重要航线。南非总面积约122万平方公里。境内大部分地区为600米以上的高原,德拉肯斯山脉绵亘东南,卡斯金峰海拔3 660米,为全国的最高点,西北部为沙漠,沿海为狭窄的平原。南非大部分地区的气候属热带草原气候,东部沿海为热带季风气候,南部沿海为地中海式气候。南非的矿产资源十分丰富,除石油和铝土矿外,其他工业用矿几乎都有蕴藏,且储量丰富,被称为“世界非燃料矿藏的波斯湾”。南非人口5 278万(2013年),城市人口比重为54%。南非居民的种族和民族构成比较复杂,主要有:黑种人,占79.4%;白种人,占9%,主要是荷、英移民后裔;有色人种,占9%;亚裔,占2.5%,主要是印度人和华人。通用语言为英语和阿非利卡语。南非是世界上唯一同时存在三个首都的国家:行政首都为比勒陀利亚,立法首都为开普敦,司法首都是布隆方丹。

(一)经济概述

南非是非洲大陆的经济大国,是中等收入的发展中国家,2013年国内生产总值3 506.3亿美元。丰富的资源,廉价的劳动力,良好的基础设施,再加上先进的管理,使南非成为当今非洲经济最发达的国家。南非制造业发达,工业产值是非洲国家中最高的。农产品出口额居非洲各国之首。南非拥有先进的交通、电力和通信等基础设施,有现代化的金融体系和庞大的商业网络,其经济规模相当于世界中等收入国家的水平。矿业、制造业、农业和服务业是其经济的四大支柱产业。但是各个部门和各个地区存在严重不平衡现象。

(二)工业

采矿业、能源业、制造业和建筑业是南非工业的四大部门,它们的产值分别占南非国内生产总值的9.7%,15%,16%和3.8%。

南非矿产资源非常丰富,已探明并开采的矿产有70多种。采矿业是南非国民经济的支柱产业之一。2008年矿产品出口额约占出口总额的31%。南非采矿业历史悠久,有完备的现代化矿业体系和先进的开采冶炼技术,南非的深井采矿技术处于世界领先地位。南非储量居世界第一位的矿产有黄金(储量3.6万吨,占世界的

40%)、铂族金属(储量7万吨,占世界的87.7%)、锰(储量400万吨,占世界的80%)、铬矿石(储量55亿吨,占世界的72%)、钒(储量1 200万吨,占世界的32%)以及铝硅酸盐、蛭石等,居世界第二位的有锆、钛、氟石等,锑居世界第四位,铀、铅居世界第五位,此外还有锌、铁矿石、铜等。南非矿产不仅储量丰富,而且产量大,如铂族金属、锰、铬、钒、蛭石等产量均居世界第一位。南非是世界最大的黄金生产国和出口国。在过去的一个世纪中,世界黄金产量的47%来自南非。以约翰内斯堡为中心的维特瓦特斯兰德盆地有世界最大的金矿带,南非98%的黄金产于此。铀是采金业副产品,储量约298吨,产量居世界第四位。南非是世界重要的铂族金属和钻石的生产国和出口国,铂族金属产量约占世界总产量的一半以上,钻石产量约占世界总产量的9%。南非钻石质地优良、宝石比重大,总产值一直居世界首位。南非历史最久、最著名的德比尔斯公司成立于1888年,1893年上市,是世界最大的钻石生产和销售公司,目前控制着世界粗钻石贸易的60%以上。南非铁矿石储量约15亿吨,产量大,出口多,2102年出口铁矿石5 400万吨,居世界第三位。

南非石油、天然气贫乏,但煤炭资源丰富,已探明储量304.1亿吨。2012年煤产量1.47亿吨油当量,占世界的3.85%。南非是非洲产煤最多的国家。煤炭提供南非国内75%的能源需求,除自给外,大量出口,目前南非是世界第六大煤炭出口国。南非电力工业发达,发电量约占非洲的2/3,其中92%为火电,是世界电费最低的国家之一。国企南非电力公司是世界第十七大电力生产企业和第九大电力销售企业,拥有世界上最大干冷发电站,装机容量达39 000兆瓦。在开普敦附近建有非洲大陆唯一的核电站——库伯格核电站,发电能力184.4万千瓦·时,可提供电力供应的6%。此外,南非的萨索尔公司的煤合成燃油及天然气合成燃油技术商业化水平居世界领先地位。为了改变能源结构过分依赖煤炭的局面,南非正积极开发新能源:南非铀矿资源丰富,发展核电潜力巨大;风能发电市场潜能巨大;开普敦光伏太阳能板生产基地已正式投产。

制造业是南非经济的支柱产业。南非是非洲国家中工业化程度最高的国家,有部门比较齐全、技术水平较先进的工业体系,主要工业部门有钢铁、汽车、化工、机械、食品、电子、军工等。钢铁工业是南非制造业的支柱产业,南非有6大钢铁联合公司、130多家钢铁企业,年钢产量910万吨,是非洲最大的产钢国,产品不仅自给,还销往中东等地的其他国家。南非是非洲第一汽车生产大国,2013年汽车产量54.6万辆。化学工业发达,主要生产硫酸、化肥、医药、炸药等。从煤和天然气中合成燃油的技术,居世界领先地位。电子工业是新兴工业部门,2011年电子工业产值15.12亿美元,贸易额110.42亿美元。南非的纸浆和造纸技术在世界处领先地位,是世界重要的纸浆、纸张和木材加工产品出口国,也是世界最大的人造纤维、纸浆生产国。此外,南非军火工业发展迅速,有完整的军工生产体系。另外,南非是世界重要的葡萄酒出口国。

(三)农业

南非是非洲国家中具有现代化水平的农业大国,科技和管理水平均较高,农、牧、渔业均较发达,产品品种多,自给率高。2012年,在国内生产总值中,农业占2.4%,从事农业的就业人口占总就业人口的7%,农产品出口收入约占非矿业出口收入的15%。在农业生产中,种植业与畜牧业并重。现有耕地面积1 000万公顷,主要农作物有玉米、小麦、高粱、葵花籽、甘蔗、马铃薯、烟草和棉花等。玉米是最重要的粮食作物,其种植面积约占耕地面积的36%。除少数干旱年份外,南非一般是粮食出口国。2009年南非粮食产量1 459万吨,其中玉米1 205万吨(占82.6%)、小麦195.8万吨。甘蔗产量2 098万吨。水果种植较多,如葡萄、橙等。玉米、蔗糖、水果、向日葵是出口的主要农产品。花卉和观赏植物等园艺产品也是农业生产和出口的重要部分。

畜产品产值约占农业产值的46.7%。畜牧业生产以养羊、牛、猪为主,禽类生产以养鸡为主。南非是非洲最大的养羊国。2009年有羊3 155.82万只、牛1 409.28万头、猪162.4万头、鸡1.26亿只。

东开普敦是畜牧业重要发展区。2009年肉类产量222.2万吨,肉类自给率约85%。南非是世界第四大羊毛出口国。鸵鸟饲养和鸵鸟产品加工是新兴产业。现在南非是世界最大鸵鸟生产国,鸵鸟产品——鸵鸟肉、皮革和羽绒占世界销量的80%。

(四)对外贸易

南非是非洲第一贸易大国,2013年对外商品贸易总额2 224.46亿美元,其中出口960.76亿美元,进口1 263.7亿美元,贸易逆差302.94亿美元。对外贸易在南非国民经济中占重要地位,贸易额约占国民生产总值的63%。南非主要出口矿产品、贵金属及制品、贱金属及制品,主要有黄金、钻石、煤、铁矿石、铬矿石、铂、锰等矿物,并出口玉米、羊毛等农产品和纸浆、纸张、化工产品、食品等。进口产品主要有机械设备、机电产品、汽车部件和附件、化工产品、原油、纺织品和服装等。南非传统贸易伙伴是西方发达国家,近年来与中国贸易发展很快。2013年,南非出口最多的国家是中国(占13.6%)、美国(占8.4%)、日本(占6.6%)、德国(占5.2%),进口最多的国家是中国(占15.9%)、德国(占10.6%)、沙特阿拉伯(占7.9%)、美国(占6.5%)。南非与非洲国家经济联系密切,与大约30个非洲国家有贸易往来。

南非也是非洲各国中服务贸易最发达的国家。2013年,南非服务贸易总额299.61亿美元,其中出口136.33亿美元,进口163.28亿美元。南非市场的一个特点是转口贸易活跃,许多国际商家把南非作为进入其他南部非洲国家的跳板。南非拥有现代化的港口、铁路、公路,运输系统效率较高。南非与纳米比亚、莱索托、博茨瓦纳、斯威士兰建立了关税同盟(称"南部非洲关税同盟"),在这五国之间,商品自由流动,免征关税。

南非与中国于1998年建交,1999年双边贸易额17.22亿美元,2011年增至454.3亿美元,为历史最高纪录。2013年双边贸易额273亿美元,其中南非对中国出口113亿美元,自中国进口160亿美元,南非逆差47亿美元。南非向中国出口矿产品,其出口额约占出口总额的3/4,并出口贱金属及制品、贵金属及制品、纸浆、纸张等,从中国进口机电设备、粮油食品、轻纺产品、化工和土特产品等。现在中国已成为南非在全球的最大贸易伙伴,是南非的第一大出口市场、第一大进口来源地;南非则是中国在非洲的最大贸易伙伴。

第九章　北美洲

就政治经济地理而言，北美洲包括加拿大、美国、丹麦属地格陵兰岛、英国属地百慕大群岛、法国属地圣皮埃尔岛和密克隆岛等，总面积2 153万平方公里，约占世界陆地总面积的14.4%，总人口355亿(2013年)，占世界总人口的5%。北美洲是现代资本主义的重要中心，是世界上经济发展水平最高的地区之一。2012年，北美洲对外进出口贸易总额达48 120亿美元，占全球贸易总额的13.10%。由加拿大、美国和拉丁美洲的墨西哥组成的北美自由贸易区，是世界上面积最大的自由贸易区。北美自由贸易区自1994年正式运作，目前已成为世界上最重要的区域经济组织之一。2007年，三国贸易总额9 300亿美元，平均每天交易额达25亿美元。

第一节　加拿大

加拿大位于北美洲北部，南和西北同美国接壤，东、北、西三面分别濒临大西洋、北冰洋和太平洋，总面积998万多平方公里，是世界上领土面积第二大的国家。

一、自然条件

加拿大地势西高东低，地形大致可分为三部分：西部是以落基山脉为主体的科迪勒拉山地，许多山峰海拔在4 000米以上，其中洛根峰海拔5 951米，是加拿大第一高峰；中部是平原和低地，这里地势低平，土壤肥沃，是加拿大的主要农牧区，平原西部因牧草丰美，又称“大草原”，平原东部是圣劳伦斯谷地；东部是拉布拉多高原和阿巴拉契亚山脉。东部的圣劳伦斯湾外接大西洋，内连圣劳伦斯河，与五大湖相接，是加拿大沟通大西洋的一条重要水道。境内河湖众多，有著名的大熊湖、温尼伯湖等。东南部的五大湖除密歇根湖外，其余均为美、加两国共有，湖泊面积之大，居世界第一位。加拿大地处高纬度地区，全境90%以上的领土位于北纬50度至80度之间，约有1/3的国土在北极圈内，大部分地区气候寒冷，冬长夏短，雨量稀少，具有明显的大陆性气候。西部太平洋沿岸因有太平洋暖湿气流调节，形成了冬暖夏凉的温带海洋性气候。五大湖和圣劳伦斯地区，地势平坦，水热条件较好，对发展农业生产十分有利。

加拿大自然资源极为丰富。主要矿产有石油、天然气、煤、铜、钛、黄金、白银、镍、锌、铂、铀、钾盐和石棉等60余种。森林面积4.4亿公顷，次于俄罗斯、巴西，居世界第三位。森林覆盖率44%。人均林地面积13.3公顷。多优质树种。境内河流纵横，湖泊众多，淡水和水力资源十分丰富。

二、居民

加拿大是个地广人稀的国家，2013年，全国人口为3 518万，平均每平方公里不足4人。人口分布极不平衡，全国90%的人口居住在与美国接壤的南部狭长地带，圣劳伦斯河沿岸人口密度也较高，广大的北部地区人烟稀少。城市人口比重为78%，尤以多伦多、蒙特利尔和渥太华三座城市的人口最为集中。加拿大是个由移民组成的国家，居民多为英、法移民的后裔，其中英裔约占总人口的40.2%，法裔占26.7%，其次是意、德、乌克兰等欧洲移民的后裔。当地的印第安人和因纽特人约有130万，仅占总人口的3.7%。其余为亚、拉、美、非裔，华人约有145万。法裔居民主要居住在魁北克省，英裔居民分布广泛。居民主要信奉天主教和基督教新教。英语和法语同为官方语言。

三、经济概况

（一）概述

加拿大是一个后起的发达的资本主义国家。17世纪初，法国人和英国人先后来到加拿大，他们带来了欧洲的资本主义制度、资金和技术，但因加拿大自然条件较美国差，故在相当长的时间内，加拿大经济发展仍以渔业、林业和狩猎业为主。至1867年加拿大成为英联邦的自治领之后，采矿业和制造业才获得一定程度的发展。加拿大经济的真正迅速崛起是在第二次世界大战之后。战后，在美国军事需求刺激下，外国资本特别是美国资本大量涌入加拿大，同时加拿大放宽了移民政策，大量引进国外科技人才，经济得以快速增长，加拿大成为西方七大工业国之一。2013年，加拿大国内生产总值为18 250.96亿美元，居世界第十一位。

加拿大经济有如下特点：第一，对外资特别是美国资本依赖性大，经济上受美国影响非常深。其主要经济部门多受外资特别是美资控制，美资占外资总额的3/4左右。加拿大有75%的出口商品输往美国，有1/2以上进口商品来自美国。第二，经济具有资源加工型特点。加拿大资源丰富，在国民经济中，林业、矿业、能源是七大工业国中比重最高的。在对外贸易商品结构中，农、林、矿、能源等初级产品是重要的出口商品。第三，市场高度国际化。加拿大是世界上吸收外资最多的国家之一，也是进出口贸易额在国内生产总值中比重最高的国家之一。2013年，对外贸易额占国内生产总值的50.4%，国内经济发展严重依赖对外贸易的发展。第四，属于技术密集型。加拿大的工业、农业、交通运输业都有很高的科技水平，生产效率高，仅次于美国。第五，国内各地区经济发展不平衡。主要经济活动集中在美加边境东西狭长的带状地区，以安大略、魁北克、不列颠哥伦比亚和艾伯塔四省的经济最发达，广大北部、西北部地区的经济相对落后。

(二)工业

加拿大工业发达。2011 年,工业产值约占国内生产总值的 12.8%,从业人员 176 万,占总就业人口的 9.4%。

1. 能源工业。加拿大是世界上油气资源最丰富的国家之一,也是世界上重要的能源生产国和出口国之一,能源种类全、储量多、产量大,能源工业是加拿大重要的出口创汇产业。加拿大从 1969 年起开始出口能源,2008 年能源工业产值曾占国内生产总值的 7%,当年能源出口额在出口总额中比重高达 28%。目前美国能源需求的 9% 由加拿大提供。美国进口的天然气中有 90% 来自加拿大(占美国天然气消费量的约 13%)。2009 年加拿大探明石油储量 332 亿桶,居世界第十一位。又据 2011 年统计,加拿大石油探明经济可采储量达 1 431 亿桶,占全球常规石油探明经济可采储量的 10.3%。2012 年加拿大石油日产量 374 万桶,占世界的 4.4%,居世界第六位。当年日出口石油 306 万桶,占世界的 5.5%。天然气已探明储量 1.75 万亿立方米,2012 年产量为1 565亿立方米,占世界总产量的 4.6%,居世界第五位。加拿大石油和天然气主要出口到美国。

加拿大煤炭探明储量 65.78 亿吨,2012 年煤炭产量 6 649.4 万吨。煤炭主要产在西部落基山地区的不列颠哥伦比亚、阿尔伯塔和萨斯喀彻温三省,其煤炭产量约占全国煤炭总产量的 90%。油气开采也主要集中在中西部,尤以阿尔伯塔省资源最丰富,这里被称为加拿大能源的“心脏”。

2011 年加拿大铀矿产量 0.87 万吨。铀主要产在西部的铀城。加拿大是世界第二大铀供应国,其供应量占全球的 16% 以上。美国核电站所用铀的 20% 左右来自加拿大。1967 年加拿大正式建立了第一座核电站,此后核电比重不断提高。2012 年加拿大核电消费量达2 170 万吨油当量,占世界的 3.9%,居世界第六位。加拿大水力资源丰富,目前在加拿大电力结构中,水电比重已高达一半以上。2012 年加拿大水电消费量 8 600 万吨油当量,占世界总消费量的 10.4%,次于中国和巴西,居世界第三位。加拿大是世界能源生产大国,2012 年总能源产量 41 981 万吨油当量,其产量的 2/3 可供出口。

2. 采矿业。加拿大矿产资源丰富,是世界主要矿产品生产国和出口国之一,矿产品产值次于美国和俄罗斯,居世界第三位。加拿大有 300 种金属和非金属矿藏,其中约有 60 种矿产具有开采价值。储量居第一位的是钾(储量 97 亿吨),居第二位的是钨(储量 26 万吨),居第三位的是铀(储量 52 万吨)和镉(储量 55 万吨),居第四位的是镍(储量 490 万吨,2011 年产量 21.2 万吨),居第五位的是铅(储量 200 万吨,2011 年产量 6 万吨)。2011 年金产量 9.82 万千克,银产量 53.3 万千克,铜产量 55.1 万吨。此外,加拿大还有大量非金属资源,如石棉、硫黄、石膏等。这些矿产品 80% 供出口,出口产品中的 80% 出口到美国,其次出口到欧盟和日本。多种金属主要集中在“矿藏宝库”——劳伦高地。20 世纪 90 年代初在西北地区又发现了储量大、质量高的钻石,1998 年已开采。

3. 钢铁工业。2011 年,加拿大钢产量为 1 288 万吨。加拿大发展钢铁工业的资源条件优越,已探明铁矿储量 365 亿吨,品位高达 50% ~60%,最大产地是东部的拉布拉多矿区。铁矿石除满足内需外,尚可大量出口。2012 年铁矿石出口 3 400 万吨,居世界第五位。煤炭分布远离东部生产中心,故所需焦煤几乎全部从美国进口。加拿大的钢铁企业集中分布在圣劳伦斯和五大湖区,尤以安大略省的汉密尔顿和苏圣玛丽最重要。加拿大有色冶金工业也很发达,特别是炼铝工业最突出。加拿大有丰富廉价的电力,是其炼铝业发展的基础。加拿大是世界上最大的铝出口国之一。

4. 机械工业。加拿大机械工业比较发达,农业机械、电机、林业和矿业机械的某些产品的生产技术水平已跨入世界先进行列,并有部分出口。多伦多是轻型机械工业制造中心,汉密尔顿则是重型机械工业制造中心。加拿大既是一个较大的机床生产国,也是世界上重要的机床消费市场。

5. 汽车工业。汽车工业是加拿大制造业中最重要的工业部门之一。2013 年,加拿大汽车产量 237.98 万辆,居世界第十位,其中轿车产量96.52万辆,约占总产量的40.6%。汽车工业主要由美资控制。小汽车产量的80%左右供出口。汽车工业主要分布在安大略省的温莎,其产量占全国的90%左右。温莎是加拿大的汽车城,与美国的汽车城底特律仅一湖之隔。

6.木材加工和造纸工业。这是加拿大的传统工业部门。加拿大木材蓄积量190亿立方米,是世界上最大的木材、纸浆、新闻纸出口国,是世界第四大纸与纸板生产国,产量仅次于美国、日本和中国。同时,加拿大还是仅次于美国和中国的世界第三大纸浆生产国,新闻纸产量占世界总产量的40%左右,出口量居世界第一位。加拿大西部林区主要以木材加工为主,生产成品材,东部主要造纸和生产纸浆。魁北克省集中了全国纸浆生产的38%,蒙特利尔是国内最大的造纸工业中心。其他林产品,如锯材、胶合板等均是大宗出口产品,渥太华是世界最大的木材集散地之一。家具业发展迅速。加拿大已是世界第四大家具出口国,美国是其主要出口市场,占加拿大家具出口额的90%以上。安大略和魁北克两省家具产量占全国总产量的73%,出口量占总出口量的80%。

7.其他工业。加拿大化学工业较发达,合成橡胶、化肥和乙烯生产在世界上占一定地位。化肥产量多,尤其是钾肥产量占世界第一位。以信息技术为主导的电子工业发展迅速,2011年产值达109.5亿美元,贸易额达584亿美元,销售额达371.5亿美元。加拿大日渐成为世界重要电子产品销售地。

(三)农业

加拿大农业发达,是世界主要农产品生产国和出口国之一。农业门类较全,发展水平较高。早在20世纪50年代,加拿大就已基本实现了农业机械化,农业生产率高。2011年,农业产值占国内生产总值的2.29%。农业人口30.6万,占全国就业人口的1.64%。加拿大农业结构的一个突出特点是农牧业协调发展。20世纪30年代前,种植业在农业中占主导地位,30年代后,畜牧业逐渐超过种植业,占据优势地位。

1. 种植业。加拿大耕地面积 6 758.7 万公顷，占国土面积的 7.4%，主要作物有小麦、大麦、玉米、亚麻、油菜籽、花卉和蔬菜等。2009 年加拿大粮食产量 4 906 万吨，其中小麦产量 2 651.5 万吨（占粮食产量的 54%），玉米产量 956 万吨。加拿大是世界主要小麦出口国之一，2012 年出口小麦 145 万吨。小麦主要分布在北纬 49 度以北的中部平原地区，即集中在萨斯喀彻温省、阿尔伯塔省和马尼托巴省，这里集中了全国 95% 以上的小麦和大麦，是著名的“小麦带”，亦有“北美粮仓”之称。小麦的主要品种是硬粒红春小麦，营养价值高，在国际市场上很受欢迎。油料作物主要是产于西部的油菜籽和产于东部的大豆。

2. 畜牧业和渔业。畜牧业在加拿大农业中占重要地位，加拿大畜牧产品在国际市场上具有很强的竞争力。加拿大主要饲养牛、猪、家禽等来发展畜牧业，以养牛业最重要，2011 年，牛肉产值约占畜产品总产值的 34.5%。2012 年，加拿大有牛1 251.5万头、羊 89.27 万只。加拿大也是世界上重要的猪肉出口国，出口量连年增长，2012 年出口猪肉 124.3 万吨，次于美国、欧盟，居世界第三位，其中 60% 销往美国。中部地区是加拿大畜牧业最发达地区。安大略省集中了肉牛和猪产量的 1/3，魁北克省则集中了 40% 的奶产品。大城市周围以肉鸡和禽蛋生产为主。加拿大渔业发达，是世界主要渔业国之一，捕捞业与养殖业均发达。东部大西洋沿岸有著名的纽芬兰渔场，盛产鳕鱼、鲱鱼、沙丁鱼和龙虾；太平洋沿岸以生产鲑鱼和比目鱼为主；广大的淡水水域盛产各种淡水鱼。加拿大 75% 的渔业产品出口，是世界最大渔业产品出口国之一。渔业产品主要输往美国，约占 97% 以上，次为日本、欧洲。

3. 林业。加拿大林业十分发达。加拿大森林面积 310 万平方公里，占陆地面积的 36%。林业在国家社会经济发展中占有十分重要的地位，为社会提供了 16.7% 的就业机会，全国约有 337 个城镇的经济收入完全依赖林业。林业产值占加拿大加工工业产值的 15% 左右，林业产品出口额占商品出口总额的 16%，对加拿大的贸易平衡起到了重要作用。林业是加拿大最大的创汇产业之一。加拿大是世界最大的林产品生产国和出口国,在全球林产品贸易中约占 20%的份额。

(四)交通运输业

交通运输业在加拿大经济中占有十分重要的地位。2011 年交通运输业产值占国内生产总值的 47.2%,就业人口占总就业人口的 4.7%。经过 100 多年的发展,加拿大已建立起由铁路、公路、水运、航空和管道组成的现代化的交通运输网络。

1. 铁路。加拿大铁路发展较早,20 世纪初全国铁路网已基本形成。现全国铁路营运里程约 72 245 公里,其中电气化铁路占 60%以上。铁路运输以货运为主,2011 年货运量 2.78 亿吨,主要装运大宗物品,如煤、矿石、粮食等。重要铁路干线多为东西向,如 1895 年建成的横贯加拿大的第一条铁路线——太平洋铁路,东起哈利法克斯,西至温哥华,全长 6 100 公里。另一条重要铁路干线是东起哈利法克斯,西至鲁珀特王子港的大铁路,全长 7 000 公里。与这两条铁路大干线相连的还有许多南北铁路支线。

2. 公路。第二次世界大战后,公路在加拿大交通运输业中的地位迅速提高,现在是客运的主要方式。加拿大公路总长约 140.89 万公里,其中高速公路长 7 725 公里,仅次于美国和中国,居世界第三位。1971 年通车的从太平洋东岸维多利亚到大西洋西岸纽芬兰的圣约翰斯公路,全长 7 725 公里,是世界最长的国家级高速公路。汽车运输最集中的地区是与美国接壤的南部地区。

3. 空运和水运。目前,加拿大各大城市都有航线相通,飞机已成为加拿大人日常生活的主要交通工具之一。规模较大的机场有 68 个,重要的国际航空港有多伦多、温哥华、蒙特利尔和卡尔加里等。水路运输以海运为主,海运在加拿大进出口商品运输中占重要地位。水路运输主要依靠圣劳伦斯运河深水航道,这条位于加、美之间的国际水道由两国共同投资扩建而成,对两国经济发展有重大意义。运河全长 3 769 公里,是全球最长的运河之一,船舶可从大西洋抵达五大湖水系。加拿大沿海大深水港口有 25 个,年吞吐量 4.7 亿吨。温哥华是最大的海港，年吞吐量 7 630 万吨。

此外，加拿大还建成了运送石油和天然气的管道，总长 19.6 万公里，可从阿尔伯塔省向东通向魁北克省，向西通向不列颠哥伦比亚省。

（五）对外贸易

加拿大是典型的贸易型国家，贸易在国民经济中占有极重要的地位，一般外贸总额占国内生产总值的一半左右。2013 年，对外商品贸易总额9 198.7亿美元，其中出口 4 580.5 亿美元，进口 4 618.2 亿美元，贸易逆差 37.7 亿美元。加拿大出口商品主要有矿产品、能源产品、运输设备和零件、农产品、林产品等，主要进口机电产品、汽车及零配件、纺织品和服装、轻工产品及其他消费品等。2012 年，在出口商品中，农、渔、林、矿产品占 22.8%，在进口商品中，机电产品、汽车和消费品占 44.7%（2009 年这两个比重分别为 37% 和 79.1%）。这种贸易商品结构，在西方七大工业国中为加拿大独有。1989 年生效的《加美自由贸易协定》和 1994 年生效的《北美自由贸易协定》，加大了加拿大对美国经济的依赖。1999 年加拿大出口值的 85.9% 是与美国进行贸易创造的，近年来这一比重虽有所降低，但仍十分可观，如 2013 年，美国仍占加拿大出口的 3/4 和进口的 1/2 以上。对美贸易是加拿大外贸顺差的主要来源，2013 年对美贸易顺差达 1 066 亿美元。此外，中、墨、英、法、日也是加拿大的重要贸易伙伴。2013 年加拿大服务贸易1 827.11亿美元，其中出口 777.89 亿美元，进口1 049.22亿美元，服务贸易逆差 271.33 亿美元。

加拿大与中国于 1970 年建交，当年双边贸易额仅 1.55 亿美元，2013 年增至 710.6 亿美元，其中加拿大出口 199.1 亿美元，自中国进口 511.5 亿美元，加拿大贸易逆差 312.4 亿美元，中国是加拿大贸易逆差最大来源国。加拿大向中国主要出口矿产品、农产品、机电产品、化肥、纸浆、纸张等。中国是加拿大小麦的最大买主，也是钾肥的主要进口国。加拿大从中国主要进口纺织品和服装、机电产品和轻工产品等。2012 年,中国超过英国,成为加拿大第二大出口市场、第二大进口来源地。中国是加拿大第二大贸易伙伴。中、加两国经贸互补性较强。加拿大进口中国具有优势的各种劳动密集型产品,加拿大在农业、能源、石化、环保方面具有相当技术优势和丰富经验,因此双方发展经贸关系的潜力很大。

第二节 美 国

美国地处北美洲南部,东临大西洋,西濒太平洋,北接加拿大,南邻墨西哥及墨西哥湾,领土总面积约 936 万平方公里,居世界第四位。全国行政区划为 50 个州和 1 个特区,其中本土包括 48 个州和哥伦比亚特区,另有两个海外州。此外,美国还有一些海外属地和托管地。

一、自然条件

美国地势东、西高,中间低,地形大致可分为三部分。西部是高大的科迪勒拉山系构成的广大高原和山地,其中最重要的两条山脉是东部的落基山脉和西部的内华达山、喀斯喀特山和海岸山脉,两条山脉之间是内陆高原和大盆地,高原西南部的死谷低于海平面 86 米,是美国本土的最低点。内华达山脉的惠特尼峰海拔4 418米,是美国本土的最高点。高原和盆地气候干燥,降水少,不适宜耕作业发展,但却是天然牧场。山区森林茂密,有色金属和水力资源丰富。东部是阿巴拉契亚山脉构成的古老山地和大西洋沿岸平原。阿巴拉契亚山脉从东北向西南延伸,海拔 1 000 米左右,山上覆盖有茂密的森林,山下有丰富矿藏。山脉与沿海平原相接处落差大,因此形成很多小瀑布,水力资源丰富。中部是广阔的平原,一般海拔 200 米以下,地势平坦,土地肥沃,河流众多,是美国重要的农业区。平原西部海拔上升到 500 米以上,地势仍很平坦,牧草丰美,被称为“高平原”或“大草原”,对畜牧业发展十分有利。

美国本土地处北纬 25 度至 49 度,气候多种多样,但以温带大陆性气候为主。南部佛罗里达半岛、墨西哥湾沿岸和西部加利福尼亚等地属亚热带季风气候和地中海式气候区。就水热条件来看，美国大部分地区宜于农耕，利于多种作物栽培。但由于中部平原南北贯通，北方冷空气可长驱直下，南方作物易受冻害。西部内陆地区气候干燥，发展农业需要灌溉。美国河网稠密，河湖众多，主要有密西西比河、科罗拉多河、哥伦比亚河等。密西西比河全长 6 262 公里，居世界第四位，是美国和北美洲最长的河流，流域面积 322 万平方公里，占美国国土的 1/3 以上。北部有五大湖，是世界上最大的淡水湖群，各大湖间有水道相连，最后汇经圣劳伦斯河注入大西洋。美国是资源大国，各种资源——土地、矿产、森林、水力等均十分丰富，很多矿产资源储量居世界前列，如煤、铁、石油、天然气、铅、锌、铜、金、银、铀等。森林面积约 2.93 亿公顷，覆盖率为 30%。

二、居民

2013 年，美国人口 3.2 亿，居世界第三位。美国是一个民族成分多元化的国家，是世界首屈一指的移民国家，它吸收了近代国际移民的一半左右，长期以来被称为“民族大熔炉”。19 世纪 40 年代至 20 世纪 20 年代，是美国移民最兴旺的时期。此后由于美国加强了对移民入境的限制，移民人数大减，但即使是现在，在美国每年新增人口中，国外移民仍占相当比重。在现有人口中，白人有 1.968 亿，在美国总人口中的比重从 2000 年的 69% 降至目前的 64%，大部分是欧洲移民的后裔。少数族裔中以讲西班牙语的拉美裔最多，增长最快，现占美国总人口的 16.3%；黑人约占 12.6%；亚太裔居民占 4.7%，主要有阿拉伯人、日本人、菲律宾人、印度人和华人等，美国现有华人约 245 万人。印第安人是美国最早的居民，现仅有 140 万人左右。美国通用英语。

美国人口密度为平均每平方公里 33 人，但分布不均，人口多集中在东北部、五大湖沿岸、密西西比河及大西洋和太平洋沿岸地区，内陆山岳地区及中西部平原人口较少。加利福尼亚是美国人口最多的一个州，人口 3 730 万，次为得克萨斯州（人口 2 510 万）和纽约州

(人口 1 940 万),此三州人口占美国总人口的 1/4 以上。在美国各地人口相对地位的变化中,国内人口迁移起了很大作用。美国是世界上人口流动性最大的国家,这种流动总的来看是从稠密区向稀疏区流动,即从东部向西、南移动,因此各地区人口分布差异已趋于缩小,但东密西疏的基本特点未变。美国城市人口比重为 75%。国内宗教信仰普遍,宗教派别众多,但绝大多数居民信奉基督教。

三、经济概况

(一)概述

美国是当今世界上经济规模最大、最发达的资本主义国家,2013 年国内生产总值约 16.8 万亿美元,居世界第一位。美国自 1776 年建国后,经过 100 多年的发展,从一个农业国变成了工业国。19 世纪 80 年代,美国工业生产水平超过英国,跃居世界首位。20 世纪以来,经过两次世界大战,美国聚集了大量财富,进一步奠定了其头号经济大国的地位。美国经济之所以比其他国家发展迅速,是由具体的历史、地理及社会等条件综合作用的结果。这些条件包括:有利的地理位置、优越的自然条件和丰富的自然资源;美国是在资本主义的上升时期主要由已经确立了资本主义制度的英国的移民建立起来的国家,历史上没有根深蒂固的封建残余;美国工业化较晚,可充分利用欧洲各国的技术成就、资金和熟练工人;美国农业发达,为工业发展提供了坚实的基础;自南北战争后,美国本土未再发生过战争,100 多年的和平环境,非其他国家所能企及。凡此种种,使美国在不长的时间内,成为世界上最发达的资本主义国家。

美国经济具有如下特征:

第一,美国是一个经济高度发达的资本主义国家,经济规模庞大,部门结构完整,生产力发展水平高,既有发达的工业,又有发达的农业和交通运输业,外贸水平长期居世界首位,在高科技领域一直处于世界领先地位,每年的科技投入在 2 000 亿美元以上。美国已进入知识经济时代,其主要表现为:以电子计算机、电脑软件、芯片和通信设备为主的信息产业,已超过了汽车、钢铁等传统产业,跃升为第一大主导产业;企业对计算机和通信硬件的投资大大超过对一般工业设备的投资,信息产业对其国内生产总值的增长贡献已占1/3。

第二,美国是一个垄断资本主义高度发达的国家。早在19世纪末20世纪初,美国就已成为“托拉斯之国”。20世纪后,特别是第二次世界大战以来,垄断资本又得到迅速发展。跨国公司是垄断资本高度发达的产物。美国跨国公司规模大、数量多、发展水平高,在世界最大的100家跨国公司中,美国跨国公司约占1/3。现在,美国不仅在国外大量投资,每年也吸引大量的国外投资。近年来,除个别年份外,美国已成为吸引外资最多的国家,其经济日益国际化。

第三,军工生产是战后美国国民经济的重要组成部分。国防部的军事订货遍及美国的50个州,军费开支庞大。近两年,美国的军费开支占全球的近一半。多年来,美国是世界上最大的军火出口国。

第四,美国的经济结构、产业结构不断变化,特别是20世纪70年代以来兴起的高新技术革命,更是这种变化的巨大动力。具体表现为:物质生产部门在国民经济中的比重进一步下降,服务业特别是与高新技术有关的新兴服务业,如信息工程、电脑程序编制、通信咨询等不断发展,目前服务业产值已占美国国内生产总值的75%,提供的就业岗位占全部就业岗位的80%。在物质部门生产中,高新技术产品生产日益重要。

第五,美国国内各地区经济发展相对均衡。它大致可分为三大区域:一是密西西比河以东的北半部,称东北地区,这里是美国工业发展最早的地区,过去常被称为“制造业地带”“经济心脏地带”;二是落基山以东的南半部;三是落基山以西的太平洋沿岸地区。南部和西部被美国人称为“阳光地带”,这里集中了美国高新技术工业的研究中心和企业群。20世纪70年代以来,随着高新技术革命的兴起,美国经济正逐渐向“阳光地带”移动,使这一地区经济的许多方面,特别是在高新技术工业发展速度方面,已超过了东北部地区。

(二)工业

美国工业高度发达,部门齐全,技术先进,体系完整,劳动生产率高。第二次世界大战后,美国工业生产获得大力发展,工业生产规模、出口能力、科技水平及产品质量均居世界领先地位,美国是世界上最大的工业国。美国工业发展的基本推动因素是科学技术的发展和进步。钢铁、汽车、建筑曾被称为美国工业的三大支柱,在工业发展中占有举足轻重的地位。此后,一些新工业部门,如石油、原子能、宇航、电子、生物等工业部门的重要性日益增加。20世纪90年代以来,产业结构加快转型,计算机、核能利用和新材料研制等高新技术产业迅速发展,已成为带动美国工业和经济发展的推进器,成为美国知识经济的重要支柱。2011年,工业产值占国内生产总值的19.2%,工业就业人口占全国总就业人口的20.3%。

1. 能源工业。能源工业是美国工业中最庞大的一个部门。能源包括煤、石油、天然气、水力、电力与核能及可再生能源等,其开发与使用的比重变化很大。20世纪以来,煤炭在很长时间内是美国经济增长的主要动力。1946年,在能源消费结构中,石油第一次超过了煤炭。此后,石油和天然气一直是美国的主要能源,煤炭退居次要地位。美国是世界上最大的能源生产国和能源进口国。2012年,美国能源产量为181 165万吨油当量,居世界第一位,能源自给率约为79%。2011年,一次性能源消费结构为:石油占36.7%,天然气占27.6%,煤占22.1%,核能占8.3%,水电占3.3%,可再生能源占2%。

(1)石油和天然气。石油和天然气生产是美国能源工业中最重要的部分。美国石油和天然气资源丰富,2009年探明石油储量为284亿桶,居世界第十二位。2012年,美国日产原油891万桶,占世界的9.6%,次于沙特阿拉伯、俄罗斯,居世界第三位。但美国日消费原油高达1 850万桶,占世界的19.8%;日均进口原油

1 059万桶,占世界的19.4%。美国是世界第一大原油消费国和进口国。进口原油主要来自沙特阿拉伯、墨西哥、加拿大、委内瑞拉、尼日利亚等国。其中,从美洲国家进口的原油占近1/2。同时,美国也是石油贸易大国,日贸易量达1 327万桶,除了进口原油外,每日也出口成品油268万桶。在美国的石油分布中,以阿拉斯加油田储量最大,其次是墨西哥湾沿岸的得克萨斯和路易斯安那,此二州石油产量约占全国石油总产量的2/3。美国的石油加工工业发达,其设备、技术和炼油能力均居世界领先地位。最大炼油中心是休斯敦,它是世界三大炼油中心之一。美国最大的石油公司埃克森石油公司于1998年与另一大石油公司美孚合并,成为世界石油行业的“巨无霸”——埃克森美孚石油公司。

天然气探明储量6.93万亿立方米,居世界第六位。2011年,美国天然气产量达6 513万立方米,占世界总产量的20%,居世界第一位。2011年美国天然气产量创下最大增幅,比上年增加7.7%。2012年产量更达6 814亿立方米,占世界总产量的20.4%,居世界第一位。天然气消费量为7 221亿立方米,自给率在90%以上。进口天然气主要来自加拿大和墨西哥。天然气也集中分布于墨西哥湾沿岸各州及阿拉斯加。

近年来,美国加大了对页岩油气资源的开采,使其对国外油气资源的依赖度逐年下降,石油产量正在逐渐接近历史最高水平(1970年创造的日产1 130万桶的峰值)。据统计,美国是全球页岩油气资源最丰富的国家,储量约占全球储量的70%以上。最大的页岩油产区位于得克萨斯州和北达科他州。随着油气产量的不断增加,美国能源自给率逐渐增加,但其2013年的石油消费还是有33%来自进口。

(2)煤炭。煤炭工业是美国历史最悠久的工业部门之一。美国是煤炭资源大国和煤炭生产大国。2009年探明煤炭储量2 383亿吨,占世界煤炭储量的28.85%,居世界第一位。2012年,美国煤炭产量5.16亿吨油当量,占世界煤炭产量的13.4%,仅次于中国,居世界第二位。国内煤炭消费量4.38亿吨油当量,占世界煤炭消费量的13.5%。在2002年至2007年间，煤炭发电量一直维持在50%左右，后因页岩气大规模开发，煤炭发电量大幅下降。煤炭是美国出口的主要商品之一，据统计，2012年美国煤炭出口量占全球煤炭出口总量的9%。美国煤炭分布广泛，但目前以东部阿巴拉契亚煤田的开采为主。煤炭产量占全国的一半以上，且多产焦煤。西部落基山地区煤炭藏量丰富，煤质优，易于大规模开采，现产量约占全国的30%。中部密西西比河中游的中央煤田储量大，但煤质较差。

(3)电力、核能及再生能源。2009年美国发电量41 654千瓦·时，居世界第一位。在发电总量中，火电占主要部分，火电站分布广泛。水电站主要集中在田纳西河、哥伦比亚河及科罗拉多河等。著名的水电站有胡佛、大古力水电站等。2012年，美国水电消费量6 320万吨油当量，占世界的7.6%，居世界第四位。美国是世界上利用核能最早的国家，现有核电站104座，约占世界的1/4。2012年美国核能消费量达18 830万吨油当量，占世界的32.7%，居世界第一位。在风能、太阳能和生物燃料等再生能源领域，美国也处于世界领先地位。2011年，美国生物燃料发电的装机容量1 370万千瓦，居世界第一位。生物燃料的生产量2 825万吨油当量，占全球的48%。光热发电装机容量约50.7万千瓦。风电装机容量600亿瓦，仅次于中国，居世界第二位。美国也是地热能生产大国，地热能产量约占全球的28.3%

2. 钢铁工业。美国钢铁工业规模庞大，历史上曾发展十分迅速，1870年钢产量仅7万吨，1957年达到1.37亿吨。钢铁工业对美国经济发展起到了巨大的推动作用。其后，受几次经济危机的冲击，钢铁生产能力过剩，工厂减产。20世纪80年代中期以来，美国钢铁工业一方面加强设备更新改造，另一方面为适应高技术工业发展的需求，大力开发特种材料生产，以为新工业部门提供高性能的优质原材料。2012年，美国钢产量8 870万吨，次于中国和日本，居世界第三位。美国是世界主要钢材进口国，2012年净进口钢材达1 790万吨，居世界首位。

美国发展钢铁工业的资源条件优越，铁矿石总储量达 1 097 亿吨，含铁约 270 亿吨，其中有 80% 以上集中于苏必利尔湖西岸和南岸，即“上湖区”。明尼苏达州的梅萨比铁矿区是最大的铁矿区。美国焦煤资源丰富，为钢铁工业的发展提供了条件。钢铁工业主要集中于五大湖以南地区，主要中心有芝加哥、匹兹堡、布法罗、克利夫兰等。最大的钢铁企业是美国钢铁公司。

3. 汽车工业。美国是现代汽车工业的发源地，1893 年，美国制造出了第一辆汽车。步入 20 世纪后，美国汽车工业迅速发展，曾长期带动美国经济的发展。第二次世界大战后，美国汽车产量和消费量急剧增加。美国长期保持着“汽车王国”的地位。此后，在能源危机的冲击下，美国的汽车生产曾有 10 多年被日本超过，直到 1994 年又重新恢复其霸主地位。2007 年，美国汽车产量再次被日本超过，居全球第二位。2013 年，美国汽车产量 1 104.6 万辆，被中国超过，仍居全球第二位。美国每年大量进口汽车，是世界上最大的汽车进口国。

“通用”、“福特”和“克莱斯勒”是美国最大的汽车公司，其汽车销售额占美国汽车销售总额的 58% 以上。“通用”也是世界上最大的汽车公司，其产量多年来居世界首位，近年来被日本的“丰田”超过。美国的汽车工业主要分布在五大湖周围各州，底特律是美国的汽车城，西部和南部则以洛杉矶和亚特兰大为重要的汽车生产中心。

4. 机械工业。机械工业是美国重要的工业部门之一，其产品包括机床、工业机器人、电机及各种工业机器设备等。美国机械工业发达，但因国内生产规模庞大，不能满足生产需要，很多产品仍需进口，特别需要进口作为机械工业基础的机床，美国是世界上最大的机床进口国。美国的机床业正向电子化、高速化、精密化方向发展。机械工业主要集中在新英格兰和大西洋沿岸各州，辛辛那提是美国重要的机床工业中心。

5. 化学工业。美国是世界上化学工业最发达的国家，其化学工业产值早在第一次世界大战后就位居世界第一，现约占世界化学工业总产值的1/4左右。美国的化学工业以门类齐全著称，化工产品达7万种，是美国最大的工业部门之一。美国也是世界上最大的化工产品出口国。第二次世界大战后，美国率先以石油和天然气为原料发展了石油化学工业。石油化学工业的发展，使化学工业结构、原料结构乃至生产技术均发生了巨大变化。目前，美国的硫酸、化肥、合成橡胶等主要化工产品产量均居世界第一位。美国化学工业分布广泛，南部墨西哥湾沿岸以生产石油化工产品为主，东北部大西洋沿岸和五大湖地区以生产基本化工产品为主。纽约是全国最大的医药、染料、香料、化妆品生产中心。美国最大的化学工业公司有“道氏”“杜邦”等。

6. 高新技术工业。美国的高新技术工业包括微电子、软件、机器人、通信设备、计算机辅助设计、生物工程等部门。在上述所有部门中，除机器人外，其余部门的产品产量均居世界首位。2011年，美国电子信息产业产值达2 458.5亿美元，销售额4 071亿美元，贸易额达18 852.6亿美元，其中出口9 049.7亿美元，占世界的70%，进口9 802.9亿美元，占世界的66%，均居世界第一位。

(1)电子计算机和信息处理技术。这两者是现代高新技术的核心。美国在电子计算机的研制与生产方面，一直居世界领先地位。世界上第一台电子计算机于1946年首先在美国研制成功，从此开创了计算机时代。美国有世界上最大的计算机生产企业——国际商用机器公司(IBM)。同电子计算机技术相关的信息处理技术，在美国发展也极迅速。美国数据资源公司是世界上最大的经济数据库。与此相关的是，美国在软件研发生产方面也处于世界领先地位，拥有大量先进的软件和软件人才。

(2)现代通信技术和电子部件。美国是现代通信技术的开拓者，并一直保持着世界领先地位。1965年，美国通过国际通信卫星组织发射了第一颗通信卫星，1977年又开通了世界第一条光纤电缆通信线路，其后又铺设了多条光纤电缆通信线路。在电子部件生产方面，美国具有相当优势，但已受到韩、日及西欧各国的强烈挑战。2005年，美国无线电通信产品产值占世界的33.8%，其销售额约占全球的一半，为49.3%。电子元器件的生产(生产额占世界的18.3%)和销售(销售额占世界的17.5%)均仅次于日本,居世界第二位。

(3)航空与航天工业。航空与航天工业是高新技术工业的综合体,也是美国在高科技领域短期内不会遭到外部有力挑战的少有的几个部门之一。该行业在美国经济中占重要地位,其产值约占美国工业总产值的3.52%,其出口额占美国出口商品总额的3.3%。其产品主要包括商用飞机、直升机、飞机发动机与零部件等。美国的波音－麦道公司是世界最大的飞机制造企业。此外还有洛克希德·马丁公司和联合技术公司等飞机制造企业。在航天工业方面,美国优势更加明显。

此外,美国在化学与生物工程、新材料与新能源的开发与利用等高新技术领域,均保持世界领先地位。由于高新技术的发展,美国形成了一些新的科技工业园区,著名的有位于加利福尼亚州圣克拉拉县的“硅谷”,这是泛指加利福尼亚州旧金山以南的一片狭长谷地,大致包括4个县近40座城市,面积3 800平方公里,人口约260万,这里集中了多家半导体行业,已成为美国最大的高新技术中心。此外还有波士顿“128号公路”园区,以及东部马里兰州蒙哥马利郡的“硅谷”等。

(三)农业

1.农业发展的特点。美国农业发展的特点表现在:

第一,美国农业是世界上规模最大、用最新科学技术装备起来的、高效率的资本主义大农业,这是美国农业的最大特点。2011年,农业产值占美国国内生产总值的1.2%,农业就业人口占总就业人口的0.7%。多年来,美国农业生产水平和出口能力在世界上占重要地位,美国是当今世界第一大农产品生产国和出口国。农业是美国获取外汇和弥补外贸逆差的重要产业,因此,美国把农业发展摆在了重要地位。

第二,美国农业的现代化水平高,商品率高,部门结构齐全,种植业与畜牧业并重,拥有完整的生产体系。从20世纪40年代开始,美国农业就已实现了机械化。目前,美国拥有的拖拉机和联合收割机数量是世界上最多的。第二次世界大战后,美国农业向现代化方向发展,进行了农业机械的技术改造和更新换代,且生物学、遗传学和化学的科技成果被广泛应用到农业生产中,极大地提高了劳动生产率,使美国各类农畜产品的产量都大大超出了国内市场的需要,农畜产品的商品率极高。美国是世界上最大的谷物出口国。2011 年,美国谷物出口量占世界谷物出口总量的 24.6%,其中,玉米占 43.5%,小麦占 19.3%,大豆占 40.4%,棉花占 26.7%。美国农产品的生产和销售情况,对世界农产品市场影响很大;同时,世界市场的变化也对美国农业生产有重大影响。

第三,美国农业生产的专业化程度高,主要表现在农场专业化和农业地区专业化两个方面。美国农业的基本生产单位是家庭农场,2009 年全国共有农场 220 万个,小农场占多数。在长期的发展过程中,美国农场的专业化分工越来越细,许多农场不仅生产单一农产品,而且专门经营这种产品的某个品种,形成了集约化的商品化农场。这样,各个农场就能根据品种的不同而采用不同的专业机械和技术,从而降低了成本,提高了产量和质量。同时,美国农业在长期的发展过程中,也形成了地区专业化,即各种农畜产品的生产相对集中于不同的地区,每个专业化地区一般都以一两种农产品及其辅助部门为主。

第四,农业生产管理的企业化与高度社会化。农业生产的专业化发展,必然带来经营管理的企业化。农场采取公司化的组织形式,以适应农业对资金、技术和人才的需要,从而提高农场生产管理和经营的效率。在销售形式方面,美国普遍实行农产品期货合同制,使农产品有市场保证。由于农场实行专业化分工、企业化管理,经营范围缩小,生产专一,形成了独立的农业服务行业,且规模越来越大,构成了美国农业独特的社会化生产体系,因此大大提高了劳动生产率。

2. 种植业。美国耕地面积约 1.9 亿公顷。美国自然条件得天独厚,土壤肥沃,雨量充沛,农业生产极为发达。农作物品种多,主要有小麦、水稻、黑麦、玉米、高粱以及大豆、棉花、烟草等。美国是世界粮食生产大国,2012 年粮食产量 35 410 万吨,占世界粮食总产量的 15.8%,仅次于中国,居世界第二位。其中,小麦产量6 176万吨,杂粮产量 2.86 亿吨。玉米产量占美国粮食产量的 95.7%,占世界玉米产量的 25.4%,居首位。美国也是世界最大的玉米出口国,高粱产量也名列世界前茅。美国是西方国家中的主要稻米生产国,2012 年产量为 633 万吨。因为美国人不以稻米为主食,所以所产稻米大量出口,其出口量约占总产量的 1/3。在经济作物中,大豆是战后美国发展最快的作物,其产量多年来位居世界第一。2012 年,美国大豆产量 8 206 万吨,占全球大豆总产量的 30.6%。当年大豆出口量为3 620万吨,占世界大豆总出口量的 37.6%。美国是世界主要产棉国,2012 年棉花产量377万吨,占世界棉花总产量的 14.3%,仅次于中国,居世界第二位。美国也是世界原棉出口大国,出口量约占世界原棉出口总量的 28.6%,居世界第一位。同时,美国也是世界上重要的花生、甜菜、甘蔗、烟草等的生产国。

3.畜牧业。美国畜牧业发达。畜牧业以养牛、养猪和养鸡为主获得发展。2004 年,美国牛的存栏数为 9 488.2 万头,居世界第四位。2009 年肉类产量 4 161.6 万吨,仅次于中国,居世界第二位。2012 年牛肉产量1 185.5万吨,居世界第一位。美国是世界重要的牛肉出口国,2012 年出口牛肉 111.4 万吨,居世界第四位;美国牛奶产量7 756.5万吨,次于印度,居世界第二位;猪的头数为6 039 万头,次于中国,居世界第二位。每年猪肉大量出口,2012 年猪肉产量 1 055.4万吨,其中出口 244.2 万吨,居世界第一位,其中一半出口到日本,另有 22% 出口到墨西哥。美国的养鸡业采取工业化的饲养方式,饲养期短,成本低,蛋产量多。美国畜牧业的机械化程度在世界居领先地位。从 20 世纪 60 年代开始,主要畜牧品种的饲养由传统的放牧方式转变为大型工厂化的饲养管理;同时,大力加强运用最新科技成果,使畜牧业劳动生产率大为提高。

4.农业生产分布。美国农业生产大体可分为五个专业地区。

(1)大平原区,包括北部、南部和西部的平原,以堪萨斯州为主,横跨该州周围的四个州。这里的小麦产量和出口量均占全国一半以上，被称为“小麦带”，棉花、玉米、高粱的生产也很重要，畜牧业产值占全国一半以上。这里是美国重要的“粮仓”和肉类供应地。

(2)中北区，是指位于五大湖附近的地区。该区是美国主要粮食和乳制品、肉牛、肉猪生产区之一。著名的“玉米带”就位于这里，有些年份能提供全国玉米产量的3/4、大豆产量的65%、乳制品产量的40%、冻猪肉产量的70%。该区畜牧业和种植业产值占全国的30%左右。

(3)南部区，包括南部各州，如南卡罗来纳、北卡罗来纳等。这里原是美国的“棉花带”所在地，但近20多年来，棉花种植区已向西移动。目前，这里棉花产量占全国的20%左右；大豆种植面积大为增加，生产了全国近30%的大豆。

(4)西南区，包括加利福尼亚等州。这里是蔬菜、水果和其他经济作物生产集中的地区，是新兴的“阳光地带”农业区。加利福尼亚州果树栽培面积约占全国的60%，西红柿产量约占全国的89%，柠檬产量约占全国的90%。

(5)东北区，包括缅因、马里兰等11个州。这是一个高度工业化和都市化的地区，耕地面积仅占全国的2.7%，农业发展主要以生产直接供应城市的蛋、奶、蔬菜、家禽等为主。

(四)交通运输业

美国交通运输业高度发达，是世界上交通运输业最为现代化的国家。美国交通网络密布，各种运输方式齐备，形成了综合运输系统，其在国民经济中占有十分重要的地位。2011年，交通运输业吸纳了全国就业人口的3%，约占全国经济总量的2.8%。在全国货运总量中，铁路占主体地位，约承担货物周转量的1/3，公路次之，占1/4以上。而客运则以公路和航空为主。

1. 铁路。美国拥有世界上最庞大的铁路网络，现铁路营运里程约为22.5万公里，居世界第一位。美国铁路网密布，尤其集中在东北部和中西部地区。铁路大部分为私营，但设备均高度标准化。芝加哥是全国最大的铁路枢纽，这里有30多条铁路通向全国各地。纽约、圣路易斯、匹兹堡和堪萨斯城等也是重要的铁路枢纽。各主要城市和地区间都有铁路相通,其中以东西向联系最重要。横贯东西的西雅图—底特律、奥克兰—纽约、洛杉矶—巴尔的摩铁路,是北美大陆桥运输的重要干线。最大铁路公司是太平洋联合、伯林翰圣达菲、CSX 以及南方诺夫克等。

2. 公路。美国拥有一个以高速公路和国家干线公路为主的现代化公路运输网,是世界上公路里程最长的国家。全国公路线长 650.62 万公里,其中高速公路长约 7.52 万公里,居世界第一位。这些公路连接了所有 5 万人以上的城市,其中 54 条高速公路形成了横贯东西、纵贯南北的全国公路的主骨架。目前,行驶在美国公路上的各种车辆有 2 亿辆左右,其中 65% 是私人轿车。在美国客运总量中,私人小汽车承担了 80% 的客运。随着公路运输和小汽车的高度普及,美国出现了一种新兴的"路旁企业",发展相当迅速,包括汽车旅馆、汽车影院、汽车银行、汽车饭店等。

3. 水运。美国水运包括内河航运和海运。内河航运里程约 4.1 万公里,其中 1.9 万公里可用于商业航行。内河航运以密西西比河水系及圣劳伦斯运河深水航道和五大湖水系为主体,约占美国内河航运总里程的 65%,内河货物周转量占全美的 16%。美国海运以沿海运输为主,约占海运的 2/3。2010 年,美国商船共 393 艘,总吨位为 1 030.8 万吨,外国在美国注册商船 85 艘。美国有许多商船的船主为逃避本国较高的税收,在巴拿马、利比里亚等国注册登记,悬挂他国国旗,致使美国商船拥有量下降。美国大西洋沿岸的著名港口有纽约、费城、巴尔的摩和波士顿,墨西哥湾和太平洋沿岸的重要港口有新奥尔良、休斯敦、旧金山、洛杉矶、西雅图、长滩等。纽约是美国第一大港,2006 年货物吞吐量 1.43 亿吨。美国是世界上发展集装箱运输最早的国家,洛杉矶是美国国内第一大集装箱港口,2012 年集装箱吞吐量为 808 万 TEU。

4. 航空运输。航空运输是美国发展历史最短但发展速度最快的一种运输方式。目前,美国航空运输业无论在客货运量、空中航线、机场设施还是在各类飞机的数量和质量等方面,均居世界第一位,其国内客货空运量约占世界空运总量的一半。2005 年,美国空运货物周转量为 37 万亿吨公里。在世界最繁忙的货运机场中,美国的孟菲斯机场居第一位。在客运方面,亚特兰大机场的客运量 2006 年为 4 000万人次,连续多年居世界第一位。2007 年该市的哈茨菲尔德—杰克逊国际机场飞机起降近 100 万次,该机场连续三年成为美国最忙碌同时也是世界最繁忙的国际机场。美国有多家航空公司,其中美国航空公司是世界最大的航空公司,其航班连接全球 300 多座城市。美国的主要航空港有芝加哥、洛杉矶、旧金山、纽约、波士顿、华盛顿、迈阿密等。2013 年全国共有机场 13 513 个。

5. 管道运输。管道主要用于输送天然气、石油及其有关产品。2013 年,美国石油管道总长 24. 07 万公里,天然气管道总长 198. 43 万公里。目前,美国全部的天然气和 78% 的原油及 30% 的石油产品用管道运输,另外也有一些煤用管道运输。在国内货运总量中,管道运输量占 16% 以上。

(五)对外贸易

多年来,美国是世界第一贸易大国,2012 年被中国超过,但美国仍是世界第一进口大国。2013 年美国对外商品贸易总额38 458. 22 亿美元,占世界的 10. 2%(中国为 11%)。其中:出口15 789. 72亿美元,占世界的 8. 4%,次于中国(11. 7%),居世界第二位;进口 22 668. 5亿美元,占世界的 12%(中国为 10. 8%),居世界第一位。由于美国经济规模庞大,所需工业原料的 1/5 靠进口,同时大量工业品和农产品又依赖国际市场,因此,对外贸易在美国经济中占有重要地位。

自 20 世纪 70 年代以来,除个别年份外,美国对外商品贸易均为逆差,且从 80 年代以来,逆差数额越来越大。1980 年贸易逆差 362 亿美元,1984 年上升为 1 233 亿美元,1998 年达 2 616 亿美元,2006 年达到创纪录的 8 811 亿美元,2009 年为 5 490 亿美元,2013 年为 6 878. 78亿美元。美国是世界最大的商品贸易逆差国。

美国是世界服务贸易第一大国。2013 年,美国服务贸易总额

10 893.7亿美元，占世界的12.15%，其中：服务出口6 621.1亿美元，占世界的14.3%，居世界第一位；服务进口4 272.6亿美元，占世界的9.8%，也居世界第一位。服务贸易顺差为2 348.5亿美元。多年来，美国在服务贸易领域均为顺差。1990年实现顺差342亿美元，1995年实现顺差613亿美元，2005年实现顺差640亿美元。美国是世界上最大的服务贸易顺差国。在美国的服务贸易出口中，以旅游业和运输业最重要。2011年接待外国游客6 200万人次，2013年为6 980万人次，仅次于法国，居世界第二位，但旅游业创汇居世界第一位。国际旅游业已成为美国的重要创汇产业。

进入20世纪90年代后，美国经济结构出现了明显变化，知识经济迅速崛起，外贸出口创汇能力增强，在出口贸易中的地位明显提高。美国出口的制成商品主要是电脑、软件、飞机、数据处理设备等高科技产品，传统出口商品有汽车及零部件、化工产品、光学仪器、医疗设备和农产品等。美国是世界最大的农产品出口国，每年产生大量农产品贸易顺差，1996年顺差额曾高达273亿美元，2012年美国农产品和食品出口额占商品出口总额的10.15%。另外，美国是世界第一大军火出口国。在美国进口商品中，制成品占74.3%，矿物和燃料占16.2%，农产品占5.8%。美国主要进口汽车、机床、办公设备、电子器材、纺织品和服装、石油、天然气、橡胶、锡、铬和钢材等。

美国的主要贸易伙伴有北美自由贸易区的加拿大和墨西哥，二者约占美国出口贸易的1/3和进口贸易的27.1%。2013年，在美国商品出口中，加拿大占19%，墨西哥占14.3%，中国占7.7%，日本占4.1%，德国占3%，另外还有英国、巴西等；在美国商品进口中，中国占19.4%，加拿大占14.7%，墨西哥占12.4%，日本占6.1%，德国占5.1%，韩国占2.8%。

新中国成立后，美国长期对中国实施封锁禁运政策，两国没有贸易往来。1972年中美上海公报发表后，两国恢复了民间贸易。1979年中美正式建交后，两国贸易发展迅速。1972年双边贸易额仅1亿美元，1979年增至24.5亿美元，2004年为2 452亿美元，2010年达3 853亿美元，2013年达5 624.5亿美元。2013年，美国对中国出口

1 220.2亿美元,自中国进口4 404.3 亿美元,美国贸易逆差3 184.1亿美元。从中国进口产品总额已占美国进口总额的19.4%,中国已超过加拿大,成为美国最大的商品进口国。同时,中国已超过日本,成为仅次于加拿大和墨西哥的美国第三大出口市场。从国别看,美国已是中国最大的贸易伙伴。从贸易数额看,中国是美国第二大贸易伙伴、第一大进口来源国,美国是中国第二大贸易伙伴、第一大出口市场。美国对中国出口的商品主要是机电产品(占19.2%)、运输设备(占18.7%)以及化工产品、医疗设备、光学仪器、飞机和农产品等。2010年,中国首次成为美国最大的农产品出口市场,主要向美国出口大豆、玉米、小麦、牛肉、羊肉、猪肉、禽肉等农产品。美国出口到发展中国家的农产品占其出口农产品总数的2/3。美国从中国主要进口机电产品(占26.6%)、矿产品(占17%)、运输设备(占12.4%)、化工产品(占7.7%)以及纺织品和服装、家具和轻工产品等。美国对华投资规模不断扩大,是中国外资主要来源地之一,同时,中国也有越来越多的企业到美国投资。目前中国已成为美国国债市场的重要投资者。

美国是世界最大的发达国家,中国是世界最大的发展中国家,两国在发展水平、资源结构、产业结构、消费水平方面的差异,决定了两国经济有很强的互补性,双方均可以从不断发展的经贸往来中获得巨大的利益。这既符合两国人民的根本利益,对世界贸易体系的稳定和世界经济的发展也起到举足轻重的作用。现在,美国是中国最大的出口市场,对美出口额已占中国出口总额的1/5,如果加上经中国香港等地的转口贸易,对美出口及转口额约占中国出口总额的2/5。因此,进一步密切美中经贸往来,不仅能为两国社会和民众带来切实好处,而且可以为两国关系的进一步发展奠定坚实的基础。

第十章　拉丁美洲

第一节　概　述

拉丁美洲（简称“拉美”）通常是指美国以南的所有美洲地区。拉丁美洲位于西半球的南部，包括北美洲的墨西哥、中美洲7国、加勒比地区13国和南美洲12国，现共有33个独立国家和十几个尚未独立的地区，总面积约2 053万平方公里，约占世界陆地总面积的13.7%。过去，这个地区的绝大多数国家曾长期遭受西班牙和葡萄牙的统治，致使这里的社会经济制度、历史文化传统、宗教信仰和风俗习惯等深受西、葡两国的影响，绝大多数居民使用拉丁语系的西班牙语和葡萄牙语，因此，这个地区被称为拉丁美洲。

一、自然条件

拉丁美洲地形线绵长，从南至北全长1.1万多公里。西部太平洋沿岸地区是美洲科迪勒拉山系向南延伸的中段和南段，东部大西洋沿岸地区多高原、平原和岛屿。全洲在地理上习惯分为墨西哥、中美洲、西印度群岛和南美洲四个地区。其中：墨西哥多高原；中美洲和西印度群岛多山地；南美洲面积广阔，占拉美面积的86.8%。拉丁美洲从西向东可分为三个南北纵列地带，即西部是安第斯山脉，最高峰阿空加瓜山海拔6 960米，为拉美最高峰；东部是古老的高原地带，自北向南有圭亚那高原、巴西高原和巴塔哥尼亚高原；介于西部山地和东部高原之间的是大平原，自北向南有奥里诺科平原、亚马孙平原、拉普拉塔平原。亚马孙河全长6 480公里，是拉丁美洲最重要的河流，也是在长度、流域面积（705万平方公里）和流量上居世界第二位的河流。

赤道横贯拉丁美洲中部，全洲 80% 以上地区在热带范围内。气温随地势高低不同而异：在南北回归线之间的低地为热带雨林气候区，这里气候湿热，降水丰沛，亚马孙平原年降水量高达 1 500 ~ 2 000毫米，是世界上最大的热带雨林区，而高原和背风地区多为热带草原气候区；南回归线以南和北回归线以北系温带气候区；南美洲西南角为地中海式气候区；在南纬 3 度至 30 度的西海岸地区，气候较干燥，为沙漠和草原气候区。同世界其他大陆相比，拉丁美洲既没有非洲和澳洲那样大面积的沙漠地区，也没有北美和亚洲那样大面积的寒冷地区，总的来看，拉丁美洲气候适宜，水热条件较好，对农业生产发展十分有利。

拉丁美洲幅员辽阔，自然资源丰富。森林覆盖率达 44%，森林面积达 9 亿多公顷，占世界的 24%，盛产红木、檀香木、铁树、木棉树、巴西木、花梨木等名贵木材。草原面积占土地面积的 24%，占世界草原面积的 15%。大陆海岸线全长 4. 5 万公里，沿海盛产金枪鱼、鳀鱼、沙丁鱼、鲭鱼和各种虾类。矿产资源十分丰富，现代工业所需的 25 种最重要的矿物原料都有储藏，其中，铁、锰、石油、铜、铌、钼、铝土矿、镍、银、硝石等在世界上占有重要地位。拉丁美洲拥有丰富的水力资源，可利用的水能约占世界的 19%。

二、居民

2011 年，拉丁美洲人口为 5. 85 亿，约占世界总人口的 8. 35%，人口密度为每平方公里 27. 5 人，但人口地区分布不均衡。中美地峡和西印度群岛人口非常密集，是世界上人口密度最大的地区之一。例如：牙买加每平方公里达 253 人；海地为 300 人；巴巴多斯更高，达 626 人。而在南美大陆却有大面积地广人稀的地区，如广大的亚马孙平原是世界上人口密度最小的地区之一，每平方公里不到 1 人。拉丁美洲城市人口比重大，约为 75%。

印第安人本是拉美的主人，黑人是 16 世纪中叶被贩卖到美洲大陆的非洲黑人后裔，16 世纪白人开始迁入。从 19 世纪起，欧洲国家开始向拉美大规模移民,同时也移入了印度劳工、华工和日本人。因此,拉丁美洲居民的种族构成十分复杂,除当地的印第安人之外,还有从欧洲、非洲移入的大量白人、黑人和从亚洲移入的少量黄种人,以及三大人种互相通婚而形成的混血种人,这种状况是其他大洲所没有的。总体来看,以印欧混血种人为最多,次为黑白混血种人,同时白人移民及其后裔也占相当比重。这是拉美居民构成的一大显著特点。拉美各国除巴西用葡萄牙语、海地用法语、加勒比海和中美地区少数国家用英语外,均通用西班牙语。居民大多信仰天主教和基督教。

三、经济概况

(一)概述

拉丁美洲各国在发展中国家中经济比较发达,总体经济水平较高。目前,拉美人均国内生产总值 8 999 美元(2012 年),仅次于北美、欧洲,远高于亚、非两洲水平。第二次世界大战后,拉丁美洲经济发展虽有起伏,但总的来看增速较快,巴西、墨西哥、阿根廷、智利和委内瑞拉等是拉美经济发展较快的国家。拉美经济结构也发生了较大变化,制造业和服务业相对而言比重增加较快,粮食增长相对缓慢。但各地区经济发展不平衡,墨西哥和南美沿海国家发展水平较高,而中美、加勒比和内陆国家发展水平较低。上述几个发展水平较高的国家内部发展也不平衡。第二次世界大战后,拉美各国经济活动进一步向大城市和沿海地区集中。目前,拉美制造业的 1/3 集中在三大城市,即阿根廷的布宜诺斯艾利斯、巴西的圣保罗和墨西哥的墨西哥城。各国工业生产的一半以上都集中在其首都及附近地区。例如,乌拉圭首都蒙得维的亚集中了本国工业生产的 3/4,智利首都圣地亚哥及瓦尔帕莱索集中了本国工业生产的 2/3,秘鲁首都利马及卡亚俄地区集中了本国工业生产的 1/2 以上。

近年来,拉美区域合作加快了步伐,地区经济一体化组织很多,主要有加勒比国家联盟、安第斯集团、南方共同市场、拉美一体化协定等。这些组织对促进拉美经济发展和加强贸易往来,起到了一定的推动作用。

(二)工矿业

1. 采矿业。采矿业是拉美的传统经济部门。第二次世界大战后,为发展民族经济,很多国家对重要矿产资源实行了国有化,使采矿业规模不断扩大。拉丁美洲的采矿业在世界上的地位日益重要。全世界现代化生产所必需的原料,如铜、铝、铅、锌等,在很大程度上靠拉美提供。目前,拉美已成为全球采矿业的投资热点。

拉美铁矿石产量占世界总产量的20%以上,以巴西最多,次为玻利维亚、委内瑞拉、秘鲁、智利、墨西哥、古巴等。拉美铝土矿产量约占世界的30%,主要生产国是巴西、牙买加、圭亚那和苏里南。智利和秘鲁的铜矿蕴藏量占世界储藏量的40%以上,其中智利铜蕴藏量在2亿吨以上,约占世界蕴藏量的1/3,居世界第一位。拉美铜产量约占世界总产量的47%,其中,智利的铜储量、产量、出口量均居世界第一位。拉美的锡产量占世界的19%,主要生产国是巴西、玻利维亚、秘鲁和阿根廷。此外,墨西哥和秘鲁是拉美地区铅、锌的最大生产国,其中秘鲁的锌矿产量居世界第二位。巴西的钛、镁,多米尼加、哥伦比亚和古巴的镍、钴,玻利维亚和墨西哥的锑,秘鲁的白银、钒、铋、重晶石,墨西哥的石墨、硫黄、白银和汞,哥伦比亚的绿宝石,秘鲁和哥伦比亚的黄金和白金,智利的天然硝石等,都在世界上占有重要地位。

拉美能源矿物中以石油最重要。石油主要集中分布于墨西哥湾沿岸的墨西哥和委内瑞拉,两国石油储量合计为3 000多亿桶。此外,巴西、哥伦比亚、厄瓜多尔、秘鲁、阿根廷、特立尼达和多巴哥等国也均有开采。墨西哥、委内瑞拉、厄瓜多尔和哥伦比亚也是拉美重要的石油出口国。厄瓜多尔的石油出口额占该国出口总额的1/3。煤炭主要产于哥伦比亚和智利。哥伦比亚不仅是拉美也是世界的煤炭出口大国,所产煤炭主要出口到西欧。煤炭和石油出口额约占哥伦比亚出口总额的40%。此外,秘鲁和圭亚那有较丰富的铀矿。目前,很多拉美国家都把发展生物能源视为推动本国经济发展和参与新一轮国际竞争的重要机遇。这里既有石油出口国,也有石油进口国。在发展生物能源方面,拉美居各大洲之首。

2. 制造业。拉美制造业比较发达,主要工业部门有钢铁、机械、化工、纺织、食品等。拉美钢铁工业原有基础薄弱,1960 年钢产量只有 475 万吨,近年来发展迅速,2007 年增至约 6 550 万吨。巴西是拉美第一产钢大国,次为墨西哥、阿根廷和委内瑞拉,这四国钢产量占拉美总产钢量的 90% 以上。此外,智利、哥伦比亚和厄瓜多尔等国也有小规模的钢铁生产。

机械工业是拉美制造业中比重最大、发展最快的工业部门,特别是汽车、造船、飞机的制造占重要地位。巴西、墨西哥和阿根廷三国的汽车年产量共约 760 万辆,其中一半以上是小汽车。此外,委内瑞拉、哥伦比亚、智利和秘鲁都有汽车生产和装配工业。造船业以巴西和阿根廷最有基础,秘鲁也有较完整的造船工业。飞机制造业集中于巴西和阿根廷。此外,巴西的电子工业、阿根廷的机床工业也均有一定规模。

拉美电力工业发展迅速。在电力构成中,水电占主要部分,约占 60%。拉美国家十分重视开发和利用其丰富的水力资源,已建和在建的大型水电站,仅巴西就有 10 多座,其中有巴西与巴拉圭合建的著名的伊泰普水电站、巴西与委内瑞拉合建的古里水电站等。其次为火电,其主要利用石油和天然气发电。此外,还利用核电和地热发电。

拉美多数国家的传统轻工业在制造业中占很大比重,主要轻工产品有食品、纺织品、服装、皮革、鞋、纸等。食品工业中的冷藏肉、热带水果罐头、速溶咖啡等大量出口,主要由大型现代化工厂生产。面粉、油脂、啤酒、卷烟等主要面向本地市场,由分散在各地的中小企业生产。肉类屠宰冷藏业以阿根廷、乌拉圭、巴西、墨西哥等国最发达。制糖业产量大,巴西、古巴、墨西哥、哥伦比亚、阿根廷和多米尼加六国糖产量占拉美糖产量的 4/5 以上。纺织业分布广泛,其中毛织业以阿根廷、乌拉圭、智利和秘鲁较发达。智利的造纸业发达。

（三）农业

农业在拉美各国的国民经济中大都占有重要地位。农业生产水平较高，很多农产品在世界上占有重要地位。近年来，拉美的农业生产结构发生了显著变化，种植业比重下降，畜牧业比重上升，内部结构日趋合理。但绝大多数国家粮食不能自给，除阿根廷、乌拉圭、巴拉圭等少数国家外，其他国家均需进口粮食。2010～2012年，拉美地区年均进口粮食5 300万吨。拉美已成为世界上主要粮食进口大陆之一。

2010年，拉美粮食总产量为1.942亿吨，占世界粮食总产量的7.84%。拉美的主要粮食作物有玉米、小麦、稻谷等。这些作物的播种面积约占总播种面积的1/2，产量占粮食产量的80%以上。以玉米为主的粗粮是拉美人民传统的粮食作物，2010年产量为1.37亿吨，占粮食总产量的71%，玉米生产主要集中于巴西、墨西哥、阿根廷、哥伦比亚、秘鲁等国。小麦主要产于阿根廷、墨西哥、巴西、智利、乌拉圭等地。稻谷主要产于巴西、秘鲁、圭亚那等国。

拉美的经济作物在世界上占重要地位。咖啡产量约占世界的2/3，可可占1/3，大豆、棉花、烟草、甘蔗、香蕉等也都地位突出。2012年，大豆产量占世界的48%。拉美是全球大豆最集中的产区，以巴西、阿根廷产量最多。甘蔗产量占世界的37.78%，以巴西产量最多。拉美有20多个国家生产咖啡，巴西是最大的咖啡生产国和出口国，其次是哥伦比亚（咖啡质量好、售价高）以及中美诸国和秘鲁。可可产量较大的国家是巴西、古巴、墨西哥、哥伦比亚及阿根廷。拉美很多国家产香蕉，其中最著名的是中美诸国和厄瓜多尔。厄瓜多尔被誉为“香蕉之国”，是世界上最大的香蕉出口国。

拉美畜牧业发展迅速。2010年肉类产量4 625.3万吨，占世界的15.6%。在各种家畜饲养业中，以养牛业最重要。2012年牛肉产量约占全球的31%。拉美南部的拉普拉塔平原是著名的天然牧场，潘帕斯大草原是举世闻名的农牧区。拉美很多国家的畜牧业都很发达。例如，乌拉圭有肥沃的天然牧场，牧场面积约占可耕地面积的85%，乌拉圭被称为“牛羊遍地的国家”，其牛、羊毛、皮革等产品的出口额占乌拉圭出口总额的2/3。巴拉圭也是一个农牧业国家。

此外，拉美的林业、渔业、花卉等均很有名。拉美大部分国家濒临海洋，水产资源丰富。西部从智利北部经秘鲁至厄瓜多尔一带是一巨大渔场，东部加勒比海和巴西东南海域也是重要渔场。捕鱼量最多的国家有秘鲁、墨西哥、智利、巴西等。秘鲁是世界最大的鱼粉生产国。拉美的蔬菜、水果、花卉也很重要。秘鲁杧果年产量超过3万吨，出口2.25万吨，60%出口到美国，其余出口到欧洲。哥斯达黎加和哥伦比亚是分别居世界第二、第三位的花卉出口大国。

（四）交通运输业

拉美的公路发展较快，分布广泛，目前公路总长度约为325万公里，公路密度为平均每千平方公里有公路158公里，公路运输是客运的主要方式。铁路总长13万公里，平均每千平方公里的地区有6.33公里长的铁路。但铁路分布不平衡，各国铁路密度差别很大，大多数国家未形成铁路网。铁路主要集中在阿根廷东部、乌拉圭和巴西东南部、智利中部、墨西哥和古巴。海运在拉美国家对外联系中起重要作用，约承担货运总量的3/4。特别是沿海大多数国家，外贸运输的90%以上靠海运。拉美有很多设备优良的港口，如阿根廷的布宜诺斯艾利斯、巴西的桑托斯、巴拿马的科隆等。巴拿马运河是沟通太平洋和大西洋的捷径，全长81.3公里，可通航5万至8万吨级海轮，每天平均有38艘船通过运河，货运量每年高达1.9亿吨。南美运往日本等亚洲国家和地区的散装货物，有80%左右通过该运河运输。

（五）对外贸易

20世纪90年代以来，拉美对外贸易发展迅速。2012年，外贸商品进出口总额22 530亿美元，其中出口11 200亿美元，占世界的6.1%，进口11 330亿美元，占世界的6.16%，外贸逆差130亿美元。

近年来,拉美外贸商品结构发生了明显变化,即不论进口还是出口商品,初级产品比重明显下降,制成品比重明显上升。现在,拉美出口的主要商品有石油、煤炭、农矿产品、汽车、机械、纺织品和服装等,进口商品有机械、化工产品、电子产品、建材和粮食等。2012 年,拉丁美洲的服务贸易总额为 3 140 亿美元,其中出口 1 360 亿美元,进口 1 780 亿美元,以墨西哥、巴西、智利、阿根廷等国较发达。拉美的主要贸易伙伴有美国、欧盟、日本、加拿大及部分亚洲发展中国家。其中,与美国的贸易额曾占拉美贸易总额的一半。美国一直把拉美作为传统的进出口商品市场。欧盟也是拉美的传统贸易伙伴,拉美主要向欧洲出口香蕉、咖啡、铁矿石、牛肉等。在欧盟国家中,拉美与德国的贸易额最大。近年来,拉美的贸易伙伴有所变化。一方面,与日本的贸易发展较快,日本与拉美各国的贸易额已占拉美外贸总额的 10% 左右。另一方面,拉美与中国和其他亚太地区国家的经贸往来也日益频繁。2005 年,拉美与亚洲各国的贸易额只占拉美贸易总额的 13% ,现在已升至 25% ,同期与美国的贸易额占比则从 35% 降至目前的 24% 。拉美向亚洲主要出口铁矿石、铜、大豆、石油等,从亚洲进口汽车、电子产品、机械产品及零部件等制成品。中国、日本、韩国和印度占亚洲对拉美贸易的 90% 以上,其中中国占 1/2 以上。美国从拉美主要进口矿产、原油及咖啡等农产品,出口机械设备、电子产品、汽车、成品油等。美国与 11 个拉美国家签有自贸协定。

拉美各国与中国同属发展中国家,近年来中拉贸易发展很快,双边贸易额从 1978 年的 7.3 亿美元、1990 年的 18 亿美元、2000 年的 120 亿美元,增至 2012 年的 2 612 亿美元,占拉美外贸总额的 11.6% 。中国进口货物中约有 60% 的大豆、40% 的铜、21% 的铁和木材、80% 的鱼粉均来自拉美地区。拉美从中国主要进口机电产品、纺织品和服装、轻工产品、家电等。几乎所有拉美国家都与中国有贸易往来,现在中国是巴西、智利、乌拉圭第一大贸易伙伴,是墨西哥、阿根廷、委内瑞拉、古巴等 7 个国家的第二大贸易伙伴。中国已成为拉美的第二大贸易伙伴,拉美则成为全球对华出口增速最快的地区,是中国除亚洲外最重要的海外投资目的地。双方经济互补性强,未来发展潜力很大。

第二节　墨西哥、委内瑞拉、巴西和阿根廷

一、墨西哥

墨西哥位于拉美北部，北邻美国，东濒墨西哥湾和加勒比海，西、南临太平洋，面积为196.4万平方公里，人口1.22亿（2013年），城市人口比重为74%，印欧混血种人约占90%。

墨西哥地形以高原和山地为主，东、西、南三面为马德雷山脉环绕，中间为平坦的墨西哥高原，只有墨西哥湾和西部加利福尼亚湾沿岸有狭窄的平原。墨西哥气候复杂多样，垂直气候带显著。境内东南沿海和向风坡降水丰沛，属热带雨林气候区，尤卡坦半岛属热带草原气候区，北部高原地区属沙漠气候区，高原大部分地区气候温和，降水较多。境内自然资源丰富，主要有石油、天然气、银、铅、锌、锑、铋、铜、铁、汞和硫黄等。

（一）经济概述

墨西哥是经济比较发达的发展中国家，是拉美第二经济大国。2013年，墨西哥国内生产总值为12 609.15亿美元，居世界第十五位，其综合国力和经济发展水平在拉美国家中仅次于巴西，居第二位。经过多年发展，墨西哥已从一个以农业和矿业生产为主的国家，发展成为工业比较发达、经济实力比较雄厚的国家。在国民经济中，能源、矿业、冶金和制造业均较发达。自1988年以来，墨西哥政府实行了新经济政策和稳定经济的战略，使其宏观经济保持了健康稳定的发展，经济发展态势较好。2011年，在国内生产总值中，农业占3.87%，工业占32.46%，服务业占63.67%。

（二）工业

墨西哥工业比较发达，工业从业人员约占总就业人口的25%，

主要发展石油、钢铁、汽车、化工、轻纺、食品、采矿及新兴的电子和高新技术工业等。

1. 能源和采矿业。墨西哥是能源和矿产大国,2009 年已探明石油储量为 117 亿桶,居拉美第三位。天然气储量 4 800 亿立方米,煤炭储量 12. 11 亿吨。2012 年日产原油 291 万桶,居世界第十位,是近 23 年来的最低产量,当年原油出口 4. 58 亿桶,外汇收入 951. 57 亿美元。美国是墨西哥原油出口的第一大市场,其自墨西哥进口原油约占墨西哥出口原油总量的 3/4,次为西班牙、荷兰等。原油出口是墨西哥的主要外汇来源之一。石油主要分布在墨西哥东北部、南部和墨西哥湾海域,约 82% 的石油产自此海域。全国共有大小油气田 200 多个。近年来墨西哥又在东北部发现了新的深海油田,估计可使其产量最多增加1/3。自 1938 年以来,墨西哥油气资源长期被墨西哥石油公司垄断,该公司每年为墨西哥贡献 1/3 的财政收入。墨西哥已通过新能源改革法案,标志着能源领域结束长达 75 年的国有化垄断局面,开始向私人和外国公司开放。2012 年,墨西哥能源产量 22 512 万吨油当量,约有1/5能源可供出口。墨西哥重视可替代能源的开发和利用,到 2012 年这种能源的使用量已占能源使用总量的 5. 46%。在墨西哥能源构成中,石油占 69. 7%,天然气占 19. 2%,生物燃料占 3. 7%,水力占 3. 6%,煤占 2. 2%。石油化工和石油提炼业均较发达。采矿业是墨西哥的传统工业部门。多年来,采矿业在墨西哥国民经济中一直占重要地位。2011 年采矿业产值达 207. 48 亿美元,创历史新高。墨西哥是世界上银、铜、铅、锌、汞、硫黄的主要生产国。2011 年,墨西哥白银产量4 250吨,居世界第一位。铁、煤、铀、铋(居世界第三位)、金、萤石(居世界第二位)等的开采也很重要。

2. 钢铁工业。墨西哥是拉美仅次于巴西的第二大钢铁生产国。钢铁工业是墨西哥重要工业部门之一,墨西哥发展钢铁工业所需的资源如铁、煤等均较丰富,因此,其钢铁工业虽发展历史不长,但发展速度很快。1970 年,墨西哥钢产量仅 338 万吨,2012 年钢产量已达 1 810 万吨,钢铁自给率约为 8%。钢厂主要分布在北部的蒙特雷和蒙克洛瓦等地。

3. 汽车工业。汽车工业是墨西哥制造业的主要部门,其产值约占墨西哥国内生产总值的5%,就业人数100多万人。2013年汽车产量305.24万辆,居拉美第二位、世界第八位。墨西哥约8%的汽车出口,美国是其第一大出口市场,占该市场的1/2以上,次为拉美各国。2013年墨西哥已取代日本,成为美国进口汽车主要来源国,约占美国轻型进口车市场的12.4%。近年来墨西哥汽车工业发展迅速,大量外资和汽车巨头纷纷涌入。这主要得益于墨西哥劳动力成本较低,且劳动者技能和生产效率高;墨西哥拥有汇率和地理优势,与美国为邻,出口便捷。此外,墨西哥与44个国家和地区签有自贸协定,从这些地区采购零部件和引进各种资源享受免关税待遇。同时,可以将产品免税出口到有关地区。因此,几年间墨西哥从第九大轻型汽车出口国,一跃成为仅次于德、日、韩的第四大轻型汽车出口国,也是全球汽车配件第五大出口国(其他为德、中、美、日)。其所产汽车有90%出口到美国,次为加拿大。

纺织服装业也是墨西哥的传统工业部门,是墨西哥主要出口创汇部门之一。2000年,墨西哥仅服装行业出口额就达115亿美元,主要出口到美国,美国自墨西哥进口服装占美国进口服装总量的11%。

(三)农业

墨西哥农业发展历史悠久,是传统农业大国,农村人口占全国的27%,农业就业人口约占总就业人口的14.3%。墨西哥是拉美农业比较发达的国家之一,其农业产值占国内生产总值的4%。全国已耕地面积2 140万公顷。

1. 种植业。种植业产值约占农业总产值的60%。主要粮食作物有玉米、小麦、菜豆、水稻、高粱等。主要经济作物有大豆、棉花、咖啡、烟草、剑麻、甘蔗等。2011年墨西哥粮食总产量2 990万吨,其中玉米1 900万吨,占粮食总产量的63.5%。墨西哥是"玉米的故乡",墨西哥人以玉米为主食,玉米消费量约占粮食消费总量的3/4,墨西哥是世界主要玉米生产国和消费国之一。全国几乎所有地区都种玉米,但中央高原和太平洋沿岸的玉米产量约占全国玉米产量的1/2。多年来,墨西哥粮食不能自给,每年需大量进口。2011 年进口粮食 1 740 万吨,其中玉米 1 100 万吨,占进口粮食总量的 63%,此外还进口小麦、高粱等。墨西哥棉花种植历史悠久,品种优良。2010 年棉花产量1 243万包,主要出口到日本和法国。剑麻产量居世界前列。此外,墨西哥的蔬菜、水果也大量出口到美国和加拿大。

2. 畜牧业。畜牧业在国内消费和出口中占重要地位。全国牧场7 900 万公顷,以养牛业为主,牛存栏数 3 080 万头,居拉美第三位。2012 年全国肉类产量 585.1 万吨,居拉美第二位、世界第六位。其中,牛肉产量 182.1 万吨,居拉美第三位、世界第八位。墨西哥渔业资源丰富,主要有沙丁鱼、对虾、金枪鱼、鲍鱼等。对虾和鲍鱼是传统出口产品。海产品的 85% 出口到美国,次为西班牙、日本、韩国和意大利等。2012 年捕鱼量 168 万吨。渔区主要集中在太平洋沿岸和加利福尼亚湾。墨西哥是世界主要蜂蜜生产国,2011 年产蜂蜜 5 700 万吨。

此外,墨西哥旅游业发达,2012 年旅游收入占国内生产总值的 9.4%。2013 年接待了 2 400 万游客。

(四)对外贸易

2013 年,墨西哥对外商品贸易总额为 7 613.1 亿美元,是拉美第一贸易大国,其中出口 3 801 亿美元,进口 3 812.1 亿美元,均占世界贸易总额的 2% 左右,外贸逆差 11.1 亿美元。主要出口汽车及零部件、石油及其制品、纺织品和服装、化工医药产品以及农产品和矿产品,主要进口汽车及零部件、计算机、纺织机械、纸浆、玉米、大豆和肉类等。墨西哥同 200 多个国家和地区有贸易关系,与 44 个国家和地区签有自贸协定,是世界上签订自贸协定最多的国家之一,也是发展中国家中唯一与两大贸易集团——北美自贸区和欧盟签订自贸协定的国家。墨西哥与美国贸易关系最密切。2011 年对美国出口占其总出口的 78.5%,2012 年与美国贸易额达 4 730 亿美元,其中对美国出口额为2 818.24亿美元,占墨西哥出口总额的 77.6%,向美国主要出口汽车及零部件、原油及产品、农产品等。在农产品进口方面，墨西哥严重依赖美国。2012 年墨西哥农产品进口额中的 70.3% 来自美国。除美国外，墨西哥的其他贸易伙伴有加拿大、巴西、西班牙、日本、哥伦比亚等。

墨西哥同中国于 1972 年建交，近年来贸易发展很快。2012 年双边贸易额 626 亿美元，其中墨西哥向中国出口 57 亿美元，自中国进口 569 亿美元，墨西哥贸易逆差 512 亿美元。墨西哥向中国主要出口机电产品、汽车零配件、纺织纤维、铜矿砂、化工原料等，自中国进口计算机与通信设备、电器、电子产品、轻工产品、纺织品和服装、电视机等。目前中国已成为墨西哥在全球的第二大贸易伙伴。墨西哥则是中国在拉美的第二大贸易伙伴。

二、委内瑞拉

委内瑞拉位于南美洲北部，北临加勒比海，面积 91.67 万平方公里，人口 3 041 万(2013 年)，城市人口比重为 87%。

委内瑞拉北部和西北部是山区。西北部有拉美面积最大的湖泊——马拉开波湖，湖区周围的沼泽地是世界著名的石油产区。中部是奥里诺科平原，占全国面积的 1/3。东南部是圭亚那高原，世界上落差最大的安赫尔瀑布(落差 979 米)位于这里。全境除山地外，基本上属热带草原气候。山地气候温和，低地炎热，降水从北向南递增，从 500 毫米增至 3 000 毫米。主要矿物资源有石油、天然气、铁、铝土矿等。水力资源丰富。森林覆盖率达 56% 左右。

(一)经济概述

委内瑞拉是拉美经济较发达国家之一，经济以工矿业为主，石油是国民经济的支柱，在委内瑞拉经济中占有举足轻重的地位。冶金、矿业、电力、制造、建筑、石化和纺织等工业部门发展较快。农业发展缓慢，粮食不能自给。目前，委内瑞拉正力求改变单一经济模式，争当石油和农业的“双料大国”。2013 年国内生产总值 4 382.84 亿美元。

（二）工矿业

委内瑞拉是世界最大石油储备国和拉美最大石油生产国。石油工业（含天然气）是委内瑞拉的经济命脉，石油收入占政府收入的60%、国内生产总值的30%和外汇收入的95%。委内瑞拉已探明石油储量2 965亿桶，占世界石油储量的1/5，居世界第一位。委内瑞拉的石油开采始于20世纪20年代，1927年石油产量曾跃居世界第二位，第二次世界大战后曾一度成为世界最大的石油输出国。近年来，虽然世界其他地区的石油产量迅速增长，但委内瑞拉一直是世界上年产1亿吨以上的十大石油生产国之一。2011年，委内瑞拉日产石油299万桶，日出口石油247万桶。从1995年起，委内瑞拉成为美国主要的石油供应国，目前，每天平均向美国输送原油80万桶。为出口油气，委内瑞拉修建原油运输管道6 370公里，成品油管道480公里，天然气管道4 010公里和重油管道992公里。委内瑞拉也是世界上天然气储量最多的国家之一，储量约5.67万亿立方米，居世界第八位。委内瑞拉国内石油开采以马拉开波湖油区最重要，这里开采早、产量大，约占全国储量的1/4和产量的80%。委内瑞拉超重原油（当地称之为“天然沥青”）的藏量更加丰富，多位于里奥诺特河地带，是含硫高的重油和超重油，开采难度大。委内瑞拉以此为原料经加工制成乳化油，1988年首次商业输出，已销往加拿大、日本等很多国家。委内瑞拉是能源生产大国和出口大国，2011年能源产量为20 076万吨油当量，当年本国消费7 360万吨油当量，因此有大量能源出口。

除开采石油外，委内瑞拉还进行铁（储量36.44亿吨）、煤、黄金、铝矾土、镍等矿的开采，但产值较小。20世纪60年代中期以来，钢铁工业发展较快。2007年，委内瑞拉钢产量为500万吨，居拉美第四位，除满足内需外，尚有部分出口。炼铝业较发达，铝土矿和铝材是委内瑞拉仅次于石油的第二大外汇来源。2011年铝矾土产量340万吨。汽车工业以装配为主，基本上由外资控制。此外，食品、纺织、烟草等工业均有一定发展。电力工业以水电为主，占70%以上。

（三）农业

农业在委内瑞拉的国民经济中不占重要地位。农业发展缓慢，粮食不能自给，农业产值仅占国民生产总值的3%，耕地面积268万公顷。全国农业从业人数占就业总人数的13%，远低于拉丁美洲的平均水平（25%）。在农业生产内部，种植业与畜牧业并重。2011年，粮食产量381.2万吨。主要粮食作物有水稻、玉米、高粱等。经济作物有甘蔗、咖啡、棉花、香蕉等。目前，委内瑞拉咖啡产量占世界产量的2%以下。20世纪初，委内瑞拉咖啡产量曾占世界产量的7%，自从发现石油资源后，咖啡种植走向衰落。畜牧业以饲养牛、羊、猪为主。农产品不能自给，3/4的玉米、1/2的牛奶、85%的食用油和100%的大豆均需进口。

（四）对外贸易

2013年，委内瑞拉对外商品贸易总额1 402亿美元，其中出口867亿美元，进口535亿美元，外贸顺差332亿美元。多年来，委内瑞拉外贸一直呈现顺差，是拉美少数外贸顺差国之一。对外出口商品主要是石油及石化产品、铝锭、金属制品等。目前，燃料出口约占委内瑞拉总出口的89%。进口商品主要有汽车、运输设备、化工产品、农产品等。进口食品约占进口商品的13%，远高于拉美其他国家。委内瑞拉与世界上100多个国家和地区有贸易关系。目前，美国是委内瑞拉最大的贸易伙伴和最大的石油出口市场，2011年对美出口额约占其出口总额的43.1%，次为中国、哥伦比亚、加拿大、欧盟、日本、巴西等。

委内瑞拉与中国于1974年建交，2013年双边贸易额192.4亿美元，其中委内瑞拉向中国出口131.8亿美元，自中国进口60.6亿美元，委内瑞拉顺差71.2亿美元。委内瑞拉向中国出口原油、铁矿砂等，2013年对中国日出口石油已达62.6万桶，自中国进口纺织品、轻工产品、计算机及机电产品等。目前，委内瑞拉已成为中国在拉美的第四大贸易伙伴、重要能源供应国和最大工程承包市场。中国是委内瑞拉的第二大贸易伙伴。

三、巴西

巴西位于南美洲东部，东濒大西洋，面积约 851.5 万平方公里。2013 年人口约 2 亿，居世界第五位。其中，白人占 54.38%，黑白混血种人占 39.88%，黑人占 5.21%，黄种人占 0.39%，印第安人占 0.14%。巴西是拉丁美洲面积最大、人口最多的国家。城市人口比重为 81%。

巴西境内地形以高原、平原和低地为主。北部是圭亚那高原，东部是巴西高原，两座高原之间是广阔的亚马孙平原。巴西高原西南是巴拉圭低地。亚马孙河流域大部分在巴西境内。亚马孙平原北部属热带雨林气候区，巴西高原大部分属热带草原气候区。全境气候湿热，雨量充足，适宜种植热带作物。自然资源极为丰富，不仅品种多，且藏量丰富，主要有铁、锰、铌、钽、铝土矿、铜、锡、铅、锌、钨、石棉等。动植物资源和水力资源均丰富。森林面积 4.85 亿公顷，居世界第二位，人均林地约 2.6 公顷。森林覆盖率高达 57%。

（一）经济概述

巴西是拉美第一经济大国，2013 年国内生产总值 22 456.73 亿美元，约占拉美的近 40%，居拉美第一位、世界第七位。第二次世界大战后，巴西经济发展迅速，在较长的时间内维持了较高的增长速度，其中在 1968～1973 年达到了年均 10% 的高速增长，被视为世界经济发展的奇迹，称为“巴西经济奇迹”。现在巴西人均国内生产总值已超过 1 万美元。在经济迅速发展的同时，其经济结构发生了重大变化，工业比重相对增加，农业比重相对减少。巴西已成为一个工农业都比较发达的发展中国家。

（二）工业

巴西工业发达，工业基础较雄厚，生产发展迅速，已建立起门类较齐全、完整的工业体系，制造业各项指标居拉美之首。2012 年工业产值占国内生产总值的26.2%，主要工业部门有能源采矿、冶金机械、汽车、飞机、电子、纺织、化工等。其中的很多部门，如核电、电子、民用支线飞机、生物燃料、军火等已跻身世界先进部门行列。但是巴西工业分布极不平衡，工业生产主要集中在东南部的圣保罗州等四个州，这里集中了全国工业生产的60%以上和全国就业职工的70%以上。其中，圣保罗州的面积仅占全国的2.9%，却拥有全国工矿企业的40%和全部职工的50%。

1. 能源和采矿业。巴西能源资源丰富，各种能源均有蕴藏。2009年探明石油储量129亿桶，居拉美第二位。自2007年以来，巴西在东南沿海相继发现多个大油田，预期储量可超500亿桶。其中里贝拉油田于2008年7月发现，油田面积1 500平方公里，是巴西迄今为止发现的最大油田，也是世界第三大油田，储量达120亿桶。未来巴西将成为石油出口大国和全球领先的能源生产国。目前巴西日产石油近200万桶。2012年巴西日消费石油281万桶，占世界的30%，居世界第七位，尚不能自给。天然气储量3 600亿立方米。煤炭储量70.59亿吨，占拉美储量的43.5%，居首位。巴西水力资源十分丰富，拥有世界约18%的淡水，水力蕴藏量达1.43亿千瓦/年。巴西有多座大型水电站，其中最著名的是1991年竣工的伊泰普水电站，装机容量1 260万千瓦，仅次于中国的三峡。巴西90%以上电力来自水电。2012年，巴西水电消费量为9 450万吨油当量，占世界消费量的11.4%，仅次于中国，居世界第二位。在可再生能源的研究和应用方面，巴西亦处于世界领先水平。巴西大力开发生物燃料已有30多年历史，主要是以甘蔗为原料生产乙醇。现巴西甘蔗产量的约1/2用于生产乙醇。2011年生物燃料产量1 320万吨油当量，占世界的22.4%，仅次于美国，居世界第二位。在国内可替代能源用量已占能源使用总量的15.3%。2011年巴西一次性能源消费总量为26 690万吨油当量，居世界第七位。其结构为：石油占45.2%，天然气占8.99%，煤占5.2%，核能占1.31%，水电占36.4%，可再生能源占2.81%。巴西能源自给率达93%以上。

巴西矿产资源极为丰富，几乎拥有现代工业发展所需的全部主要矿产资源，是世界矿产的重要生产国和出口国。其中已探明的铁矿石储量333亿吨，占世界的9.8%，居世界第五位；2011年产量3 550万吨，居世界第二位。巴西铁矿石品位高，一般在62%左右，特别是世界规模最大的卡拉加斯铁矿的铁矿石品位更高达66.7%，且杂质较低。2012年巴西铁矿石出口为3.27亿吨，仅次于澳大利亚，居全球第二位，中国是其主要市场之一。巴西镍储量占世界的9.8%，探明储量455.9万吨，按现有水平，可用800年，产量占世界的90%以上。锰、钾、铝矾土、铅、锡等储量均占世界的10%以上。巴西有29种矿物储量居世界前列。

2.钢铁工业。巴西是拉美最大的钢铁生产国，2011年钢产量3 520万吨，占拉美钢铁总产量的50%以上，居世界第九位。巴西发展钢铁工业的资源条件非常优越，铁矿石储量丰富，有高质量的焦煤以及炼钢所需的锰等矿物原料。现在巴西已成为世界著名的钢铁产品出口国，巴西最大的钢铁企业是巴西全国钢铁公司。

3.汽车工业。汽车工业是巴西最重要的工业部门之一，其产值约占国内生产总值的5%，占工业产值的21%。约有150万人在此行业就业。1958年巴西开始生产汽车，20世纪90年代后发展迅速。2007年巴西汽车产量297万辆，居拉美之首，巴西步入全球汽车主要生产国行列。2013年产汽车374万辆，居拉美第一位、世界第七位。其产品约3/4为小轿车。为适应石油短缺形势，巴西大力发展以酒精混合汽油为燃料的汽车，所有车用燃料均添加甲醇或乙醇。灵活燃料车是巴西汽车工业的创举，2010年这种汽车的市场份额已达86.4%。目前，巴西是世界上唯一不供应纯汽油的国家。汽车已成为巴西出口的重要产品，主要出口到阿根廷(40%以上)、美国、欧盟等。汽车工业几乎全部由外资控制。

4.飞机制造业。巴西的飞机制造业已步入世界飞机制造的领先国行列。巴西航空公司崛起于20世纪90年代，目前已成为世界第三大民用飞机制造商，也是120座级以下商业飞机的最大制造商，占有世界支线飞机市场份额的近一半，其用户遍及五大洲，共有45个国家和地区。该公司生产的飞机已被美、英、法、意、中等许多国家使用。飞机是巴西出口创汇的重要产品。

5. 电子工业。1985 年,巴西制成了第一台工业机器人,同年,发射了第一颗人造卫星。在电子工业方面,巴西已能生产大、中、小各种类型的计算机、电信器材、家用电器和自动化设备。2011 年巴西电子工业产值 423 亿美元,进出口贸易额为 225.6 亿美元,均居拉美之首。目前,巴西正在实施"信息工业 10 年总体规划",要使巴西进入第五代电脑时代。巴西 90% 的通信技术实现了现代化,其卫星通信技术、数字化网络技术、移动通信技术等均领先于拉美其他国家。

另外,巴西的纺织、轻工、食品等工业均较发达。

(三) 农业

巴西是农业大国,是拉美第一大农产品生产国和出口国。目前巴西是世界最大的牛肉、禽肉、咖啡、蔗糖、柑橘、烟草和大豆出口国。2012 年农牧业产值占国内生产总值的 5%,农产品出口额达 958.1 亿美元,占出口总额的 39.5%,是巴西外汇收入的重要来源之一。

1. 种植业。巴西可耕地面积 1.525 亿公顷,其中 2012 年农作物种植面积突破 7 000 万公顷。主要粮食作物有小麦、玉米、稻谷、木薯等,2012 年巴西粮食产量 8 994 万吨,居拉美第一位、世界第四位,小麦产量 437 万吨,玉米产量 7 149 万吨,稻米产量 1 138 万吨。除小麦等少数品种外,均自给并大量出口。其中,玉米产量居世界第三位,出口量1 000万吨以上,巴西是仅次于美国的第二大玉米出口国。主要经济作物有大豆、甘蔗、棉花、可可、烟草、花生等。2012 年大豆产量 8 200 万吨,占世界总产量的 30.19%,仅次于美国(8 206 万吨),居世界第二位。当年巴西出口大豆 3 790 万吨,占世界总出口量的 39.3%(美出口占 37.6%),是世界最大的大豆出口国(中国是最大的大豆进口国)。2012 年巴西甘蔗产量 6.75 亿吨,巴西号称"甘蔗王国",是世界第一大蔗糖生产国和出口国。当年蔗糖产量 3 860万吨,占世界产量的 22% 和出口量的 35% 以上。巴西也是世界主要棉花生产国和出口国,2011 年出口棉花 106.7 万吨,居世界第三位。巴西拥有全球最大的咖啡种植园,咖啡种植面积占全球的

1/3。2002 年咖啡产量 4 470 万袋(每袋 60 千克),当年出口 2 400 万袋,占世界市场的 1/4 以上。美国是巴西咖啡的最大市场,约占其需求量的近 1/4。此外,柑橘、西沙尔麻亦居世界第一位,可可产量居世界第二位。农作物主要分布在巴西南部、东南部和东北部地区。

2. 畜牧业。巴西畜牧业以养牛业为主。巴西是世界养牛大国,早在 1980 年就实现了人均 1 头牛的指标。2004 年巴西牛存栏数 1.92 亿头,仅次于印度,居世界第二位。养牛业创造产值约占畜牧业产值的 4/5。猪的头数为 3 300 万头。2009 年肉类总产量 2 246.5 万吨,次于中、美,居世界第三位。其中牛肉产量 902.4 万吨,仅次于美国,居世界第二位。2012 年牛肉产量 930.7 万吨,当年牛肉出口 152.4 万吨,巴西是世界第二大牛肉生产国和第一大牛肉出口国。巴西也是禽肉和奶类的主要出口国。

(四)对外贸易

巴西是拉美第二贸易大国。2013 年,巴西对外商品贸易总额 4 818亿美元,其中出口 2 421.8 亿美元,进口 2 396.2 亿美元,外贸顺差 25.6 亿美元。主要出口汽车及零配件、机械和电子产品、飞机、钢材、木材及其制品、铁、铝及其他矿砂、大豆、咖啡、糖等,主要进口机械设备、电器设备、药品、汽车及零配件、原油、小麦等。巴西是世界第三大农产品出口国,2012 年农产品出口额占出口总额的 39.5%,农产品贸易顺差达 794.1 亿美元。自 1997 年开始,农产品贸易顺差不断提高。巴西出口商品到中国(占 19%)、美国(占 10.2%)、阿根廷(占 8.1%)以及荷兰等欧盟国家。进口商品来自中国(占 15.6%)、美国(占 15%)、阿根廷(占 6.9%)以及德国等欧盟国家。据统计,巴西与发达国家的贸易比重从 1990 年的 72% 降至 2009 年的 42.15%,而同发展中国家的贸易比重则从 28% 升至 57.85%。2013 年,巴西服务贸易总额 1 210 亿美元,其中出口 374.6 亿美元,进口 835.4 亿美元,服务贸易逆差 460.8 亿美元。

巴西同中国于 1974 年建交,当年双边贸易额 1 742 万美元,2002 年为 40 亿美元。2013 年双边贸易额 833.3 亿美元,其中巴西对中国出口460.3亿美元，自中国进口373亿美元，巴西顺差87.3亿美元。巴西向中国出口矿产品（占44.8%）和植物产品（占37.3%），主要有大豆、纸浆、豆油、皮革等，以及运输设备、化工产品等，自中国进口机电产品、计算机、化工产品、纺织品及原料、轻工产品等。目前，中国是巴西第一大出口市场、第一大进口来源地以及最大的贸易伙伴，巴西则是中国在拉美的最大贸易伙伴。

四、阿根廷

阿根廷位于拉丁美洲南部，东临大西洋，面积278万平方公里。2013年人口4 145万，其中白种人和印欧混血种人占95%，印第安人603万。城市人口比重为90%。

阿根廷地势西高东低，西部是安第斯山脉，东部和中部是潘帕斯草原，南部是巴塔哥尼亚高原，北部是格兰查科平原。阿根廷是南半球国家，气候多样，北部属热带气候区，中部属亚热带气候区，南部属温带气候区。东北部年均降水500～1 000毫米，其他地区年均降水200～500毫米。主要矿产有石油、天然气、煤、铅、锌、锡、铁等。森林面积125.3万平方公里。森林覆盖率为45%。

（一）经济概述

阿根廷是拉美经济发达的发展中国家，工业门类较齐全，农牧业发达，是世界粮食和肉类的重要生产国和出口国。2013年，阿根廷国内生产总值为6 117.55亿美元。阿根廷是拉美第三经济大国。阿根廷的制造业和农牧业均较发达，在国内生产总值中，农业约占5%，工业约占1/3。农业、汽车制造业和冶金业是阿根廷经济的三大支柱。境内各地区经济发展不平衡，主要经济活动和居民大都集中在首都布宜诺斯艾利斯、科尔多瓦省和潘帕斯草原地区。

（二）工业

阿根廷是拉美工业技术水平较高和制造业较发达的国家，工业在经济中占主导地位，主要工业部门有钢铁、汽车、机械、飞机制造、电力、轻工、食品等。钢铁工业是阿根廷战后发展起来的工业部门。2010年粗钢产量为513.8万吨，居拉美第三位，铁产量409.8万吨，铝产量41.7万吨。汽车工业起步较晚，但已成为国内重要的支柱产业。2013年，阿根廷汽车产量为79.1万辆，居拉美第三位。汽车工业多为意、法、美等国资本控制。阿根廷是拉美少数拥有飞机制造业的国家之一。1928年，阿根廷生产出第一架飞机，1947年又试制成功拉美第一架喷气式飞机，现主要生产直升机和农用飞机，产品已打入国际市场。阿根廷机床制造和造船工业有一定规模，可制造快艇、导弹驱逐舰等军用舰艇，以及海上钻探平台、漂浮起重机等水上工业设备。电力工业基础雄厚，2008年发电量为1 130.9亿千瓦·时，火电与水电并重。阿根廷是拉美最早从事核能研究和最早建立核电站的国家，核工业发展水平居拉美前列，现拥有三座核电站，能独立生产浓缩铀。石油和天然气蕴藏量分别为25亿桶和4.7万亿立方米，其产量能自给并可出口。食品工业是阿根廷传统工业部门之一，其酿酒业十分有名，阿根廷是世界主要葡萄酒生产国之一，产品大量出口。阿根廷轻工业发达，是一个传统的皮革出口国，皮革产量占世界的7%，出口量占世界的9%，均居世界第四位。

（三）农牧业

阿根廷农牧业发达，是世界农牧产品的主要生产国和出口国之一。全国大部分地区土壤肥沃、气候温和，适于农牧业发展。全国农业人口123.36万，占就业人口的10.7%。耕地面积2 720万公顷。2010～2011年粮食产量4 446万吨，仅次于巴西，居拉美第二位。主要农作物有小麦、玉米、大豆、高粱、棉花等。2010年，阿根廷农业大丰收，大豆产量达到创纪录的5 500万吨，次于美国和巴西，居世界第三位。阿根廷是世界重要的大豆出口国和最大的豆油出口国。阿根廷畜牧业发达，畜牧业产值占农业总产值的40%，以养牛、养羊业为主。2010年牛的存栏数为4 895万头，羊为1 665万只。2009年肉类产量443万吨，其中牛肉产量283万吨，居拉美第二位、世界第四位。阿根廷是世界主要肉类和羊毛的生产国和出口国之一。欧盟是阿根廷农产品出口的第一大市场，东南亚已成为其农产品出口的第二大市场。中国则是阿根廷羊毛的最大买主，购买量约占其出口总量的40%。阿根廷80%的牲畜集中在潘帕斯大草原饲养。渔业资源十分丰富。

（四）对外贸易

2013年，阿根廷对外商品贸易总额1 570.26亿美元，其中出口830.26亿美元，进口740亿美元，外贸顺差90.26亿美元。贸易顺差是阿根廷多年来外贸的特点。主要出口食品饮料、机电产品、运输设备、化工产品、矿产品、农产品等，主要进口机械设备、电子产品、医药、化工产品等。巴西是阿根廷的第一大贸易伙伴，次为中国、美国、欧盟、智利、日本等。2013年阿根廷服务贸易总额324.47亿美元，其中出口136.92亿美元，进口187.55亿美元。

阿根廷与中国于1972年建交，2013年双边贸易额168.6亿美元，其中阿根廷对中国出口55亿美元，自中国进口113.6亿美元。阿根廷主要向中国出口羊毛、大豆等农产品，中国已成为阿根廷最大的农产品出口目的国。阿根廷自中国进口机电产品、纺织品、轻工产品等。目前，中国是阿根廷的第二大贸易伙伴和第三大投资国。阿根廷是中国在拉美的第三大贸易伙伴。

第十一章　大洋洲

第一节　概　述

大洋洲是指分布于太平洋西南部和赤道南北浩瀚海域中的一块大陆和星罗棋布的海岛。它由澳大利亚大陆、塔斯马尼亚岛、新西兰南、北岛、新几内亚岛、波利尼西亚、密克罗尼西亚和美拉尼西亚等1万多个岛屿组成，总面积约897万平方公里，占全球陆地总面积的6%，是世界上面积最小、分布最散的一个洲。大洋洲地处亚洲、南北美洲和南极洲之间，东西沟通印度洋和太平洋，在世界交通及战略上占有重要地位。目前，大洋洲的独立国家共有14个，其余一些岛屿至今仍分别被美、英、法等国占领。

一、居民

2011年，大洋洲总人口3 854多万，除南极洲外，是世界上人口最少和人类居住历史很短的"新大陆"，75%以上的居民是欧洲移民的后裔，主要分布在澳大利亚和新西兰。当地居民约占总人口的20%，主要是巴布亚人、美拉尼西亚人、密克罗尼西亚人和波利尼西亚人等。在外来移民中，有约1%的印度人，以及华人、菲律宾人、日本人、印度尼西亚人等。城市人口比重为69%。

二、经济概况

在大洋洲国家中，除澳大利亚和新西兰经济发达外，其余国家均是20世纪60年代后才获得独立的，因而大都经济发展水平低下，经济结构不合理，除采矿业有一些发展外，制造业其他部门均十分落后。农牧业在各国经济中占有非常重要的地位,但除澳大利亚外,其他国家粮食均不能自给。热带经济作物种植业是大洋洲许多国家的主要经济部门,主要作物有椰子、棕榈、甘蔗、香蕉、咖啡、橡胶等。椰子的种植最广泛,以巴布亚新几内亚产量最多,次为瓦努阿图、所罗门群岛等。巴布亚新几内亚是大洋洲唯一的天然橡胶生产国。甘蔗主要产在澳大利亚和斐济。畜牧业在澳大利亚和新西兰的国民经济中占有举足轻重的地位,两国生产的羊毛占全球总产量的50%。此外,一些国家的珍贵木材(如檀香木)生产也很重要。

采矿业是大洋洲一些国家中的重要经济部门。澳大利亚是世界主要矿产品生产国和出口国之一。此外,较重要的矿产还有巴布亚新几内亚的布干维尔铜矿和金矿,法属海外领地新喀里多尼亚的镍矿(储量居世界第一位)以及铬、铁等矿藏,瓦努阿图的锰矿,斐济的黄金,瑙鲁和基里巴斯的磷酸盐等。澳大利亚和新西兰是大洋洲制造业发达的国家,其他国家的制造业大都是独立后建立起来的初级产品加工工业,全部以本国农、林、渔业产品为原料,生产水平不高。

对外贸易在大洋洲国家经济发展中具有重要意义。由于绝大多数国家经济结构单一,所以其对外经济依赖性很强。一般多出口农牧矿产品,进口粮食、机器设备和日用消费品等。日本、美国、西欧发达国家是大洋洲的主要贸易伙伴。另外,大洋洲本地区内各国间的贸易往来也十分频繁。

2007年,大洋洲和太平洋岛屿与中国的双边贸易总额达495.3亿美元,其中对中国出口284.3亿美元,从中国进口211亿美元,顺差73.3亿美元。澳大利亚与中国的贸易额占该地区贸易总额的88%以上,其次是新西兰,2007年,中新贸易额为37亿美元。中国是新西兰羊毛的最大买主,并从新西兰进口大量木材、纸浆、纸张、乳制品等。近几年来,中国与巴布亚新几内亚和斐济的贸易发展均较快。

第二节　澳大利亚

澳大利亚位于太平洋西南部，地处南半球，介于印度洋与西南太平洋之间，由澳大利亚大陆、塔斯马尼亚岛及周围一些小岛组成，面积769.2万平方公里。

一、自然条件

澳大利亚海岸线平直，海湾、半岛和岛屿很少。东北部近海处有地球上最大的珊瑚礁群，称为大堡礁。境内地势低平，无崇山峻岭，大陆平均海拔350米。其地形可分成三部分：东部为山地，面积约占全澳陆地面积的15%，统称澳大利亚科迪勒拉山系。山地大致与海岸平行，成为东部沿海与内地间的天然屏障、东西河流的发源地及分水岭，也称大分水岭。西部是高原，面积约500万平方公里，约占全澳面积的65%。高原中部广大地区多沙漠和半沙漠。介于东部山地和西部高原之间的是平原，也称低地。中部低地是以埃尔湖为中心的大盆地，称大自流盆地，是澳大利亚主要的农牧业区。南回归线横贯澳大利亚中部，全国大部分地区气候炎热，干燥少雨，是世界上最干旱的大陆。位于东南部的墨累河，是澳大利亚境内最长的河流。除石油外，澳大利亚矿产资源十分丰富，有80多种矿藏，主要有煤、铁、锰、铝土矿、铀、金、镍等，并有多种珍稀动植物。森林面积15 453万公顷。

二、居民

2013年，澳大利亚总人口为2 334万。澳大利亚是一个由移民组成的国家，其中约1/4的居民出生在澳大利亚境外。移民来自100多个国家和地区，其中来自欧洲的移民占80%以上，但目前亚洲成了其主要的移民来源地。土著人只占2.27%，约46万人。澳大利亚地广人稀，平均人口密度为每平方公里不足3人。人口分布极不均衡，全国人口的85%以上集中在澳大利亚东南部，广大内陆地区人口十分稀少。城市人口比重为85%。

三、经济概况

（一）概述

澳大利亚是大洋洲经济实力最强的国家，是一个后起的工农业发达的资本主义国家。2013年，澳大利亚国内生产总值为15 605.97亿美元，居世界第十二位。

第二次世界大战前，农牧业、采矿业和农产品加工工业一直是澳大利亚的主要经济部门。第二次世界大战后，工矿业进一步发展，从而逐渐形成包括采矿、冶金、机械、化学、食品等部门的较完整、规模较大的工业体系，澳大利亚的经济地位进一步提高。在澳大利亚国民经济中，服务业、制造业、采矿业和农牧业是四大主导产业。其中服务业优势明显，其产值约占国内生产总值的65.8%，就业人数超过960万。制造业是澳大利亚国民经济的支柱产业，2011年，其产值约占国内生产总值的9%。采矿业则是澳大利亚经济增长的主要推动力。澳大利亚经济结构的特征与一般经济发达国家有所区别，它是一个典型的资源供给型国家，一半以上的商品出口与矿业有关，其财政收入与国际贸易的平衡，在很大程度上取决于矿业等资源产业的发展。农牧业产值在国民生产总值中的比重有所下降，但农牧产品产量、产值和效益不断提高，农牧产品出口大幅增加，其主要性更加突出。澳大利亚国内经济发展不平衡，主要经济活动集中于东南部地区。

（二）工业

1. 能源工业。澳大利亚是世界上重要的能源生产国和出口国。2012年，澳大利亚各种能源产量为31 469万吨油当量，而当年全国的消费量为11 920万吨油当量，仅占产量的37.9%，可见，澳大利亚是一个能源除自给外还绰绰有余的国家。2010～2011年度，能源出口额约占澳大利亚商品出口总额的1/3。在澳大利亚的能源生产构成中,煤炭约占61%,铀占19%,天然气占12%,原油和液化气占6%,其他占2%。澳大利亚煤炭资源十分丰富,已探明可采储量703亿吨,次于美、俄和中国,居世界第四位。2012年煤炭产量2.41亿吨,占世界总产量的6.3%,次于中、美,居世界第三位,本国消费4 900万吨,占世界的1.3%。澳大利亚是世界第一煤炭出口大国。2013年中国从澳大利亚进口煤炭近1亿吨,日本也是澳煤炭最大买主之一,此外购买澳煤炭的还有西欧国家等。煤炭以新南威尔士州最丰富,其产量约占总产量的一半以上。此外,昆士兰州、纽卡斯尔煤矿也闻名遐迩,采煤已全部实现机械化。褐煤则以维多利亚州最丰富。澳石油储量42亿桶,2009年产量2 360万吨,自给率约55%,需进口。油田主要分布在巴斯海峡的吉普斯兰盆地以及西北大陆架等地。已探明天然气储量3.08万亿立方米,2009年产量423亿立方米,澳国内消费约占60%,自给有余。澳大利亚从20世纪80年代末就向日本出口液化气。铀矿是20世纪50年代发现并开采的,储量约51.7万吨,居世界第一位,产量居世界第三位,出口量居世界前列,主要输往美、英等发达国家。

2.采矿业。采矿业是澳大利亚传统工业部门,也是国民经济中重要的、最发达的工业部门之一。其矿业按产值规模计算,居世界第三位(次于美国和南非)。矿产品中约有80%供出口。从1982年起,采矿业产值在国内生产总值和出口总值中已超过农牧业产值,目前约占国内生产总值的9%。近年来,在新兴经济体对原材料巨大需求的带动下,澳大利亚采矿业产值迅速增长,目前其出口值约占澳大利亚出口总值的一半以上(2013年占57.8%)。

澳大利亚拥有70多种具有重要经济价值的矿产,其中铁矿石的开采是澳大利亚采矿业中规模最大、发展最快的部门。澳大利亚铁矿储量大,约有146亿吨;品位高,含铁56%~60%;埋藏浅,易于开采。自20世纪60年代陆续发现多处巨大矿床后,铁矿石产量逐年提高,并大量出口,其出口量一般占产量的90%左右。2012年,澳大利亚铁矿石出口量高达5.4亿吨,占世界铁矿石出口总量的44%以上,居世界第一位。中国是澳大利亚铁矿石的最大市场,中国自澳进口的铁矿石约占其出口总量的60%以上，其次为韩国和日本。铁矿主要集中于南澳的米德尔巴克—莱因克兹地区和西澳的皮尔巴拉地区。澳铝土矿藏量约53亿吨，占世界的近1/4，其藏量以及氧化铝的产量和出口量均居世界第一位。此外，澳大利亚的黄金、镍、铅、锌、锰、钻石、钽、锆石等的藏量和产量均位居世界前列。西澳的皮尔巴拉各种矿藏十分丰富，被誉为澳大利亚的“矿藏之都”。

3. 制造业。制造业是澳大利亚国民经济的支柱，2011年制造业产值占国内生产总值的9%，其出口额约占澳大利亚商品出口总额的30%。冶金、机械、汽车、化工、轻纺等均具有一定规模，但以冶金和机械工业发展最快。东部沿海地区是澳大利亚制造业的重心，墨尔本是制造业的中心，其工业产值约占全国的35%。

(1)冶金工业。冶金工业是澳大利亚工业中最重要的部门之一，也是第二次世界大战后发展最快的工业部门之一。澳大利亚煤铁资源丰富，为钢铁工业发展奠定了坚实的基础。2007年粗钢产量790万吨。钢铁生产有三大中心，即新南威尔士的肯布拉港、纽卡斯尔和南澳的怀阿拉。钢铁工业被全国最大的布罗肯希尔财团控制，该财团是澳大利亚的“钢铁大王”。澳大利亚的有色冶金工业发达。炼铝主要集中在塔斯马尼亚岛北部。皮里港以冶炼铅、锌为主，是世界最大的冶炼中心之一。

(2)机械工业。澳大利亚的机械工业包括汽车、飞机、造船、电子、机床、农机等部门，机械设备制造业产值约占制造业总产值的21%。汽车工业是澳大利亚最大的制造业部门之一。2013年澳大利亚汽车产量为21.59万辆。汽车生产高度集中，主要被美国、日本和韩国等外资控制。飞机制造有一定规模，能生产各种军用和民用飞机。电子计算机和家电生产都有一定规模。2011年电子工业产值54.29亿美元。当年贸易额308.58亿美元，其中出口35.52亿美元，进口273.06亿美元，国内销售达291.83亿美元。但精密机械制造不发达，靠进口满足内需，进口的精密机械主要来自日本、德国、美国、英国和中国台湾省等。

(3)化学工业。澳大利亚的化学工业以生产工业用化工产品为主,化肥产量增长较快。塑料工业是20世纪60年代后发展起来的,已基本自给。20世纪70年代后,石油化工发展较快。目前最大的化工企业有两家,一是悉尼东南的博坦尼,一是墨尔本西南的阿尔托纳。

(4)食品工业。食品工业是澳大利亚最大的制造业部门之一,是出口创汇的重要部门。在澳大利亚的制造业产值中,食品工业占19%。其主要产品有面粉、肉类、乳制品、饮料、酒、蔗糖、烟草等,有一半以上产品供应国外市场,其中蔗糖出口量位居世界前列。食品工业中小企业所占比重大,集中分布于东南沿海城市。

(5)纺织工业。澳大利亚纺织工业发展历史悠久,主要有毛纺和棉纺业,以毛纺规模最大、最重要。其特点是生产过程完整,从羊毛的原始加工到纺织品的染色,一应俱全。产品主要满足内需,对外出口羊毛纱和毛条。近年来化纤产品的不断增加,使毛织生产不太稳定。棉织业是20世纪才建立起来的,悉尼和墨尔本是两大棉织品生产中心。

(三)农牧业

农牧业是澳大利亚的传统经济部门,农牧业产品的生产和出口在国民经济中占重要地位。澳大利亚耕地面积为4 700万公顷,人均耕地面积约2公顷,居世界第一位。在国内生产总值中,农牧业产值占3%,虽然近年来比重相对下降,但农牧业仍是国民经济的重要支柱之一。近年来,澳大利亚采取了农牧产品多元化战略,除保持传统产品正常发展外,还积极开发新品种,并取得了成果。现农牧产品出口额约占出口商品总额的20.8%。

1.畜牧业。畜牧业是澳大利亚农业生产中历史最长、地位最重要的经济部门,其产值占农业总产值的60%以上。畜牧业的主要生产部门是养羊业和养牛业。其中,养羊业历史最悠久,早在19世纪末,澳大利亚绵羊的数量就居当时世界之首。澳大利亚的自然环境对绵羊的生长发育十分有利:广大内陆地区气候干燥,有利于羊群安全过冬;丰富的地下水资源,地面生长着的茂密牧草,大面积的人工草地,提高了载畜量。经营方式以放牧为主,较粗放,只有东南部地区实行集约经营。

2011～2012 年,澳大利亚绵羊的存栏数为 7 470 万只,仅次于中国,居世界第二位。羊毛年产量 52.5 万吨,居世界第一位。出毛率高的美利奴羊是 1798 年从西班牙引进的,这种羊约占澳大利亚羊总数的 4/5,澳美利奴羊羊毛产量占世界羊毛总产量的 32%。澳大利亚羊毛产量的 90% 以上销往国外,澳大利亚是世界最大的羊毛生产国和出口国,出口额约占全球羊毛贸易额的一半以上。澳大利亚羊毛可满足全球对羊毛需求的 45%。目前,中国是澳大利亚羊毛的最大买主,其购买量占澳大利亚羊毛总出口额的 40% 左右,其次为意大利、韩国等。

养牛业在澳大利亚越来越重要,牛的存栏数达 2 840 多万头,其中奶牛 270 万头。澳大利亚已成为世界上最重要的肉、乳、畜产品的生产国和出口国。2009 年肉类产量 405.3 万吨,其中牛肉产量 214.8 万吨。2012 年澳大利亚出口牛肉 140.7 万吨,次于巴西和印度,居世界第三位。同时,澳大利亚也是世界上生产黄油和干酪最多的国家之一。

澳大利亚渔业资源丰富,拥有世界上第三大渔业捕捞区。澳大利亚海域内共有 3 000 多种已知鱼类,主要水产品有对虾、龙虾、鲍鱼、金枪鱼、扇贝、牡蛎等。2010～2011 年水产品总产量为 23.41 万吨。中国香港是澳大利亚渔业出口最大市场,次为日本、美国和中国内地、中国台湾省等。

2. 种植业。种植业约占澳大利亚农牧业产值的 40%。其中,以粮食作物最重要,其他还有饲料作物、经济作物、水果等。2011 年种植面积为 1 174 万公顷,主要作物有小麦、燕麦、大麦、甘蔗、棉花、油菜籽等。2011 年粮食产量 4 337 万吨,其中小麦产量 2 990 万吨,占粮食总产量的 68.9%。当年出口小麦 2 250 万吨,占澳大利亚小麦产量的 75.3%,占世界小麦出口总量的 15%。澳大利亚仅次于美国,是世界第二大小麦出口国。澳大利亚小麦主要出口到亚洲和中东等地。小麦主要产在西澳州,次为东南部和昆士兰州等。大麦和燕麦的种植很广泛,2009 年大麦产量 799.7 万吨,大麦和燕麦均有出口。澳大利亚也是世界重要的蔗糖和棉花出口国,2011 年,甘蔗种植面积 33.9 万公顷,产量 260 万吨,棉花产量 93.7 万吨。2012 年,澳出口棉花 130.6 万吨,占世界棉花出口总量的 12.9%,次于美国和印度,是世界第三大棉花出口国。20 世纪 50 年代后,澳大利亚水果生产发展迅速,且出口比重大,以苹果、梨和葡萄最重要。塔斯马尼亚有“苹果之岛”之称。现澳大利亚已成为世界第三大葡萄干生产国,其无核葡萄干在国际市场上享有盛名。

(四)交通运输业

在澳大利亚国内生产总值中,交通运输业占 5.1%。澳大利亚铁路总长 33 819 万公里,约承担国内运输的 1/2。但铁路网在国内分布极不均衡,现有铁路主要是由沿海大城市向内地辐射,连接农业区、采矿工业中心和沿海其他港埠,而深入内陆的铁路很少。私营铁路主要是采矿冶炼企业、甘蔗种植园等为运输产品而修建的窄轨铁路。东起悉尼、西至珀斯的铁路是一条重要的铁路干线,它加强了澳大利亚东部与西部的经济联系。

澳大利亚公路运输发达,其客运量和货运量均居本国运输业首位。公路总长 81.16 万公里。在全国公路系统中,新南威尔士州公路最长,约占总长度的 25%,昆士兰州和维多利亚州公路各占 20% 左右。澳大利亚 1 号公路环绕大陆边缘一圈,长约 1.4 万公里,是世界上第二长的公路。澳大利亚的公路运输主要由私人公司经营。

海运在澳大利亚交通运输业中占重要地位,澳大利亚进出口大宗商品主要用海运。全国有港口 97 个,其中大型港口 11 个。悉尼港是澳大利亚的天然门户,墨尔本是其最大的集装箱和杂货的货运港。

澳大利亚航空业发达,2005 年空运货物周转量 2.4 万亿吨公里,客运量 4 465.7 万人次。全国有 12 个国际机场,最重要的有悉尼、墨尔本、布里斯班和珀斯。

澳大利亚有天然气管道2.71万公里,液化石油气管道240公里,输油管道3 258公里。

(五)对外贸易

对外贸易在澳大利亚国民经济中占有极重要的地位,其经济的发展和繁荣,在很大程度上依赖于对外贸易的发展。2013年,澳大利亚进出口商品贸易总额4 856.8亿美元,占澳国内生产总值的31%,其中出口2 529.6亿美元,进口2 327.2亿美元,澳顺差202.4亿美元。澳资源产品的80%、农产品的70%、制造业产品的20%~30%均用于出口。主要出口商品有煤、铁矿石、原油、天然气、铝、黄金及其他金属矿产、小麦、棉花、羊毛、蔗糖、牛肉等。2013年,矿产品出口值占出口总值的57.8%,植物产品占5.5%,贵金属及制品占6.4%,其他制造业产品约占30%。进口商品主要是机电产品、运输设备、计算机、原油、航空器、化肥及轻纺产品等。2013年,澳大利亚服务贸易总额1 143.32亿美元,其中出口521.7亿美元,进口621.62亿美元,澳服务贸易逆差99.92亿美元。中国是澳最大的服务贸易出口市场(以旅游和留学生为主),美国则是其最大的服务贸易进口来源地(占18.7%)。澳大利亚联邦成立前,澳出口产品的70%到英国,直到第二次世界大战前这一比例仍在50%以上。战后经过多年发展,现在澳与全球130多个国家和地区有贸易往来。中国是澳最大贸易伙伴,次为日本(占出口总额的18%和进口总额的7.9%)、美国(占进口总额的10.2%)、韩国(占出口总额的7.3%,在韩国进口牛肉市场中占55.6%)、新加坡、印度、英国等。

澳大利亚与中国于1972年建交,两国贸易结构互补性强,发展十分迅速。2007年双边贸易额438亿美元,2010年881亿美元。2013年双边贸易额增至1 364.4亿美元,占澳对外贸易总额的28%,其中澳出口909.9亿美元,占澳出口商品总额的36%,自中国进口454.5亿美元,占澳进口商品总额的19.5%,澳顺差455.4亿美元。多年来,在中澳贸易中,澳一直保持顺差,且顺差额不断扩大。现中国是澳最大贸易顺差来源国。自2009年超过日本之后,中国已连续五年成为澳大利亚最大贸易伙伴、第一大出口市场和第一大进口来源地。澳向中国主要出口矿产品，如铁矿石（2013 年向中国出口 3 亿吨以上）、原油、氧化铝、煤炭（2013 年向中国出口近 1 亿吨）、铜、镍等，上述矿产品出口额约占出口总额的 72.4%；出口贵金属及制品，约占 8.6%；出口纺织品及原料，如羊毛、棉花；出口小麦、燕麦；等等。澳从中国进口的产品则以制成品为主，其中机电产品是第一大进口产品，其他有纺织品、家具、玩具、杂项制品等，高科技产品增长很快。同时中国对澳投资额不断增加，现中国已成为澳大利亚第二大投资国（仅次于美国）。自 2005 年至 2013 年，中国在澳矿业投资额达 310 亿美元，在能源领域的投资额占其中的 3/4 以上。

第十二章　中国对外贸易

第一节　中国对外贸易的发展

自1949年新中国成立起，一直到1978年党的十一届三中全会前，由于种种原因，我们没有认识到社会主义国家需要发展对外贸易的重要意义，只把对外贸易当作国民经济发展中互通有无、调剂余缺的手段，将其置于不重要的辅助地位，因而使我国对外贸易发展速度缓慢。党的十一届三中全会以来，我国实行了对外开放政策，在国民经济发展中将对外贸易置于重要的战略地位，积极发展对外贸易，因而使我国的对外贸易得到了快速发展。

新中国成立60多年来，我国对外贸易的发展大体经历了以下几个时期。

一、国民经济恢复时期（1950～1952年）

新中国成立初期，国内战争的创伤使我国的工农业生产遭到了严重破坏，同时，美国等主要资本主义国家对我国实行封锁禁运的政策。在这种情况下，我国迅速同苏联、东欧社会主义国家建立和发展了经济贸易关系。我国进出口总额从1950年的11.35亿美元增长到1952年的19.41亿美元，年平均增长率达30.8%。这一时期，我国进口的主要是为恢复和发展生产所必需的生产资料，出口的主要是农副产品和农副产品加工品。

二、第一个五年计划时期（1953～1957年）

从1953年起，我国进入大规模经济建设时期。为适应经济建设需要，我国大力发展了同苏联、东欧国家的经济贸易关系，同时也与东南亚和一些西方发达国家发展了贸易关系。1957 年，我国进出口额达到 31 亿美元，1953 ~ 1957 年年平均增长 9.8%。在进口中，继续大量进口生产资料；在出口中，农副产品的出口比重有所减少，农副产品加工品和工矿产品的出口比重有所增加。

三、第二个五年计划和国民经济调整时期（1958 ~ 1965 年）

1958 年，在“大跃进”的“左”的指导思想影响下，我国对外贸易也提出了脱离实际的高指标。1959 年，我国进出口总额猛增到 43.81亿美元，1957 ~ 1959 年年平均增长 18.8%。但接着农业生产遭受连续三年的自然灾害，加上中苏关系的恶化，使国民经济发生严重困难，从而迫使对外贸易额大幅度降低。1962 年，我国进出口总额减少到 26.63 亿美元，降到 1954 年的水平。

1961 年，党对国民经济实行调整、巩固、充实、提高的方针。为了克服生产和生活的严重困难，在对外贸易上大量进口粮食等重要物资，同时千方百计增加出口。为适应国际政治经济形势的变化，从对苏联的贸易开始转向对资本主义国家的贸易，使对外贸易得到较快的恢复和发展。1965 年，我国进出口额达 42.5 亿美元，基本恢复到 1959 年的水平。

四、“文化大革命”时期（1966 ~ 1976 年）

“文化大革命”的“左倾”严重错误，使国民经济遭到了重大破坏，对外贸易处于停滞状态，但在此期间又有波折。我国的进出口总额由 1966 年的 46.1 亿美元减少到 1969 年的 40.3 亿美元。1970 年以后，由周恩来、邓小平先后主持政府工作，国民经济有所恢复，对外贸易也有所恢复和发展，1975 年进出口总额达 147.5 亿美元，但以后又遭“四人帮”破坏，1976 年进出口总额降为 134.3 亿美元。

五、社会主义建设新时期(1977年至今)

粉碎"四人帮",特别是1978年党的十一届三中全会以后,我国把对外开放作为基本国策,进行经济体制、外贸体制等方面的改革,使国民经济和对外贸易得到迅速发展。1978年,我国进出口总额为206.4亿美元,1981年突破400亿美元,1988年突破1 000亿美元,20世纪90年代以后发展更快,2013年达41 596.9亿美元,1978~2010年年平均增长16.3%。(见表12-1)

表12-1　我国部分年份的进出口总额　单位:亿美元

年份	进出口总额	出口总额	进口总额	年份	进出口总额	出口总额	进口总额
1952	19.4	8.2	11.2	1985	696.0	273.5	422.5
1957	31.0	16.0	15.0	1990	1 154.4	620.9	533.5
1962	26.6	14.9	11.7	1995	2 808.5	1 487.7	1 320.8
1965	42.5	22.3	20.2	2000	4 742.9	2 492.0	2 250.9
1970	45.9	22.6	23.3	2005	14 219.0	7 619.5	6 599.5
1975	147.5	72.6	74.9	2010	29 727.6	15 779.3	13 948.3
1978	206.4	97.5	108.9	2013	41 596.9	22 093.7	19 503.2
1980	381.4	181.2	200.2				

资料来源:《中国统计摘要·2014》,中国统计出版社出版。

我国的进出口额在世界进出口总额中的位次,由1978年的第二十九位上升到2013年的第一位,其中,出口由第三十位上升到第一位,进口由第二十七位上升到第二位。

第二节　中国进出口贸易结构

一、进出口商品结构

新中国成立后,我国的进出口商品结构发生了变化,特别是20世纪80年代中期以来发生了显著变化,变化趋向合理化,并不断优化。

(一)出口商品结构

我国出口商品结构变化的趋势是初级产品比重下降,工业制成品比重上升,升降的幅度都很大。(见表12-2和附录的表3)

表12-2　　我国出口商品结构变化(%)

项目＼年份	1953	1957	1965	1980	1985	1990	1995	2000	2005	2010	2013
初级产品	79.4	63.6	51.2	50.3	50.6	25.6	14.4	10.2	6.4	5.2	4.9
工业制成品	20.6	36.4	48.8	49.7	49.4	74.4	85.6	89.8	93.6	94.8	95.1

资料来源:《中国统计摘要·2014》,中国统计出版社出版。

国家在"七五"(1986~1990年)计划中提出的出口商品结构战略是实现两个转变,即"逐步由主要出口初级产品向主要出口制成品转变,由主要出口粗加工制成品向主要出口精加工制成品转变"。从表12-2中可以看出,1990年初级产品出口比重大幅度降到25.6%,工业制成品出口比重大幅度升到74.4%,实现了第一个转变。不过,出口的工业制成品主要是轻纺产品和一般机械产品。

为此,国家在"八五"(1991~1995年)计划中提出的出口商品结构战略是:"逐步实现由粗加工制成品出口为主向以精加工制成品出口为主转变,努力增加附加值高的机电产品、轻纺产品和高新技术产品的出口,鼓励那些在国际市场上有发展前景、竞争力强的拳头产品出口。"1995年,我国工业制成品出口比重进一步提高到85.6%,并且在其出口中,精加工制成品出口比重增加较快,如机械及运输设备的出口比重已由1980年的9.4%提高到2000年的33.2%。这表明,20多年来我国工业生产水平迅速提高,使出口商品结构日趋合理化并不断优化。

目前,我国出口的主要商品有服装、鞋类、玩具、塑料制品、家具、棉布、铝矿砂、水海产品、收录机及组合音响、电视机、汽车、集装箱、船舶、医药品、钢材、电动机及发电机、静正式变流器等。在我国2010年的出口商品中,机械及运输设备占49.5%。

（二）进口商品结构

我国进口商品结构变化的趋势也是初级产品进口比重下降，工业制成品进口比重上升，升降的幅度也很大。（见表 12－3 和附录的表 3）

表 12－3　　　　我国进口商品结构变化（%）

项目＼年份	1980	1985	1990	1995	2000	2005	2010	2013
初级产品	34.8	12.5	18.5	18.5	20.8	22.4	31.0	33.7
工业制成品	65.2	87.5	81.5	81.5	79.2	77.6	69.0	66.3

资料来源：《中国统计摘要・2014》，中国统计出版社出版。

国家提出现阶段进口商品结构的合理安排应是：①积极引进先进技术和关键设备；②确保进口生产和建设所需的短缺物资和“以进养出”物资；③适当进口生活必需品和市场物资。

因此，我国大多进口附加值高、知识技术含量较高的工业制成品。在我国 2010 年的进口商品中，机械及运输设备进口占 39.4%。我国进口的主要商品有机电产品、钢材、原油、成品油、飞机、自动数据处理设备及其部件、金属加工机床、汽车零件、汽车、小轿车、纸及纸板、纸浆、大豆、铁矿砂、化工原料、化肥、铜材、铜及铜合金等。

二、进出口市场结构

新中国成立以来，我国进出口市场结构发生了很大变化。20 世纪 50 年代，主要同苏联、东欧社会主义国家进行贸易。60 年代以后，逐步扩大了同资本主义国家的贸易。改革开放以来，我国同发达资本主义国家，特别是同日本、美国的贸易得到迅速发展。进入 90 年代，同韩国的贸易得到快速发展。新中国成立后，在内地的出口中，中国香港地区一直占很重要的地位。90 年代以来，在祖国大陆的进口中，中国台湾省占有越来越大的比重。（见表 12－4）

表 12－4　　中国内地进出口市场结构变化(%)

国家(地区)	1952 年		1978 年		2012 年	
	出口	进口	出口	进口	出口	进口
中国香港	19.78	12.08	25.99	0.69	15.79	0.98
日本	0.40	0.10	17.64	28.50	7.40	9.78
中国澳门	0.72	—	1.39	—	0.13	0.02
新加坡	—	—	2.54	0.42	1.99	1.57
韩国	—	—	—	—	4.28	9.28
中国台湾	—	—	—	—	1.80	7.27
英国	1.48	1.22	3.80	2.72	2.26	0.92
德国	0.28①	0.43①	3.38①	9.45①	3.38	5.06
法国	0.20	0.07	1.83	2.27	1.31	1.33
意大利	0.30	0.12	1.70	1.75	1.25	0.88
荷兰	0.29	0.03	0.95	1.15	2.87	0.48
比利时	0.02	0.78	0.38	0.74	0.80	0.55
苏联	50.10	58.30	2.36	1.90	—	—
俄罗斯	—	—	—	—	0.15	2.43
东欧	17.80	14.50	8.10	6.35	—	—
加拿大	0.13	—	0.97	5.27	1.37	1.28
美国	—	—	2.78	6.62	17.17	7.31
澳大利亚	0.03	0.03	1.21	6.56	1.84	4.65

注:①原联邦德国的数字。

资料来源:《中国对外经济贸易年鉴·1984》,中国对外经济贸易出版社出版;《中国统计年鉴·2013》,中国统计出版社出版。

目前,中国内地同 200 多个国家和地区进行贸易往来,但从表 12－4中可以看出,主要是同美国、日本、韩国、德国等几个国家和中国的香港、台湾地区进行贸易往来。

中国同除日本、亚洲“四小龙”、东盟国家和印度以外的亚洲国家和地区、非洲国家和巴西以外的拉丁美洲国家的贸易额很小。(参见附录的表4)。

相比之下，目前在许多发达国家（如欧盟国家）的外贸中，中国还不占有重要地位，但在亚洲“四小龙”、日本、东盟国家、印度、巴西、澳大利亚、俄罗斯等国和地区的外贸中，中国占有重要地位。（见表 12－5）

表 12－5　　2012 年部分国家（地区）与中国内地的贸易

国家（地区）	出口总额（亿美元）	对中国出口占本国（地区）出口额的比重（%）	进口总额（亿美元）	从中国进口占本国（地区）进口额的比重（%）
中国香港	4 390	4.07	4 994	68.77
印　度	2 968	6.33	4 886	9.76
印度尼西亚	1 885	16.95	1 904	18.01
日　本	7 986	22.27	8 858	17.12
马来西亚	2 275	25.63	1 964	18.60
沙特阿拉伯	3 815	14.38	1 368	13.49
新加坡	4 084	6.99	3 797	10.73
韩　国	5 479	30.80	5 196	16.87
泰　国	2 292	16.82	2 500	12.48
中国台湾	3 011	43.91	2 705	13.60
英　国	4 728	3.55	6 906	6.70
德　国	14 051	6.54	11 632	5.95
法　国	5 687	4.24	6 744	3.99
意大利	5 013	3.21	4 886	5.25
荷　兰	6 539	1.33	5 904	9.98
西班牙	2 953	2.14	3 373	5.41
俄罗斯	5 293	8.34	3 354	13.14
巴　西	2 426	21.57	2 334	14.32
墨西哥	3 706	2.47	3 805	7.23
加拿大	4 553	5.10	4 749	5.92
美　国	15 457	8.60	23 355	15.06
澳大利亚	2 564	14.71	2 609	14.46
中　国	20 487	—	18 184	—

资料来源:《中国统计年鉴・2013》,中国统计出版社出版;百度网。

第三节 香港、澳门、台湾的对外贸易

一、香港

(一)经济贸易的发展

近30多年来,香港经济发展迅速,本地生产总值由1965年的21.5亿美元增加到2013年的2 738.7亿美元,增长126倍,年平均增长10.4%,人均本地生产总值达到36 304美元,被誉为“东方的一颗明珠”。

香港服务业发达,2010年服务业产值占其本地生产总值的93%,工业占7%,农业占不到0.1%。

香港的制造业大多生产纺织品和服装、机械与交通设备,在其2008年的制造业中,机械与交通设备占21%,纺织品和服装占11%,食品、饮料与烟草占14%。

香港是亚洲乃至世界的金融、贸易、航运、旅游、信息中心之一。在金融方面,香港是世界四大金融中心之一,是世界第五大外汇交易市场、世界第六大股票市场,是世界四大黄金市场之一。

香港土地总面积2009年为1 104平方公里,2013年人口718.8万,人口密度为平均每平方公里6 500人。

香港地少人多,资源贫乏,工业生产所需要的原材料、燃料、机器和其他设备绝大部分或全部依赖进口,本地生产的工业制成品90%供出口,居民生活所需要的粮食、肉类等农畜产品绝大部分或全部依赖进口。因此,香港的外贸极为发达。2013年,香港进出口总额达9 832.8亿美元,外贸依存度高达359%。在进出口贸易中,进口占53.3%,本地产品出口占0.7%,转口占46%。

(二)进出口商品结构

香港进口的商品主要有纺织品、服装、电动机械、仪器和用具以及零件、电信、录音及音响设备和仪器、摄影仪器设备、光学器材、钟表、非金属矿物制品、塑胶原料、办公室机器、鞋类、纸张、纸板和纸浆、石油和石油产品、钢铁、粮食、蔬菜和水果、水产品、畜产品等。

香港轻纺工业发达,因此本地出口的商品主要有服装、纺织品、摄影仪器设备、光学器材、钟表、电动机械、仪器和用具以及零件、塑料制品、电信、录音及音响设备和仪器、办公室机器等。

香港转口的商品主要有服装、纺织品、电动机械、仪器和用具以及零件、电信、录音及音响设备和仪器、摄影仪器设备、光学器材、钟表、旅行用品、非金属矿物制品等。

(三)进出口市场结构

香港进口、出口和转口的贸易伙伴主要是中国内地、发达国家和东亚的一些国家(地区)。

2011 年,香港的进口供应地中,中国内地占 45.1%;本地商品出口去向中,中国内地占 46.7%,美国占 11%。(见表 12 -6)

表 12 -6　2011 年香港商品主要进口供应地和本地商品主要出口去向

国家(地区)	商品主要进口供应地(%)	国家(地区)	本地商品主要出口去向(%)
中　国	45.1	中　国	46.7
日　本	8.5	美　国	11.0
新加坡	6.8	中国台湾	4.6
中国台湾	6.4	瑞　士	4.3
美　国	5.6	新加坡	4.0

资料来源:《中国统计年鉴·2012》,中国统计出版社出版。

香港的转口贸易大多同中国内地进行。2011 年,在商品转口的主要来源地中,中国内地占 61.6%;在商品转口的主要去向中,中国内地占 52.5%。(见表 12 -7)

表 12－7　　2011 年香港商品转口的主要来源和去向

国家(地区)	商品转口主要来源(%)	国家(地区)	商品转口主要去向(%)
中　国	61.6	中　国	52.5
日　本	6.7	美　国	9.9
中国台湾	6.5	日　本	4.1
韩　国	3.6	印　度	2.8
美　国	3.4	德　国	2.7

资料来源:《中国统计年鉴·2012》,中国统计出版社出版。

在香港的进出口中,内地占有重要地位,并且每年对内地有大量逆差。1985 年以来,除个别年份外,逆差在不断增加,1985 年逆差 24.1 亿美元,1990 年 124 亿美元,1995 年 273.9 亿美元,2012 年高达 3 055.5 亿美元。这主要是因为香港要靠内地提供大量食品特别是鲜活食品以及生活日用品、工业原料、水等。过去祖国内地的外贸逆差主要靠对香港的贸易顺差来弥补。

二、澳门

20 世纪 60 年代以来,澳门经济得到较快发展。2013 年,澳门本地生产总值达 448.4 亿美元,人均本地生产总值 75 743 美元。

随着填海造地的进展,澳门土地面积不断扩大,19 世纪只有 10.28 平方公里,2010 年达到 29.5 平方公里。澳门 2013 年的人口为 59.2 万人。

澳门的经济部门主要由出口制造业、旅游博彩业、金融业和地产建筑业构成。澳门博彩业闻名于世,所得税收是政府财政收入的重要来源。澳门工业主要是纺织服装业,工业生产所需生产资料全部依靠进口,制成品的 90% 以上供出口,主要销往美欧国家,居民生活所需用的消费品几乎都依靠进口,因此,其对外贸易发达。

2013 年,澳门进出口额 124 亿美元,其中进口占 81.7%,出口占 9.1%,本地产品出口占 2%,转口占 7.1%。2010 年,澳门的外贸依存度为27.7%。

2011年，在澳门的商品进口来源地中，中国内地占30.7%，欧盟占24.9%，中国香港占12.2%，日本占6.3%，美国占6.0%；在澳门的商品出口中，中国香港占44.6%，中国内地占15.8%，美国占8%。

三、台湾

（一）经济贸易的发展

20世纪60年代以来，台湾经济发展迅速，进入90年代，经济增长速度减慢。2013年，台湾省本地生产总值4 884亿美元，人均本地生产总值20 898美元。

台湾面积3.6万平方公里，2013年人口为2 337万，人口密度为平均每平方公里649人。

在2013年台湾的产业结构中，服务业占68.3%，工业占30.0%，农业仅占1.7%。台湾地少人多，矿产资源和能源贫乏，很难形成一个独立的比较完整的经济体系。而台湾的优势是具有充足的、素质较高的劳动力。因此，在实现工业化的过程中，台湾形成的工业部门虽然多，但主要是充分利用自己的优势，形成以轻纺工业为主的出口加工工业体系。主要产品既有劳动密集型产品，如纺织品、服装、塑料制品、鞋、食品等，又有资金、技术密集型产品，如钢铁、化学、机械、汽车、各类电子电器产品等。

由于资源贫乏，台湾工业生产所需要的原材料、燃料、机械设备等绝大部分依赖进口，工业制成品的大部分依赖出口，因此对外贸易发达。2013年，台湾进出口总额5 756亿美元，其中出口占53.1%，进口占46.9%，外贸依存度为117.9%。

（二）进出口商品结构

2010年，在台湾的进口商品中，制成品占65%，燃料占21%，矿砂与金属占7%，粮食占5%；在出口商品中，制成品占89%。

（三）进出口市场结构

台湾主要同日本、美国和中国内地、中国香港等进行贸易。2011年，在进口中，日本占18.6%，中国内地占13.6%；在出口中，中国内地占43.9%，中国香港占13%。（见表12－8）

表12－8　2011年台湾商品主要进口来源和主要出口去向

国家（地区）	商品主要进口来源（%）	国家（地区）	商品主要出口去向（%）
日　本	18.6	中　国	43.9
中　国	13.6	中国香港	13.0
美　国	9.2	美　国	11.8
韩　国	6.3	日　本	5.9
沙特阿拉伯	4.9	新加坡	5.5
澳大利亚	3.9	韩　国	4.0

资料来源：《中国统计年鉴·2012》，中国统计出版社出版。

在台湾的对外贸易中，对日本年年有逆差，1990年逆差为76.6亿美元，2011年达370亿美元；而对美国年年有顺差，1990年顺差为91.3亿美元，2011年为106亿美元。

20世纪90年代以来，台湾对中国内地的贸易连年呈现顺差，并且不断增加，1990年顺差为19.4亿美元，2012年顺差达954.3亿美元。主要原因是中央政府从大局、长远考虑，对台湾实行宽松的贸易政策，而台湾当局对中国内地却实行“严进宽出”的贸易保护政策。近几年来，两岸关系日益改善，经贸往来密切，共同获益，特别是台湾获益很大。今后，台湾当局只要承认一个中国的原则，改善同内地的关系，两岸贸易的发展前景将是广阔的、光明的。

附　录

表1　　20国集团国内生产总值(GDP)变化表

国家	2000年			2010年			2013年		
	金额(亿美元)	与中国比(%)	占世界(%)	金额(亿美元)	与中国比(%)	占世界(%)	金额(亿美元)	与中国比(%)	占世界(%)
世界	329 811		100	645 483		100	748 999		100
中国	11 985	100	3.63	59 305	100	9.19	92 403	100	12.34
美国	102 897	858.5	31.2	149 583	252.2	23.17	168 000	181.8	22.43
日本	47 312	394.8	14.4	54 954	92.7	8.51	49 015	53.0	6.54
德国	18 864	157.4	5.72	33 044	55.7	5.12	36 348	39.3	4.85
法国	13 263	110.7	4.02	25 650	43.3	3.97	27 349	29.6	3.65
英国	14 936	124.6	4.53	22 955	38.7	3.56	25 223	27.3	3.37
意大利	11 040	92.1	3.35	20 554	34.7	3.18	20 713	22.4	2.76
加拿大	7 395	61.7	2.24	16 141	27.2	2.50	18 251	19.8	2.44
巴西	6 447	53.8	1.95	21 431	36.1	3.32	22 457	24.3	3.00
印度	4 766	39.8	1.45	17 085	28.8	2.65	18 768	20.3	2.51
俄罗斯	2 597	21.7	0.79	15 249	25.7	2.36	20 968	22.7	2.80
南非	1 329	11.1	0.40	3 652	6.2	0.57	3 506	3.8	0.47
阿根廷	3 443	28.7	1.04	4 627	7.8	0.72	6 118	6.6	0.82
墨西哥	6 836	57.0	2.07	10 516	17.7	1.63	12 609	13.6	1.68

续表

国 家	2000年			2010年			2013年		
	金额（亿美元）	与中国比（%）	占世界（%）	金额（亿美元）	与中国比（%）	占世界（%）	金额（亿美元）	与中国比（%）	占世界（%）
印度尼西亚	1 650	13.8	0.50	7 092	12.0	1.10	8 683	9.4	1.16
韩 国	5 616	46.9	1.70	10 945	18.5	1.70	13 046	14.1	1.74
沙特阿拉伯	1 884	15.7	0.57	5 268	8.9	0.82	7 453	8.1	1.00
土耳其	2 666	22.2	0.81	7 312	12.3	1.13	8 202	8.9	1.10
澳大利亚	4 125	34.4	1.25	11 418	19.3	1.77	15 606	16.9	2.08

资料来源：世界银行《2002世界发展指标》《2012世界发展指标》《2014国际统计年鉴》。

表 2　　2010 年世界主要国家国内生产总值(GDP)及其结构

国　家	GDP(亿美元)	农　业	工　业	制造业	服务业	人均 GDP(美元)
美　国	145 867	1	20	13	79	47 114
中　国	59 266	10	47	30	43	4 429
日　本	54 588	1	27	18	72	42 982
德　国	32 805	1	28	21	71	40 006
法　国	25 600	2	19	11	79	39 385
英　国	22 617	1	22	11	78	36 463
巴　西	20 879	6	27	16	67	10 707
意大利	20 610	2	25	17	73	34 350
印　度	17 271	19	26	14	55	1 410
加拿大	15 770	—	—	—	—	46 382
俄罗斯	14 798	4	37	16	59	10 421
西班牙	14 074	3	26	13	72	30 596
澳大利亚	11 316	2	20	9	78	51 436
墨西哥	10 348	4	34	18	62	9 158
韩　国	10 145	3	39	31	58	20 704
荷　兰	7 794	2	24	13	74	45 847
土耳其	7 344	10	27	18	64	10 060
印度尼西亚	7 066	15	47	25	38	2 944
瑞　士	5 279	1	27	19	72	65 987
比利时	4 694	1	22	14	78	42 673
波　兰	4 694	4	32	18	65	12 353

续表

国 家	GDP(亿美元)	农 业	工 业	制造业	服务业	人均 GDP(美元)
瑞 典	4 586	2	27	16	71	50 955
沙特阿拉伯	4 347	3	62	10	35	16 100
挪 威	4 175	2	40	9	58	83 500
奥地利	3 791	2	29	19	69	47 387
阿根廷	3 687	10	31	21	59	9 218
低收入国家	4 165	25	25	14	50	523
中等收入国家	196 321	10	36	20	55	3 949
高收入国家	432 400	1	24	15	75	38 367
全世界	632 421	3	25	16	72	9 172

资料来源:世界银行《2012 世界发展指标》,中国财政经济出版社出版。

表 3　2010 年世界主要贸易国家(地区)商品进出口额及其结构

国　家(地区)	出口额(亿美元)	占世界(%)	初级产品(%)	制成品(%)	国　家(地区)	进口额(亿美元)	占世界(%)	初级产品(%)	制成品(%)
中　国	15 778.2	10.37	6	94	美　国	19 691.8	12.90	30	70
美　国	12 782.6	8.40	34	66	中　国	13 951.0	9.14	39	61
德　国	12 688.7	8.34	18	82	德　国	10 668.4	6.99	32	68
日　本	7 698.4	5.06	11	89	日　本	6 940.5	4.55	49	51
荷　兰	5 733.6	3.77	43	57	法　国	6 057.1	3.97	27	73
法　国	5 206.6	3.42	22	78	英　国	5 601.0	3.67	32	68
韩　国	4 663.8	3.07	11	89	荷　兰	5 169.3	3.39	43	57
意大利	4 475.4	2.94	18	82	意大利	4 838.1	3.17	36	64
比利时	4 122.2	2.71	25	75	中国香港	4 420.4	2.90	10	90
英　国	4 056.7	2.67	30	70	韩　国	4 252.1	2.79	43	57
中国香港	4 010.2	2.64	23	77	加拿大	4 022.8	2.64	23	77
俄罗斯	4 001.3	2.63	85	15	比利时	3 904.4	2.56	29	71
加拿大	3 880.2	2.55	51	49	印　度	3 272.3	2.14	49	51
新加坡	3 518.7	2.31	27	73	西班牙	3 143.2	2.06	35	65
墨西哥	2 983.1	1.96	24	76	新加坡	3 107.9	2.04	34	66
沙特阿拉伯	2 497.0	1.64	89	11	墨西哥	3 106.2	2.03	20	80
西班牙	2 456.4	1.61	27	73	俄罗斯	2 487.4	1.63	31	69

续表

国家（地区）	出口额（亿美元）	占世界（%）	初级产品（%）	制成品（%）	国家（地区）	进口额（亿美元）	占世界（%）	初级产品（%）	制成品（%）
阿联酋	2 200.0	1.45	96	4	澳大利亚	2 016.4	1.32	25	75
印 度	2 199.6	1.44	36	64	巴 西	1 914.9	1.25	26	74
澳大利亚	2 122.5	1.40	83	17	土耳其	1 855.4	1.22	37	63
中国台湾	2 036.8	1.34	11	89	泰 国	1 824.0	1.19	30	70
巴 西	2 019.2	1.33	63	37	瑞 士	1 759.3	1.15	19	81
马来西亚	1 988.0	1.31	33	67	中国台湾	1 743.7	1.14	35	65
瑞 士	1 953.9	1.28	11	89	波 兰	1 736.5	1.13	26	74
泰 国	1 953.2	1.28	25	75	马来西亚	1 647.3	1.08	26	74
印度尼西亚	1 578.2	1.04	63	37	阿联酋	1 600.0	1.05	27	73
全世界	152 113.1	100	31	69	全世界	152 641.9	100	32	68

资料来源：世界银行《2012 世界发展指标》，中国财政经济出版社出版。

表4　　2012年中国同主要国家（地区）海关进出口总额

国家（地区）	出口总额		进口总额		进出口差额
	万美元	%	万美元	%	万美元
总计	204 871 442	100.00	181 840 500	100.00	23 030 942
亚　洲	100 681 186	49.14	23 030 942	57.10	77 650 244
朝　鲜	353 240	0.17	250 376	0.14	102 864
中国香港	32 343 062	15.79	1 788 037	0.98	30 555 025
印　度	4 767 751	2.33	1 879 582	1.03	2 888 169
印度尼西亚	3 428 338	1.67	3 195 070	1.76	233 268
伊　朗	1 159 745	0.57	2 486 839	1.37	-1 327 094
伊拉克	491 182	0.24	1 265 577	0.70	-774 395
以色列	698 813	0.34	292 232	0.16	406 581
日　本	15 162 183	7.40	17 783 395	9.78	-2 621 212
科威特	208 918	0.10	1 046 781	0.58	-837 863
中国澳门	270 821	0.13	27 918	0.02	242 903
马来西亚	3 652 528	1.78	5 830 677	3.21	-2 178 149
阿　曼	181 158	0.09	1 697 544	0.93	-1 516 386
巴基斯坦	927 539	0.45	313 825	0.17	613 714
菲律宾	1 673 133	0.82	1 964 413	1.08	-291 280
沙特阿拉伯	1 845 235	0.90	5 486 187	3.02	-3 640 952
新加坡	4 074 187	1.99	2 853 078	1.57	1 221 109
韩　国	8 767 768	4.28	16 873 762	9.28	-8 105 994
泰　国	3 119 620	1.52	3 855 466	2.12	-735 846
土耳其	1 558 456	0.76	351 101	0.19	1 207 355
阿联酋	2 956 832	1.44	1 085 197	0.60	1 871 635

续表

国家(地区)	出口总额		进口总额		进出口差额
	万美元	%	万美元	%	万美元
越 南	3 420 811	1.67	1 623 129	0.89	1 797 682
中国台湾	3 677 743	1.80	13 220 364	7.27	-9 542 621
哈萨克斯坦	1 100 073	0.54	1 468 084	0.81	-368 011
吉尔吉斯斯坦	507 337	0.25	8 895	0.004	498 442
土库曼斯坦	169 912	0.08	867 338	0.48	-697 426
非 洲	853 1061	4.16	11 325 064	6.23	-2 794 003
阿尔及利亚	541 666	0.26	231 191	0.13	310 475
安哥拉	403 903	0.20	3 356 191	1.85	-2 952 288
刚果(布)	52 110	0.03	455 631	0.25	-403 521
埃 及	822 399	0.40	132 074	0.07	690 325
加 纳	479 066	0.23	64 361	0.04	414 705
利比里亚	344 655	0.17	22 861	0.01	321 794
利比亚	238 424	0.12	637 612	0.35	-399 188
摩洛哥	313 119	0.15	55 964	0.03	257 155
尼日利亚	929 603	0.45	127 392	0.07	802 211
南 非	1 532 302	0.75	4 467 127	2.46	-2 934 825
苏 丹	217 862	0.11	155 427	0.09	62 435
多 哥	338 310	0.17	8 481	0.004	329 829
刚果(金)	83 749	0.04	351 291	0.19	-267 542
赞比亚	69 722	0.03	269 196	0.15	-199 474
欧 洲	39 639 909	19.35	28 668 986	15.77	10 970 923
比利时	1 637 659	0.80	996 436	0.55	641 223

续表

国家(地区)	出口总额		进口总额		进出口差额
	万美元	%	万美元	%	万美元
丹　麦	653 974	0.32	290 541	0.16	363 433
英　国	4 629 716	2.26	1 680 508	0.92	2 949 208
德　国	6 921 033	3.38	9 192 106	5.06	-2 271 073
法　国	2 689 921	1.31	2 411 821	1.33	278 100
爱尔兰	209 835	0.10	379 716	0.21	-169 881
意大利	2 565 343	1.25	1 606 756	0.88	958 587
荷　兰	5 889 680	2.87	870 261	0.48	5 019 419
希　腊	359 317	0.18	42 730	0.02	316 587
葡萄牙	250 069	0.12	151 490	0.08	98 579
西班牙	1 823 707	0.89	633 389	0.35	1 190 318
奥地利	204 023	0.10	427 369	0.26	-268 346
芬　兰	744 055	0.36	383 234	0.21	360 821
匈牙利	573 797	0.28	232 310	0.13	341 487
挪　威	301 971	0.15	306 767	0.17	-4 796
波　兰	1 238 646	0.60	199 690	0.11	1 038 956
瑞　典	641 528	0.31	692 218	0.38	-50 690
瑞　士	349 224	0.17	2 281 669	1.25	-1 932 445
俄罗斯	4 405 596	2.15	4 415 504	2.43	-9 908
乌克兰	732 327	0.36	303 148	0.17	429 179
捷　克	632 304	0.31	240 699	0.13	391 605
斯洛伐克	242 303	0.12	365 523	0.20	-123 220

续表

国家(地区)	出口总额		进口总额		进出口差额
	万美元	%	万美元	%	万美元
拉丁美洲	13 521 521	6.60	12 607 265	6.93	914 256
阿根廷	786 926	0.38	656 093	0.36	130 833
巴　西	3 341 956	1.63	5 232 940	2.88	-1 890 984
智　利	1 259 945	0.61	2 062 667	1.13	-802 722
哥伦比亚	622 925	0.30	315 725	0.17	307 200
哥斯达黎加	90 176	0.04	527 024	0.29	-436 848
古　巴	117 358	0.06	56 917	0.03	60 441
厄瓜多尔	261 400	0.13	93 832	0.05	167 568
墨西哥	2 751 549	1.34	915 961	0.50	1 835 588
巴拿马	1 530 604	0.75	5 300	0.003	1 525 304
秘　鲁	533 248	0.26	846 635	0.41	-313 387
乌拉圭	241 327	0.12	191 122	0.11	50 205
委内瑞拉	930 420	0.45	1 454 334	0.80	-523 914
北美洲	38 011 010	18.55	15 616 567	8.59	22 394 443
加拿大	2 812 480	1.37	2 321 049	1.28	491 431
美　国	35 177 679	17.17	13 289 746	7.31	21 887 933
大洋洲及太平洋群岛	4 486 757	2.19	9 166 611	5.04	-4 679 854
澳大利亚	3 769 634	1.84	8 455 583	4.65	-4 685 949
新西兰	386 454	0.19	581 029	0.32	-194 575
巴布亚新几内亚	64 010	0.03	64 227	0.04	-217
马绍尔群岛共和国	182 320	0.09	2 338	0.001	179 982

资料来源:《中国统计年鉴·2013》,中国统计出版社出版。

表5　2010年世界主要国家(地区)服务业进出口额及其结构

国　家	商业服务出口(亿美元)	运输(%)	旅游(%)	保险和金融服务(%)	计算机、信息、通信和其他商业服务(%)
美　国	5 225.10	14	26	16	45
英　国	2 532.87	12	13	24	51
德　国	2 333.38	25	15	8	53
中　国	1 702.49	20	27	2	51
法　国	1 438.96	25	32	3	40
日　本	1 388.75	28	10	4	59
印　度	1 232.77	11	11	6	71
西班牙	1 227.73	17	43	5	36
新加坡	1 120.61	29	13	13	45
中国香港	1 064.32	27	19	14	40
全世界	38 064.62	22	26	8	45
国　家	**商业服务进口(亿美元)**	**运输(%)**	**旅游(%)**	**保险和金融服务(%)**	**计算机、信息、通信和其他商业服务(%)**
美　国	3 670.16	21	23	21	36
德　国	2 622.45	24	30	4	42
中　国	1 921.74	33	29	9	30
英　国	1 620.86	18	31	7	44
日　本	1 558.00	30	18	6	46
法　国	1 313.91	27	29	4	40
印　度	1 161.40	40	9	10	41
意大利	1 086.16	24	25	8	44
爱尔兰	1 072.70	2	7	13	78
全世界	34 726.77	27	25	9	39

资料来源:世界银行《2012世界发展指标》,中国财政经济出版社出版。

表6　2009年20国集团可再生内陆淡水资源、年度淡水使用量

国家	可再生内陆淡水资源		年度淡水使用量				
	流量（亿立方米）	人均（立方米）	使用量（亿立方米）	占内陆资源的（%）	农业用水占（%）	工业用水占（%）	生活用水占（%）
美国	28 180	9 186	4 784	15.6	40	46	14
日本	4 300	3 371	900	20.9	63	18	19
德国	1 070	1 306	323	21.0	小于0.5	84	16
法国	2 000	3 099	316	15.0	12	69	18
英国	1 450	2 346	130	8.8	10	33	57
意大利	1 830	3 032	454	23.7	44	36	20
加拿大	28 500	84 495	460	1.6	12	69	20
中国	28 130	2 113	5 541	19.5	65	23	12
巴西	54 180	28 037	581	0.7	55	17	28
印度	14 460	1 197	7 610	39.8	90	2	7
俄罗斯	43 130	30 405	662	1.5	20	60	20
南非	450	908	1 250	25.0	63	6	31
澳大利亚	4 920	22 413	226	4.6	74	11	16
墨西哥	4 090	3 651	798	17.5	77	9	14
阿根廷	2 760	6 889	326	4.0	66	12	22
韩国	650	1 330	255	36.5	62	12	26
印度尼西亚	20 190	8 504	1 133	5.6	82	7	12
土耳其	2 270	3 160	401	18.8	74	11	15
沙特阿拉伯	20	90	237	943.3	88	3	9
低收入	41 970	5 381	1 886	4.3	90	2	8
中等收入	291 520	5 944	27 910	7.0	79	11	10
高收入	90 340	8 305	9 287	9.4	41	42	17
全世界	423 830	6 258	390 830	7.3	70	18	12

资料来源：世界银行《2012世界发展指标》，中国财政经济出版社出版。

表 7　　2009 年 20 国集团的能源生产量、能源使用量、清洁能源生产量、能源净进口量

国家	能源生产量	能源使用量				清洁能源生产量占能源总使用量的(%)	能源净进口量占能源总使用量的(%)
	总数油当量(万吨)	总数油当量(万吨)	占世界的(%)	人均油当量(千克)	与中国比(%)		
美国	168 640	216 290	18.35	7 051	416	11.9	22
日本	9 380	47 200	4.00	3 700	218	17.6	80
德国	12 710	31 850	2.70	3 889	229	13.0	60
法国	12 950	25 620	2.17	3 970	234	43.9	49
英国	15 890	19 680	1.67	3 183	188	9.8	19
意大利	2 700	16 460	1.40	2 735	161	5.9	84
加拿大	38 980	25 410	2.16	7 534	444	21.7	-53
中国	208 490	225 710	19.14	1 695	100	3.7	8
巴西	23 030	24 020	2.04	1 243	73	15.6	4
印度	50 250	67 580	5.73	560	33	2.3	26
俄罗斯	118 160	64 690	5.49	4 561	269	9.0	-83
南非	16 060	14 400	1.22	2 921	172	2.4	-12
澳大利亚	31 070	13 110	1.11	5 971	352	1.2	-137
墨西哥	22 000	17 460	1.48	1 559	92	6.3	-26
阿根廷	8 080	7 420	0.63	1 853	109	6.8	-9
韩国	4 430	22 920	1.94	4 701	277	17.0	81
印度尼西亚	35 180	20 200	1.71	851	50	8.4	-74
土耳其	3 030	9 770	0.83	1 359	80	5.4	69
沙特阿拉伯	52 840	15 790	1.34	5 888	347	0.0	-235
低收入	25 060	26 330	2.2	365	22	4.1	5
中等收入	735 100	615 820	52.2	1 254	74	5.3	-19
高收入	469 430	542 030	45.9	4 856	286	13.8	33
全世界	1 224 130	1 178 710	100	1 788	105	9.2	-4

资料来源:世界银行《2012 世界发展指标》,中国财政经济出版社出版。

表 8　　　　20 国集团各国总人口、年龄构成、劳动力人口

国　家	总人口（万人）			年均人口增长率(%)		人口年龄构成（%）			劳动力总数（万人）	
	2000 年	2010 年	2020 年	2000～2010 年	2000～2020 年	1～14	15～64	65 以上	2000 年	2010 年
美　国	28 220	30 930	33 490	0.9	0.8	20	67	13	14 710	15 750
日　本	12 690	12 750	12 360	0.0	−0.3	13	64	23	6 760	6 670
德　国	8 220	8 180	7 980	−0.1	−0.2	13	66	20	4 030	4 220
法　国	6 080	6 490	6 760	0.7	0.4	18	65	17	2 720	2 990
英　国	5 890	6 220	6 570	0.6	0.5	17	66	17	2 950	3 180
意大利	5 690	6 050	6 080	0.6	0.1	14	66	20	2 330	2 510
加拿大	3 080	3 410	3 710	1.0	0.8	16	69	14	1 630	1 900
中　国	126 260	133 830	138 160	0.6	0.3	19	72	8	72 450	79 980
巴　西	17 440	19 490	20 960	1.1	0.7	25	68	7	8 370	10 160
印　度	105 390	122 460	138 520	1.5	1.2	31	64	5	40 940	47 260
俄罗斯	14 630	14 180	13 930	−0.3	−0.2	15	72	13	7 330	7 550
南　非	4 400	5 000	5 240	1.3	0.5	30	65	5	1 520	1 820
澳大利亚	1 920	2 230	2 520	1.5	1.2	19	68	13	960	1 180
墨西哥	10 000	11 340	12 570	1.3	1.0	29	65	6	4 030	4 960
阿根廷	3 690	4 040	4 370	0.9	0.8	25	65	11	1 540	1 840
韩　国	4 700	4 890	5 020	0.4	0.3	16	72	11	2 270	2 460
印度尼西亚	21 340	23 990	26 210	1.2	0.9	27	67	6	9 960	11 800
土耳其	6 360	7 280	8 070	1.3	1.0	26	68	6	2 190	2 650
沙特阿拉伯	2 000	2 740	3 310	3.1	1.9	30	67	3	600	960
低收入	64 370	79 630	97 910	2.1	2.1	39	57	4	27 930	36 350
中等收入	442 450	497 080	547 810	1.2	1.0	27	67	6	198 750	230 860
高收入	104 960	112 740	117 810	0.7	0.4	17	67	16	50 340	55 090
全世界	611 780	689 460	763 520	1.2	1.0	27	66	8	277 020	322 300

资料来源：世界银行《2012 世界发展指标》，中国财政经济出版社出版。

表 9　　20 国集团城市化

国家	城市人口					人口在百万以上的城市的聚居人口占总人口的(%)		最大城市的人口占城市人口的(%)	
	1990 年(万人)	2010 年(万人)	占总人口(%)		年平均增长(%) 1990～2010 年				
			1990 年	2010 年		1990 年	2010 年	1990 年	2010 年
美国	18 800	25 500	75	82	1.2	42	45	9	8
日本	7 800	8 500	63	67	0.2	46	49	42	43
德国	5 800	6 000	73	74	0.0	8	8	6	6
法国	4 300	5 000	74	78	0.8	22	22	22	21
英国	5 100	5 600	89	90	0.8	26	26	15	15
意大利	3 800	4 100	67	68	0.7	19	17	9	8
加拿大	2 100	2 800	77	81	1.3	40	44	18	20
中国	31 100	60 100	27	45	2.5	9	18	3	3
巴西	11 200	16 900	75	87	1.4	35	41	13	12
印度	22 300	36 900	26	30	2.3	10	12	4	6
俄罗斯	10 900	10 300	73	73	-0.1	17	18	8	10
南非	1 800	3 100	52	62	2.1	28	34	10	12
澳大利亚	1 500	2 000	85	89	1.8	60	58	25	22
墨西哥	6 000	8 800	71	78	1.6	33	35	25	22
阿根廷	2 800	3 700	87	92	1.1	39	39	37	35
韩国	3 200	4 000	74	82	0.5	51	48	33	24
印度尼西亚	5 600	12 900	31	54	3.1	10	9	14	7
土耳其	3 200	5 100	59	70	1.9	24	29	20	21
沙特阿拉伯	1 200	2 300	77	84	4.0	34	39	19	21
低收入	10 800	22 500	21	28	3.6	8	11	34	33
中等收入	145 600	240 100	38	48	2.2	14	18	15	13
高收入	69 800	85 600	73	78	1.0	—	—	20	19
全世界	226 200	348 200	43	51	2.0	17	20	17	16

资料来源：世界银行《2012 世界发展指标》，中国财政经济出版社出版。

表 10　　20 国集团耕地面积、农业投入、农业产出和生产力

国家	2009 年每百人的耕地面积(公顷)	2009 年耕地占土地面积的(%)	2009 年农业机械每 100 平方公里耕地拥有的拖拉机数量	2010 年谷物产量(千克/公顷)	2010 年单位劳动力的农业增加值(美元)
美国	53.1	17.8	271.3	6 988	51 120
日本	3.4	11.8	4 532.1	5 852	48 794
德国	14.6	34.3	838.3	6 716	32 866
法国	28.4	33.5	635.3	7 093	25 681
英国	9.8	25.0	—	6 957	25 681
意大利	11.4	23.4	2 117.1	5 436	31 254
加拿大	133.7	5.0	162.5	3 490	44 619
中国	8.3	11.8	81.8	5 521	545
巴西	31.7	7.2	129.2	4 055	4 118
印度	13.1	53.1	128.5	2 537	489
俄罗斯	85.8	7.4	27.1	1 844	2 731
南非	29.1	11.8	43.0	4 162	3 662
澳大利亚	214.8	6.1	—	1 721	35 208
墨西哥	12.9	22.4	97.7	3 499	3 302
阿根廷	77.4	11.3	86.9	4 937	12 957
韩国	3.3	16.4	1 115.4	6 196	19 807
印度尼西亚	9.9	13.0	2.0	4 876	730
土耳其	29.7	27.7	395.3	2 727	3 770
沙特阿拉伯	11.9	1.5	—	5 621	20 233
低收入	18.5	9.6	—	2 075	288
中等收入	17.8	10.9	109.4	3 312	786
高收入	33.2	10.8	—	5 319	24 483
全世界	20.4	10.7	—	3 568	992

资料来源：世界银行《2012 世界发展指标》，中国财政经济出版社出版。

表 11　　2010 年 20 国集团需求结构

国　家	家庭最终消费支出占GDP的(%)	一般政府最终消费支出占GDP的(%)	资本形成总额占GDP的(%)	货物和服务的出口占GDP的(%)	货物和服务的进口占GDP的(%)	储蓄总额占GDP的(%)
美　国	71	17	15	13	16	11
中　国	35	13	48	30	26	53
日　本	59	20	20	15	14	24
德　国	57	20	17	47	41	23
法　国	58	25	19	25	28	17
英　国	64	23	15	30	33	12
意大利	60	21	20	27	29	17
巴　西	61	21	19	11	12	17
印　度	57	12	35	22	25	34
加拿大	58	22	22	29	31	18
俄罗斯	49	19	23	30	22	28
南　非	57	20	25	26	27	16
澳大利亚	54	18	28	20	20	24
墨西哥	65	12	25	30	32	24
阿根廷	60	15	22	22	18	22
韩　国	53	15	29	52	50	32
印度尼西亚	57	9	32	25	23	32
沙特阿拉伯	34	23	22	57	35	33
土耳其	71	14	20	21	27	14
低收入	80	10	23	20	32	27
中等收入	56	14	29	29	28	30
高收入	63	19	18	28	28	17
全世界	62	19	20	28	28	19

资料来源：世界银行《2012 世界发展指标》，中国财政经济出版社出版。

表 12　　中国与西方国家、金砖国家国内生产总值增长比较

国家	2000 年			2010 年			2012 年			2000～2011 年
	金额（亿美元）	与中国比（%）	占世界（%）	金额（亿美元）	与中国比（%）	占世界（%）	金额（亿美元）	与中国比（%）	占世界（%）	增长速度（%）
世界总计	313 369		100	631 239		100	724 404		100	2.7
中　国	10 800	100	3.45	59 266	100	9.39	82 271	100	11.36	10.8
美　国	98 828	915	31.64	145 867	246	23.11	162 446	197	21.42	1.6
日　本	46 771	433	14.93	54 588	92	8.65	59 597	72	8.23	0.7
德　国	18 701	173	5.97	32 805	55	5.20	34 281	42	4.73	1.1
法　国	12 863	119	4.10	25 600	43	4.06	26 129	32	3.61	1.2
英　国	14 134	131	4.51	22 488	38	3.79	24 718	30	3.41	1.7
意大利	10 685	99	3.41	20 514	35	3.25	20 147	24	2.78	0.4
加拿大	6 895	64	2.20	15 770	27	2.50	18 214	22	2.51	1.9
巴　西	5 876	54	1.88	20 879	32	3.31	22 527	27	3.11	3.8
印　度	4 794	44	1.53	17 271	29	2.74	18 417	22	2.54	7.8
俄罗斯	2 511	23	0.80	14 798	25	2.34	20 148	24	2.78	5.1
南　非	1 259	12	0.40	3 637	6	0.58	3 843	5	0.53	3.7

资料来源：世界银行《2002 世界发展报告》，中国财政经济出版社出版；《2012 中国统计摘要》《2014 中国统计摘要》，中国统计出版社出版。